Gair yn ei Le

50 O LEFYDD LLENYDDOL

Gair yn ei Le

50 O LEFYDD LLENYDDOL

GWYN THOMAS

Lluniau gan Geraint Thomas

Argraffiad cyntaf: 2012

Dymuna'r cyhoeddwyr gydnabod cymorth ariannol
Cyngor Llyfrau Cymru

Llun y clawr: Geraint Thomas
Cynllun y clawr: Sion Ilar

Rhif Llyfr Rhyngwladol:
978 1 84771 334 6 (clawr meddal)
978 1 84771 627 9 (clawr caled)

FSC

Argraffwyd a chyhoeddwyd yng Nghymru gan
Y Lolfa Cyf., Talybont, Ceredigion SY24 5HE
gwefan www.ylolfa.com
e-bost ylolfa@ylolfa.com
ffôn 01970 832 304
ffacs 832 782

CYNNWYS

	Hen hud ein hiaith	6
	Lluniau yn eu lle	8
1	Y Lasynys Fawr	10
2	Bedd Branwen	14
3	Pulpud Huw Llwyd	18
4	Yr Ysgwrn	22
5	Llech Ronw	26
6	Eglwys Llanbadarn	30
7	Tŷ Mawr, Wybrnant	34
8	Y Dref Wen	38
9	Cwm Pennant	42
10	Plas y Scudamoriaid	46
11	Tal-y-sarn	50
12	Fferm Aberwiel	54
13	33 Heol Ninian	58
14	Sgwâr Caerwys	62
15	Eglwys Gadeiriol Tyddewi	66
16	Derwen Caerfyrddin	70
17	Llyn Tegid	74
18	Y Rhagynys, Dinbych-y-pysgod	78
19	Betws-yn-Rhos	82
20	Castell Maenorbŷr	86
21	Yr Wyddgrug	92
22	Bedd Morgan Llwyd	98
23	Aberffraw	102
24	Llwyn Onn	106
25	Trefynwy	110
26	Dinas Emrys	114
27	Llyn y Fan Fach	118
28	Sycharth	122
29	Porth Clais	126
30	Yr Hendre	130
31	6 Wilton Street	134
32	Penrhiw	140
33	Cofeb Waldo Williams	146
34	Arberth	150
35	Abaty Cwm Hir	154
36	Pont Llanrwst	158
37	Angorfa	162
38	Pantycelyn	166
39	Dolwar Fach	172
40	Rhosgadfan	178
41	Pontardawe	182
42	Tŷ'r Ysgol	186
43	Creigiau Aberdaron	192
44	Y Dafarn Goch	196
45	Y Tŷ Coch	202
46	Eglwys Llanddeiniolen	206
47	Victoria House	210
48	Coed y Pry	214
49	20 Stryd Goodman	218
50	Carreg fedd Ceiriog	222

Hen hud ein hiaith

Y mae geiriau llafar yn marw ar ôl iddyn nhw gael eu llefaru, oni chofir nhw, ac oni chofnodir nhw – fel y gwnaed gyda'n hen chwedlau ni. Gyda'n hawduron, eu geiriau nhw eu hunain wedi eu cofnodi sydd gennym ni. Am amser maith y mae geiriau ein llên wedi bod yn rhan o'n cynhysgaeth ni Gymry Cymraeg. Y mae gan lawer o'r geiriau hyn berthynas – amrywiol – â mannau arbennig, a cheisio dangos rhywfaint o arwyddocâd y berthynas honno ydi prif bwrpas y llyfr hwn. O'i ddarllen, y gobaith ydi y bydd y geiriau'n dod i'n cof ni wrth ymweld ag ambell le, neu wrth basio heibio iddo. Weithiau y mae'r gwahaniaeth rhwng rhai o'r geiriau a draddodwyd a'r mannau a gysylltir â nhw yn frawychus, ac yn peri i rywun feddwl nid yn unig am eiriau sy'n colli eu hystyr a'u teimlad, ond am iaith sydd yn colli ei bywyd. Dro arall, fe all mannau a geiriau ddod ynghyd i'n hargyhoeddi o hen hud ein hiaith, a syndod ei gwydnwch parhaol.

Wrth ddechrau ar y llyfr hwn, penderfynwyd y byddai 50 o fannau ac iddyn nhw gysylltiadau llenyddol yn ddigon – fe ellid bod wedi dewis llawer iawn o awduron a chwedlau eraill, wrth reswm. Yr wyf mewn safle i gael fy lambastio, onid fy llabyddio, gan gefnogwyr awduron neu chwedlau nad ydyn nhw i'w cael yma. Erfyniaf faddeuant ymlaen llaw, ond fel yna y mae hi: does yna ddim tudalennau diderfyn, na thragwyddoldeb i fynd i olrhain pawb sy'n haeddiannol a phob lle y dylid ei grybwyll. Gellir troi at lyfrau cyfeiriol am lawnder o'r fath.

Yr oedd gennyf ddwy egwyddor gychwynnol. Y gyntaf oedd nad oeddwn am nodi man yr oedd awdur â chysylltiad ag o ac yntau'n dal yn fyw – gallai hynny greu ystyriaethau cystadleuol afiach yn y gymdeithas lenyddol Gymraeg, ac a'n gwaredo rhag hynny. Yn ail, yr oedd dwy ystyriaeth yn rheoli fy newis i: gyda straeon neu chwedlau, yr oedd gofyn iddyn nhw fod yn ddifyr, a bod yn rhai oedd wedi dal treigl amser ac, mewn rhai achosion, fod yr elfen fytholegol ynddyn nhw yn drawiadol; gydag awduron, rhaid fod yna arbenigrwydd yn y ffordd yr oedden nhw'n rhoi geiriau wrth ei gilydd – hynny ydi, roeddwn i'n chwilio am lenyddiaeth, nid llyfrau. Y gobaith ydi y bydd mwyafrif y darllenwyr yn cytuno â mwyafrif y dewisiadau.

Er bod yna gyfaredd arbennig yn amryw o'r mannau a ddewiswyd yn y llyfr hwn, eu dewis nhw am eu cysylltiadau llenyddol a wnes i: y chwedlau neu'r awduron oedd yn bwysig. Y mannau a ystyriwn i yn fwyaf arwyddocaol yng ngwaith awdur a ddewiswyd. Felly, os bu i awdur fyw mewn mwy nag un lle, y lle arwyddocaol a nodir yma. Y mae hyn yn golygu fod i'r mannau a ddewiswyd ddylanwad arbennig ar weledigaeth awdur. O ran y chwedlau, y mae'r mannau a ddewiswyd yn rhan o'u cyfaredd.

Fel rheol, dydw i ddim wedi mynd ati i ddisgrifio'r llefydd: y maen nhw yno i'r sawl sydd am ymweld â nhw eu barnu drostyn nhw eu hunain. Ond does dim *rhaid* gwneud hynny ychwaith: cyfleir naws arbennig pob lle gan ddewin o dynnwr lluniau, sef Geraint Thomas. Rhoi blas ar y llenyddiaeth a gysylltir â mannau arbennig a phwysig i ni Gymry oedd fy mhrif fwriad i: Geraint biau'r llefydd, fel petai.

Dylid sylwi mai unig fwriad y llyfrau ac ati a enwir o dan yr ysgrifau ydi cyfeirio'r darllenydd, yn bennaf, at bethau a nodir ynddyn nhw ac, yn bwysicaf oll, at eiriau awduron a ffynonellau eu gweithiau. Pwrpas y dyfyniadau a geir yn y llyfr hwn yw tynnu sylw at y gweithiau a gyhoeddodd yr awduron, neu at ffynonellau hwylus am wybodaeth am y defnyddiau. Hynny ydi, y gobaith ydi y bydd y llyfr hwn yn rhyw fath o hysbyseb i ragoriaethau llenyddiaeth o bwys, a mannau o bwys llenyddol. Fel arfer, diweddarir orgraff hen destunau.

Yr wyf yn wir ddiolchgar i Meleri Wyn James a Nia Peris, golygyddion Gwasg y Lolfa, am eu gwaith trylwyr a manwl.

Gwyn Thomas
Hydref 2012

Lluniau yn eu lle

Wrth fynd ati i bortreadu 50 o leoliadau o bwys llenyddol yng Nghymru, teg dweud fod yr amrywiaeth wedi apelio ataf o'r dechrau. Yn gyntaf, yr amrywiaeth o safbwynt daearyddol a'm hudodd y tu hwnt i fy milltir sgwâr yng ngogledd-orllewin Cymru i bellafoedd Sir Benfro, Sir Fynwy, ac yn wir dros Glawdd Offa. Yn ogystal, roedd yna amrywiaeth diddorol o ran testunau, pob un yn cynnig sialens dra gwahanol wrth i mi deithio o un lle i'r llall yn ceisio dal y cyfan ar gamera – o gael llun da o ddarn o dderwen Myrddin yng Nghaerfyrddin i gipio peth o awyrgylch arallfydol chwedl Llyn y Fan Fach ym mhlwyf Llanddeusant.

I mi, mae yma gyfuniad difyr o'r cyfarwydd a'r anghyfarwydd, o Ryd-ddu, Eryri, ym mro fy mebyd i Blas y Scudamoriaid yn Swydd Henffordd bell. Ces gyfle i bortreadu a chyfle i ddysgu. Ac rwy'n sicr y bydd y gyfrol hon hefyd yn gyfrwng i'r darllenydd ddysgu, fel y dysgais i, am y clytwaith o hanes sy'n perthyn i bob ardal yng Nghymru a thu hwnt. Bydd yn codi awydd i grwydro ac ymweld ag ambell drysor sy'n cuddio i lawr ffordd gefn anghysbell, dros gamfa neu drwy giât mochyn.

Un o'r llefydd yma ydi Penrhiw, Llansawel. Er bod gen i syniad go lew lle roedd Llansawel, rhaid oedd holi yn y pentref ble roedd man geni D. J. Williams, a chanfod wedi cyrraedd Penrhiw fod dau leoliad o'r un enw ar gyrion y pentref – y naill yn gartref a'r llall yn adfail. Doedd gan neb lawer o syniad ble roedd y Penrhiw cywir. Yn y pen draw, filltiroedd i ganol coedwig binwydd des o hyd i lannerch a gweddillion dwy wal ac olwyn ddŵr – dyma Benrhiw.

Mae nifer o'r lleoliadau nid yn unig yn gyfarwydd, ond yn boblogaidd hefyd – Tyddewi, Cae'r Gors ac ati – ond nid felly Bulpud Huw Llwyd yng Ngheunant Cynfal, Llan Ffestiniog. Daeth fy ymdrech gyntaf i ganfod y monolith i ben yn aflwyddiannus, ond tri chynnig i Gymro! Mae'r ceunant ei hun yn ddwfn dros ben, wedi ei naddu gan rym afon Cynfal, a rhaid oedd dringo i lawr dros greigiau llysnafeddog, trwy ddrain a mwd cyn cyrraedd y man ar lan yr afon a fyddai'n cynnig yr olygfa orau o'r graig. Does ryfedd fod peth o hud a lledrith yr hen Huw yn dal i hongian yn yr awyr: mae'r lle'n atseinio o ryw oes a fu.

Fy ngobaith yw y daw'r llefydd anghofiedig hyn yn ôl i fod yn gyrchfannau poblogaidd i ni'r Cymry, ac y cânt eu dyrchafu fel eu bod yn cael y sylw, ac efallai'n bwysicach, y gofal sy'n ddyledus i rai o drysorau pwysicaf ein cenedl. I'r perwyl hwn yr ydym wedi cynnwys cyfarwyddiadau i ganfod y lleoliadau a chyfeirnodau oddi ar Google Earth sy'n cyfateb i'r union fannau ro'n i'n sefyll wrth dynnu'r lluniau.

Felly darllenwch, dysgwch, sychwch y llwch oddi ar yr esgidiau cerdded ac ewch i chwilio am y perlau sy'n cuddio ar hyd a lled Cymru. Chewch chi mo'ch siomi.

Geraint Thomas
Hydref 2012

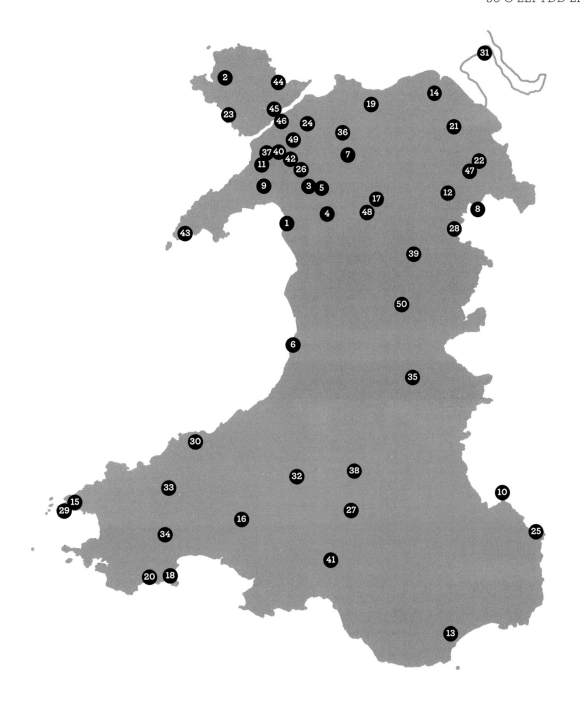

Y LASYNYS FAWR

Y tŷ ger Harlech oedd yn gartref i Ellis Wynne (1671–1734), ysgrifennwr rhyddiaith ac awdur *Gweledigaethau y Bardd Cwsg*.

LLEOLIAD

Y mae yna ddwy Lasynys yng nghyffiniau Harlech, y Lasynys Fawr a'r Lasynys Fach: y Lasynys Fawr (sydd yn cael ei gwarchod gan Gyfeillion Ellis Wynne) ydi'r fwyaf adnabyddus efallai. Fe ddowch o hyd i'r tŷ (yr adeiladwyd rhan ohono tua 1600, a rhan arall ohono yn amser Ellis Wynne) wrth fynd am Harlech ar hyd y ffordd uchaf o Dalsarnau: y mae arwydd clir yn dangos ichwi ei fod ar y dde.

CYFEIRNOD

SH506327   G 52° 24.236 Gn 004° 51.495

Dyma inni gartref un o ysgrifenwyr rhyddiaith mwyaf cyhyrog y Gymraeg. Yn y tŷ hwn y ganwyd Ellis Wynne, ac yma y bu fyw ar hyd ei oes, ar wahân i'w gyfnod fel myfyriwr yng Ngholeg Iesu, Rhydychen (1692–c.1695). Bu'n rheithor plwyfi yn yr ardal hon: Llanbedr a Llandanwg o 1705 hyd 1711, a Llanfair o 1711 ymlaen.

Ar un adeg roedd y môr yn amgylchynu'r Lasynys – bu'r safle'n 'ynys' go-iawn. Ac yn amser Ellis Wynne, ar lanw mawr byddai'r môr yn creu llifogydd ar forfa Harlech. Dyna pam yr aeth o ati, tua 1718, ar ei ran ei hun a rhai o'i gymdogion, i lunio deiseb i'r senedd i godi morglawdd 'for banking & secureing [*sic*] the sands of Traeth mawr and Traeth bychan from the sea'.

Ar y morfa hwn yn 1693–94 y gwelwyd tanau rhyfedd iawn, sef fflamau gwelwlas a wenwynai yn hytrach na llosgi'r gwair. Ymddiddorai'r ysgolhaig mawr hwnnw, Edward Llwyd, yn y tanau hyn, ac efallai'n wir iddo gael gair ag Ellis Wynne yn eu cylch. Nwyon a godai o'r morfa oedd achos y tanau, ond syniai Edward Llwyd (bendith arno) mai pydredd cyrff locustiaid oedd yr achos.

Pan alwodd Owen M. Edwards heibio i'r Lasynys yn 1896 yr oedd ef o'r farn, fel y dywedodd yn *Cartrefi Cymru*, fod 'delw'r wlad' ar weledigaethau Ellis Wynne. Efallai; ond gan fod Wynne wedi addasu cyfieithiadau Saesneg o *Los Sueños* (*Breuddwydion*), gwaith dychanol gan y Sbaenwr Quevedo (1580–1645), y tebyg ydi nad felly'r oedd hi. Ond hawdd tybio i Ellis Wynne ei hun fynd i ben y Foel Goedog, sy'n wynebu'r Lasynys, ryw haf a gwneud i Fardd Cwsg ei *Weledigaethau* lefaru'r geiriau hyn:

Ar ryw brynhawngwaith teg o ha' hirfelyn tesog, cymerais hynt i ben un o fynyddoedd Cymru, a chyda mi sbienddrych i helpu 'ngolwg egwan i weled pell yn agos, a phethau bychain yn fawr; trwy'r awyr denau eglur a'r tes ysblennydd tawel, canfyddwn ymhell tros Fôr Iwerddon lawer golygiad hyfryd.

Dyma eiriau agoriadol gweledigaeth gyntaf y Bardd Cwsg, sef 'Gweledigaeth y Byd', byd sy'n cael ei ddelweddu fel dinas ddrwg, y Ddinas Ddihenydd, yn llawn o bechaduriaid. Fe â'r pechaduriaid hyn o'r Byd i roi inni 'Weledigaeth Angau' – yn ei Frenhinllys Isaf. A sut le ydi Tir Angau?

… lle mwrllwch oerddu gwenwynig, llawn niwl afiach a chymylau cuwchdrwm ofnadwy.

Oddi yno â'r pechaduriaid yn eu blaenau i roi inni drydedd gweledigaeth, sef 'Gweledigaeth Uffern'. Yn uffern y treulia pechaduriaid aflan y Byd dragwyddoldeb mewn poenau, fel y dywed y Bardd Cwsg wrthym:

Deliais fanylach sylw ar y cwr oedd nesa' ata'i. Gwelwn y diawliaid â phicffyrch yn eu taflu i ddisgyn ar eu pennau ar hislanod [taclau efo pigau haearn miniog] gwenwynig o bicellau geirwon gwrthfachog [fel blaen bachyn pysgota], i wingo gerfydd eu 'menyddiau: ymhen ennyd, lluchient hwy ar ei gilydd yn hunfeydd [pentyrrau] i ben un o'r creigiau llosg i rostio fel poethfel [defnydd llosgadwy]. Oddi yno cipid hwy ymhell i ben un o fylchau y rhew a'r eira tragwyddol; yna'n ôl i anferth lifeiriant o frwmstan [sylffwr] berwedig, i'w trochi mewn llosgfeydd, a mygfeydd a thagfeydd o ddrewi anaelef [ofnadwy]; oddi yno i siglen [cors] y pryfed i gofleidio ymlusgiaid uffernol, llawer gwaeth na seirff a gwiberod; yna cymerai'r cythreuliaid wiail clymog o ddur tanllyd o'r ffwrnes, ac a'u curent oni udent tros yr holl Fagddu Fawr, gan yr anhraethawl boen echryslawn; yna cymerent heyrn poethion i serio'r archollion gwaedlyd.

Am iddo ysgrifennu llyfr brawychus fel hwn, does fawr ryfedd i hanesion gwlad dyfu am Ellis Wynne. Roedd ei wraig gyntaf, Lowri Wynne o Foel y Glo, a fu farw yn 1701, yn dod i greu helynt wrth y twlc mochyn oedd wrth y tŷ, meddid – nes i Ellis Wynne ei setlo. Yr oedd o un tro, meddid, yn digwydd pasio heibio cartref Goronwy Owen, y bardd o Fôn, ac meddai'n ddirmygus:

> Goronwy, y gŵr graenus,
> Dene'i law, ai dyna'i lys?

Un o'r plant a chwaraeai gerllaw oedd neb llai na Goronwy ei hun, ac meddai hwnnw, yn gynamserol a chynganeddol, fel bwled:

> Elis Wyn o Las Ynys
> A'i groen yn wynnach na'i grys.

Un o 'sgersli bilîfs' Ifas y Tryc ydi creadigaethau o'r fath, wrth gwrs.

Pwy, heddiw, sy'n gwybod am Ellis Wynne, os gwn i? Hyd yn oed yn 1896, pan ofynnodd Owen Edwards i blant y Llanfair Gymraeg (sylwer) honno pwy oedd o, wydden nhw 'ddim am ei waith na'i enw'. A phwy, heddiw, os gwn i, ar ôl i Batman a *Star Wars* goncro ein dychymyg, sy'n medru darllen ei *Weledigaethau*?

Ellis Wynne, *Gweledigaethau y Bardd Cwsg*, gol. Patrick J. Donovan a Gwyn Thomas (Gomer, 1998)

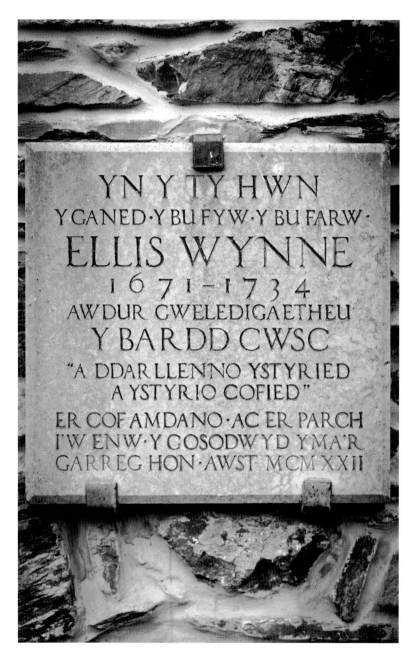

BEDD BRANWEN

Man gorffwys y dywysoges Branwen ar y ffordd o bentref Llanddeusant ym Môn. Bu farw Branwen o dor calon ar ddiwedd Ail Gainc y Mabinogi a dywedir iddi gael ei chladdu mewn 'bedd petryal'.

LLEOLIAD

Er bod yr enw tra anrhydeddus hwn i'w gael yn Llanddeusant, ar ffordd go arw o'r pentref am fferm Glanafon y mae'r bedd. Enw ydi'r bedd ar bentwr bach o gerrig, ond pentwr bach o gerrig sydd yn fedd cynhanesyddol.

CYFEIRNOD

SH361850   G 53° 20.112 Gn 004° 27.469

Enw mewn hen chwedl Gymraeg enwog ydi Branwen, enw o Ail Gainc y Mabinogi, ac fe gysylltodd rhywun – rhywun a fu'n adrodd y chwedl – y bedd hwn o gerrig â'r cymeriad yn y chwedl. Fel Cymry, yr ydym ni, fel pobol o genhedloedd eraill, yn hoff o gysylltu mannau yn ein gwlad â digwyddiadau neu â phobol. Wrth wneud hyn yr ydym ni'n cynefino'n tir, ac yn creu cysylltiad rhyngom ni ag o, a rhyngom ni a'n gorffennol.

Yr oedd yna fynd garw ar adrodd chwedlau yng Nghymru'r Oesoedd Canol. Y mae yna ddisgrifiadau o sut yr oedd hi mewn llysoedd gynt yn yr enwocaf o'n chwedlau, sef Pedair Cainc y Mabinogi ('cainc' ydi 'rhan', a 'mabinogi' ydi 'chwedl am faboed, neu ieuenctid rhywun' i ddechrau, ac yna, yn syml, 'chwedl'). Yn hen lysoedd y Cymry yr oedd i wledda le pwysig iawn, a'r hyn a fyddai'n digwydd adeg gwledd oedd fod y storïwr, neu'r 'cyfarwydd' fel yr oedd o'n cael ei alw, yn mynd ati i ddiddanu'r cwmni, nid yn unig trwy ddweud straeon ond trwy sgwrsio'n ddifyr hefyd. Y mae yna gymeriad yn y Mabinogi, dyn o'r enw Gwydion, oedd yn chwedleuwr tan gamp, ac y mae yna ddisgrifiad ohono fo mewn gwledd yn llys Pryderi yn Nyfed, yn diddanu'r cwmni:

> Yntau, Gwydion, oedd y chwedleuwr gorau yn y byd. A'r noson honno, dyma fo'n difyrru'r llys trwy sgwrsio'n ddifyr a dweud straeon, nes ei fod yn ffefryn gan bawb yn y llys.

Bu dweud straeon yn un o hoff bleserau pobol ers canrifoedd maith. A phan ystyriwch chi nad oedd yna ddim golau trydan yn fawr nunlle nes bod yr ugeinfed ganrif yn bwrw ymlaen, mi ellwch weld sut y gallai geiriau storïwr da ddeffro dychymyg ei wrandawyr. Meddyliwch am rywun yn adrodd stori ysbryd yn ddeheuig, gan godi ofnau yn nychymyg y rheini oedd yno'n gwrando yng ngolau tân

a golau cannwyll, a hwythau'n gorfod mynd allan i nos ddu-bitj wedyn, â'u dychymyg wedi ei ddeffro, ac yn canfod bwganod yn nhywyllwch y nos. Y mae golau trydan wedi amharu'n chwyldroadol ar ein dychymyg ni.

Ail Gainc y Mabinogi ydi chwedl 'Branwen ferch Llŷr'. Roedd brawd Branwen, sef Bendigeidfran, yn frenin Prydain; yr oedd o hefyd yn gawr. Pa mor fawr ydi cawr? Doedd yna ddim tŷ digon mawr i ddal hwn, ac yr oedd o – fel yr Eisteddfod Genedlaethol – yn gorfod cael ei gynnwys mewn pabell. Yr oedd o, a phobol ei lys, yn Harlech pan welson nhw longau o Iwerddon yn dod am y lan. Matholwch, brenin Iwerddon, a rhai o'i wŷr oedd yno. Aeth yn sgwrs rhwng Bendigeidfran ar ben y graig a'r Gwyddelod yn eu cychod rywle wrth droed y graig – fe ymddengys, felly, fod penllanw'r môr, ryw ben yn yr Oesoedd Canol, yn llawer uwch nag y mae o heddiw. Dod i ofyn am gael priodi Branwen yr oedd Matholwch. Bu cyngor, a phenderfynwyd ar briodas. Aeth y ddau frenin a'u pobol i lys arall Bendigeidfran, yn Aberffraw yn Sir Fôn. Yno'r oedd prif lys tywysogion Gwynedd, ac fe wyddai'r storïwr hynny. Yno y priododd Matholwch a Branwen.

Ond ddaru nhw ddim byw'n hapus am byth wedyn. Yn wir, y mae pethau'n dechrau mynd o chwith pan y mae Efnisien, hanner brawd Branwen a Bendigeidfran, yn cyrraedd y llys o rywle. 'Gŵr annhangnefeddus' ydi hwn – rêl crinc. Am na ofynnwyd am ei ganiatâd o i'r briodas y mae o'n difetha meirch y Gwyddelod – dydi'r stori ddim yn ymdrafferthu â rhyw fanion fel sut y daeth y rheini â cheffylau drosodd i Gymru. Y mae o'n torri eu myngau, eu clustiau a'u cynffonnau nhw'n greulon. Pan ddaw'r Gwyddelod i wybod beth sydd wedi digwydd, y maen nhw am fynd ymaith gynted ag y gallan nhw. Ond y mae Bendigeidfran yn eu darbwyllo nhw i aros, ac yn rhoi ceffyl iach am bob un a ddifethwyd. Ac, ar ben hynny, pair hud. Hudoliaeth y pair ydi hyn: os bydd dyn sydd wedi cael ei ladd yn cael ei fwrw i'r pair, erbyn y diwrnod wedyn fe fydd mor fyw ag y bu o erioed, ond ei fod yn fud.

Fe â'r Gwyddelod a Branwen i Iwerddon. Yno, y mae popeth yn dda am flwyddyn, ac fe enir mab, Gwern, i Fatholwch a Branwen. Ond ar ddiwedd ei blwyddyn gyntaf yno y mae'r bobol yn clywed am y sarhad a ddioddefodd y Gwyddelod ym Mhrydain – ond nid am yr iawn a dalwyd am y sarhad, yn ôl pob golwg. Fe gosbir Branwen (sy'n gwbwl ddieuog) am y sarhad: gyrrir hi, a hithau'n frenhines, i'r gegin i weithio fel morwyn fach, ac i gael bonclust gan y cigydd efo'i ddwylo gwaedlyd bob dydd. Fe rwystrir unrhyw fynd a dod rhwng Iwerddon a Phrydain, rhag i Bendigeidfran ddod i wybod am ddioddefaint ei chwaer. Bu pethau fel hyn am dair blynedd. Yna y mae Branwen yn hyfforddi aderyn drudwy, gan ddysgu iaith iddo – iddo ddeall sut un ydi Bendigeidfran, mae'n debyg – ac yn rhoi llythyr dan ei adain a'i anfon dros y môr i Gaer Saint (Caernarfon) i ddweud wrth ei brawd am ei phoen.

Y mae Bendigeidfran yn casglu byddinoedd Prydain ac yn croesi'r môr rhwng Cymru ac Iwerddon. Cerdded trwy'r dŵr y mae o, gan nad oes unrhyw long a all ei ddal o. Esbonia'r chwedl nad oedd y môr mor fawr yn y gorffennol (amser y stori), ac mai dim ond dwy afon oedd yna rhwng Prydain ac Iwerddon – hyn er bod y môr yr ochr yma, yn Harlech, yn uwch nag ydi o rŵan.

Diwedd yr helynt ydi fod yna ryfela enbyd rhwng y Gwyddelod a'r Cymry (neu wŷr Prydain). Fe leddir Gwern, ac y mae pethau'n edrych yn o ddu ar y Cymry, gan fod y pair hud gan y Gwyddelod a'u bod nhw'n gallu adfywio eu milwyr a laddwyd. Yna, y mae Efnisien, y gwrth-arwr tra annymunol, yn ei aberthu ei hun i achub ei bobol: y mae'n gorwedd mewn pentwr o Wyddelod sydd wedi eu lladd, ac yn cael ei daflu i'r pair hud. Yno, y mae'n ymestyn, yn malu'r pair ac yn marw yn yr ymdrech.

Y Cymry sydd wedi ennill, os ennill hefyd, achos

nad oes yna ddim ond saith milwr ar ôl yn fyw. Y mae Bendigeidfran wedi ei glwyfo, ond y mae o'n peri i'w filwyr dorri ei ben a'i gario efo nhw – ac y mae'r pen hwnnw'n aros wedyn yn union fel yr oedd o pan oedd o'n rhan o gorff y cawr. Y mae Branwen hithau'n fyw. Dyma'r criw bach sy'n troi'n ôl am Gymru.

Y maen nhw'n glanio yn Aber Alaw, yn Sir Fôn. Dyma sut y mae rhan gynta'r chwedl hon yn dod i ben:

> Yna, dyma nhw'n eistedd a gorffwyso. A dyma Branwen yn edrych ar Iwerddon, ac ar Ynys y Cedyrn [sef Prydain] – hynny y gallai hi ei weld ohonynt.
>
> "A! Fab Duw," meddai hi, "gwae imi erioed gael fy ngeni. Difethwyd daioni dwy ynys o'm hachos i."
>
> A dyma hi'n rhoi ochenaid fawr ac yn torri ei chalon. Ac fe wnaed bedd petryal iddi, ac fe'i claddwyd hi yno yng nglan Alaw.

Yn y pentwr bach o gerrig hwn yn Llanddeusant y mae cof gwlad a chwedl wedi lleoli diwedd trist y dywysoges ddioddefus hon. Ac yn y chwedl y mae yna hen, hen bethau, pethau o fyd y Celtiaid, pethau hudol megis y pair dadeni a phen hudol, onid dwyfol, Bendigeidfran.

Ceir testun gwreiddiol y chwedl yn Ifor Williams (gol.), *Pedeir Keinc y Mabinogi* (GPC [= Gwasg Prifysgol Cymru], 1930 ac argraffiadau wedyn).

Gwyn Thomas, *Y Mabinogi* (addasiad newydd, Y Lolfa, 2006)

PULPUD HUW LLWYD

3

Y maen enfawr ynghanol afon Cynfal yng Nghwm Cynfal, ger Llan Ffestiniog, lle byddai'r bardd a'r gŵr hysbys Huw Llwyd (*c.*1568 –*c.*1630) yn pregethu fin nos.

LLEOLIAD

Fe gysylltir Huw Llwyd â ffermdy Cynfal-fawr ym mhlwyf Maentwrog, er bod y ffermdy hwnnw, mewn gwirionedd, yn nes at Lan Ffestiniog. Gellir mynd ato o'r Bontnewydd sydd ar waelod gallt rhwng Llan Ffestiniog a Gellilydan. Y mae ei bulpud, sef clamp o faen enfawr sydd i lawr yn y cwm, Cwm Cynfal, rhyw hanner milltir islaw'r ffermdy, ynghanol afon Cynfal. Gellir mynd yno dros y caeau o Gynfal-fawr, neu ar hyd llwybr cyhoeddus o sgwâr Llan Ffestiniog.

CYFEIRNOD

SH706410   G 52° 57.0817 Gn 003° 55.6317

Y mae'r enw 'Cynfal' yn digwydd yn y Mabinogi, ond 'Cynfael' a geir yno. Y ffurf honno ydi'r un fanwl gywir oherwydd fe ddaw'r gair o hen enw Brythoneg, Cunomaglos, sef *cunos* (ci) a *maglos* (arweinydd, tywysog). Ystyr yr enw ydi arweinydd sydd yn gi ffyrnig o ymladdwr, enw purion i dywysog mewn cyfnod o ryfela. Y mae enw hen dywysog arall, Maelgwn, yn cynnwys yr un elfennau, ond o chwith – Maglocunos.

Ganwyd Huw Llwyd o gwmpas 1568, ac fe fu farw o gwmpas 1630. Yr oedd yn perthyn i Morgan Llwyd o Wynedd, awdur *Llyfr y Tri Aderyn* ymhlith gweithiau eraill. Y mae beth yn hollol oedd y berthynas rhyngddyn nhw'n ddirgelwch. Fe honnwyd fod Huw'n daid, yn ewythr ac yn dad i Morgan. Os oedd o'n dad iddo fo, roedd Huw tua hanner cant oed pan anwyd Morgan yn 1619. Bu mam Morgan, Mari, fyw tan 1680. Mi ddywedwn ni fod y ddau'n perthyn, a'i gadael hi ar hynny.

Yr oedd Huw Llwyd yn dipyn o gymêr yn ôl pob golwg. Fe fu'n filwr; yr oedd o'n heliwr, yn bysgotwr, yn feddyg gwlad (hyn a barodd iddo gael yr enw o fod yn ŵr hysbys, neu ddewin, yng nghoel gwlad) ac yn fardd. Yr oedd o, hefyd, yn fwytäwr Ewropeaidd ei chwaeth, yn ôl pob golwg. Dyma englyn a dadogir arno fo:

Yn Ffrainc yr yfais yn ffraeth – win lliwgar,
    Yn Lloegr, gawl odiaeth,
    Yn Holand, menyn helaeth;
    Yng Nghymru, llymru a llaeth.

Yng Nghynfal ei hun yr oedd ganddo ystafell a ddisgrifiwyd gan y bardd Huw Machno. Y mae'r ystafell hon yn dweud cryn dipyn wrthym ni am Huw:

Ei lyfrau ar silffiau sydd,
Deg olwg, gyda'i gilydd;

Ei flychau elïau'n lân,
A'i gêr feddyg o arian;
A'i fwcled glân ar wanas, [tarian ar hoelen]
A'i gledd pur o loywddur glas;
A'i fwa yw (ni fu ei well),
A'i gu saethau a'i gawell; [cawell i ddal ei saethau]
A'i wn hwylus yn hylaw,
A'i fflasg (hawdd y'i caid i'w law); [fflasg powdwr du, mae'n debyg]
A'i ffon enwair ffein, iawnwych,
A'i ffein gorn, a'i helffyn gwych; [ffyn i hela]
A'i rwydau – pan fai'r adeg –
Sy gae tyn i bysgod teg; [cae tyn = cau'n dynn]
A'i ddrych (oedd wych o ddichell) [sbienddrych]
A wêl beth o'i law o bell;
A'r sies a'i gwŷr, ddifyr ddysg, [chess a chessmen]
A rhwydd loyw dabler hyddysg. [gêm, fel backgammon]

Llyfrau, blychau eli, gêr meddyg, arfau, gêr hela, sbienddrych a gêmau: dyna inni bortread o Huw Llwyd mewn ychydig eiriau. Y mae'r ffaith fod ganddo sbienddrych yn wirioneddol ddiddorol; rhaid ei fod o wedi ei brynu ar y cyfandir ryw dro. Yn y cyswllt hwn y mae'n briodol inni gofio nad oedd dim cymaint â hynny o amser er pan edrychodd Galileo trwy un o'r rhain a darganfod pethau newydd am y bydysawd.

Elïau a gêr meddyg: dyma inni dystiolaeth am ei wybodaeth o feddyginiaethau. Ond y mae yna fanylach tystiolaeth am hyn, achos mi gopïodd Ellis Wynne o'r Lasynys 'hen ffysigwriaeth naturiol o lyfr Huw Llwyd, Cynfal'. Yn y llyfr hwn y mae yna feddyginiaethau llysieuol at bob math o anhwylderau, pethau fel hyn:

Gwayw m[ew]n arlais. Llygad yn maglu.
Px [=Cymysgu] melyn wy a bl[aw]d gwenith ac

ychyd[i]g o gopr glas drwy ei gymysgu'n ffest
[cyflym][;] gosod wrtho a thyrr y Magl a'r Gwayw.

Pryfed yn yr amrannau
Px [=Cymysgu] Halen[,] a llosg [=llosga] mewn clwt o
liain a chymysg â mêl gloyw a dod ar dy lygad ag adain
pan elych i'th wely.

Faint o les – neu faint o ddrwg – a wnâi'r hen
feddyginiaethau yma i rywun sydd gwestiwn na hoffwn i
roi prawf arno.

Dyna inni ei gêr hela, wedyn: ei fwa saeth, ei wn, ei
enwair, ei ffyn hela, ei rwydi a'i sbienddrych – i weld
creaduriaid o bell, yn siŵr. A siawns nad âi o, a'i fflasg
gydag o, ar hyd y gweunydd a thrwy'r fforestydd ar
drywydd cadno a cheinach.

Ond os ydych chi'n heliwr go-iawn, rhaid ichwi gael
cŵn; am hynny, fe anfonodd Huw gywydd i ofyn am
'gwpwl o fytheid' gan Thomas Prys o Blas Iolyn, yr ochor
arall i fynydd y Migneint. Y mae'n debyg mai gwaetgwn
(*bloodhounds*) oedd arno fo eu heisio:

Gwelir iddyn' yn gwylio
Golygon trymion eu tro; [golygon = llygaid]
Yn glafaidd, bruddaidd, heb rôl,
Yn bethau anobeithiol.

O edrych arnyn nhw, y mae gwaetgwn yn edrych
fel pethau wedi ymollwng. Ond unwaith y maen nhw ar
drywydd creadur y maen nhw'n dra gwahanol:

Hylwybr 'r ant i'r helynt;
Hefyd, o'r iawn hyfder ŷnt:
Y prifwynt pêr a yfan'
O'u bochau'n ferw glochau glân.

Y maen nhw'n ei symud hi, yn hy, a'u bochau llac yn
fflopian yn y gwynt.

Gŵr hysbys hefyd. Fel y buasech chi'n disgwyl i ŵr
hysbys, roedd ganddo rai arferion rhyfedd. Y rhyfeddaf, yn
sicr, oedd ei fod o (yn ôl coel gwlad) yn codi gefn trymedd
nos a mynd i lawr at afon Cynfal, trajan trwy'r dŵr i'w
chanol hi a dringo i ben y maen mawr a elwir yn Bulpud
Huw Llwyd. Mewn pulpud, yr arfer ydi pregethu; am beth
y parablai Huw Llwyd yno ar y maen mawr yma ganol nos
sydd, fel y dywedai Morgan Llwyd, yn 'ddirgelwch i rai i'w
ddeall, ac i eraill ei watwar'.

Doedd yr ymlwybro hwyrol hwn yn plesio dim ar
ei deulu, ac felly dyma'i wraig o (coel gwlad eto) yn
penderfynu ei setlo fo trwy yrru ei brawd ar y llwybr sydd
uwchben y pulpud, mewn planced wen, i'w ddychryn o.
Ond throdd yr hen Huw yr un blewyn, ac meddai, "Os
mai angel o'r nefoedd wyt ti, mi fydda i'n iawn, oherwydd
Morgan Llwyd, fy mab. Ac os mai diawl o uffern wyt ti, mi
fydda i'n iawn, achos rydw i wedi priodi dy chwaer." Yna, i
ddod â'r ymweliad i ben, mi ofynnodd, "Gyda llaw, be ydi
hwn'na mewn du sy'r tu ôl iti!" Diflannodd ei frawd yng
nghyfraith a'i flanced, pronto.

Ond yr oedd yna ochor arall, fwy difrifol, i'r hen Huw.
Synnwn i ddim na chafodd o ryw fath o argyhoeddiad
ysbrydol. O leiaf, mi aeth ati i ganu am ddrygau'r oes, a
gwerth cydwybod dda. Ac ar gyfer dydd ei farwolaeth mi
ganodd yr englyn hwn:

Lliain gwyn a'm tynn o'm tŷ; â llinyn
Y lluniwch im wely,
A gwesgwch yno i gysgu
Fi'n fyddar i'r ddaear ddu.

Gwyn Thomas, 'Dau Lwyd o Gynfal', 71–98, *Ysgrifau Beirniadol V*, gol.
J. E. Caerwyn Williams (Gee, 1970)

YR YSGWRN

Cartref Hedd Wyn (1887–1917) ger pentref Trawsfynydd. Enillodd Gadair Ddu Eisteddfod Genedlaethol Penbedw yn 1917, ond collodd ei fywyd cyn derbyn y clod.

LLEOLIAD

Tŷ ar lepan bryn rhyw filltir i'r dwyrain o bentref Trawsfynydd ydi'r Ysgwrn. Gellir ei gyrraedd trwy ddilyn ffordd sy'n codi o'r A470.

CYFEIRNOD

SH722346   G 52° 53.599 Gn 003° 53.599

4

Gair yn ei Le

Y mae safle'r Ysgwrn yn un agored, a go ddigysgod ydi hi yma pan fydd y gwynt yn sgubo i fyny'r dyffryn – neu i lawr y dyffryn, o ran hynny. Yma y mae'r gwynt yn ysgyrnygu. Dylai fod i'r enw 'Ysgwrn' rywbeth i'w wneud ag 'ysgyrnygu' – er mai'r tebyg ydi nad felly y mae. Yn ôl ein prif awdurdod ar enwau lleoedd, Melville Richards, hen enw'r lle oedd 'Yr Ysgwr' – heb yr 'n'. Lluosog 'ysgwr' ydi 'ysgyrion', sef 'darnau' neu 'sglodion', ac y mae hwnnw'n gweddu fel enw i'r lle creigiog hwn hefyd. Dyma, fel y gŵyr pawb – gobeithio – gartref Ellis Humphrey Evans, sef Hedd Wyn.

Y mae'r lle wedi dod i sefyll dros symud o ryw hen fyd i ryferthwy ein byd modern ni. Hwn ydi'r lle y tynnwyd ohono fo fugail ifanc, dwys ond digon ysgyfala hefyd, i'w daflu dramor, ymhell i ganol un o'r rhyfeloedd mwyaf enbyd a fu erioed, i gael ei ladd. Ac i gael ei goffáu gan Gadair Ddu Eisteddfod Genedlaethol Penbedw, 1917, lle'r oedd o wedi ennill ar yr awdl ond, cyn y clod, wedi colli ei fywyd. Fe ddaeth yn symbol trawiadol o genhedlaeth ifanc a ddinistriwyd. Y mae lluniau'r hogiau o Drawsfynydd a laddwyd i'w gweld, un ar ôl y llall, ym mhapurau lleol dechrau'r ganrif ddiwethaf. Y mae marwnad enwog R. Williams Parry yn gerdd sydd yn diffinio'r ugeinfed ganrif, ac yn diffinio'r cyfnod modern; y mae'n alarnad, nid am dywysogion na mawrion, ond am filwr cyffredin a'i cafodd ei hun mewn lladdfa, lladdfa sydd wedi gadael ei nod ar hyd y can mlynedd diwethaf. Bu'n rhaid i'r bardd adael ei Drawsfynydd a marw ymhell.

Ar ddiwedd y ffilm *Hedd Wyn* y mae yna eneth fach yn canu'r farwnad hon, yn ddiniwed yn hytrach nag yn grefftus, gan greu argraff ddirdynnol o'r drasiedi ddu a ddigwyddodd.

Pan oedd o gartref, yr oedd Hedd Wyn yn canu ei gân, a'i llond hi o ramant, a'i ddychymyg yn ysgubol, yn goeth o ryw ehangder mytholegol, ond yn eiriog:

> Bu'm henaid yn rhwyfo moroedd terfysglyd,
>   A'm hysbryd digartref ar afrad hynt,
> Ac nid oedd a lonnai 'mhruddaidd ddyhewyd,
> Ac ni ddoi hyd ataf eithr niwl ac adfyd,
>   Gan ymson am bellter di-gariad a gwynt.

Hyn gan un oedd heb gael fawr o ysgol, un oedd yn cael ei yrru gan ddim byd llai na'i Awen, yng ngwir ystyr y gair. Ond, ar dro, fe ganai am bethau syml o'i gwmpas, fel:

> Dim ond lleuad borffor
>   Ar fin y mynydd llwm,
> A sŵn hen afon Prysor
>   Yn canu yn y cwm.

Yna, dyma waradwydd gwrthun y Rhyfel Mawr yn ei ysgytian o nes ei fod o gyda'r cynharaf o'n beirdd a ddangosodd inni ganu newydd, caled, modern. Yr oedd yr hen fath o ganu rhamantaidd, oedd wedi ateb ei bwrpas yn ei gyfnod – canu rhamantaidd Hedd Wyn ei hun a'r canu oedd yn mynd i ddal i bydru arni am sbel – yn ddiymadferth yn wyneb y byd a ddaeth i fod gyda'r Rhyfel Mawr. Fe sylweddolodd Hedd Wyn hynny, a chanu fel yma:

> Mae'r hen delynau genid gynt
>   Yng nghrog ar gangau'r helyg draw,
> A gwaedd y bechgyn lond y gwynt,
>   A'u gwaed yn gymysg efo'r glaw.

Y mae'n drueni na chafodd fyw i'n hysgwyd ymhellach â'i ymwybod modern, newydd.

Hedd Wyn, *Cerddi'r Bugail*, gol. J. J. Williams ([ni nodir y cyhoeddwr], 1918). Y mae argraffiadau diweddarach.

LLECH RONW

Y garreg a ddefnyddiodd Gronw Befr i'w amddiffyn ei hun rhag gwaywffon Lleu Llaw Gyffes ym Mhedwaredd Gainc y Mabinogi.

5

LLEOLIAD

Carreg â thwll ynddi hi ydi Llech Ronw, yng Nghwm Cynfal. Yr oedd hi i'w gweld yn yr Oesoedd Canol wrth i deithwyr dramwyo hen ffyrdd y wlad, a dyna pam y rhoddodd rhyw chwedleuwr hi yno, yn niwedd y stori am Lleu a Blodeuwedd, yn arwydd parhaol o'r hyn a ddigwyddodd. Bu'r garreg ar goll am flynyddoedd mawr, nes i ddau arwr o Lan Ffestiniog, Geraint Vaughan Jones ac Edgar Williams, ddod o hyd iddi eto. Fe nodwn ni hyn gyda phendantrwydd teilwng o Fwrdd Croeso Iwerddon, a allai ddysgu tric neu ddau inni i gyd. Y mae'r garreg i'w gweld wrth fynd ar ffordd drol sy'n codi i'r chwith yn union ar ôl pasio'r Bontnewydd, sydd ar waelod gallt sy'n dod o Lan Ffestiniog i Gellilydan. Ar ôl dod at y tŷ cyntaf, sef Bryn Saeth, rhaid croesi cae at y garreg.

CYFEIRNOD

SH715405   G 52° 94.7244 Gn 003° 91.303

Gair yn ei Le

Yn y darn hwn o'r byd y mae yna amryw lefydd efo cysylltiad â Phedwaredd Gainc y Mabinogi: dyna inni'r ffermydd, Bryn Cyfergyr (Cyfergyd erbyn heddiw), Bryn Llech, Bryn Saeth, Llech Ronw; a dyna inni'r hen gaerau, Mur Castell (Tomen y Mur) a Bryn Castell, yn y mynydd; a Llyn y Morwynion.

Y rhan o'r chwedl sydd wedi ei lleoli yma ydi'r rhan am Lleu a Blodeuwedd a Gronw Befr, sef ail ran y chwedl.

Y mae Arianrhod, chwaer Gwydion, sydd yn ddewin nerthol, wedi rhoi genedigaeth i faban, a hynny dan amgylchiadau sy'n codi cywilydd mawr arni. Cipia Gwydion y baban a'i fagu, a gofalu amdano fo. Wedi iddo dyfu'n llanc a dod i weld ei fam am y tro cyntaf, y mae hi'n ddig iawn fod Gwydion wedi cadw ei mab – i atgoffa pawb o'i chywilydd, meddai hi. Y mae hi'n rhoi tair 'tynged', math o felltith, ar y mab: chaiff o ddim enw, nac arfau, ond ganddi hi; a chaiff o ddim gwraig o blith gwragedd y ddaear. Trwy ei hud y mae Gwydion yn cael enw i'r mab, Lleu Llaw Gyffes ('yr un pryd golau sy'n fedrus iawn ei law'), ac arfau. Y drydedd dasg ydi cael gwraig iddo. Y mae o a Math yn creu gwraig o flodau'r maes, ac yn ei galw yn Blodeuwedd ('wyneb o flodau'). Mi aiff Lleu a Blodeuwedd i fyw ym Mur Castell.

Un dydd, y mae'n rhaid i Lleu adael ei lys. Yn ystod ei absenoldeb daw Gronw o Benllyn heibio, ac y mae o a Blodeuwedd yn syrthio mewn cariad, ac yn cynllwynio i ladd Lleu. Gan fod cysgod hen dduw Celtaidd – sef duw goleuni (go-*leu*-ni), neu dduw'r haul – ar Lleu, dydi o ddim yn hawdd ei ladd. Rhaid i Flodeuwedd ei hudo i ddweud wrthi sut y gellir gwneud hynny, fel yr hudodd Deleila Samson gynt. Dyma'r dull, rhyfedd iawn, y gellir lladd Lleu: y mae'n rhaid iddo fod ar lan afon Gynfael (Cynfal erbyn hyn); y mae'n rhaid iddo fo fod ag un droed ar gefn bwch gafr ac un droed ar gafn dŵr, neu fâth; a rhaid bod yna gromglwyd, sef to ar goesau, uwchben y cafn. Y mae

Gronw'n cuddio wrth Fryn Cyfergyr ac yn taro Lleu â gwaywffon. Ond dydi o ddim yn marw – y mae o'n troi'n eryr, ac yn hedfan ymaith.

Y mae Gwydion yn chwilio'n hir amdano fo, cyn cael hyd iddo mewn coeden fawr yn Nantlleu (Dyffryn Nantlle). Y mae'n ei droi'n ôl yn ddyn – truenus iawn ei gyflwr. Wedi iddo ddod ato'i hun y mae'r ddau, efo byddin, yn mynd i ddial ar Flodeuwedd a Gronw. Y mae Blodeuwedd a'i morwynion yn ffoi o'r llys am lys yn y mynydd, sef Bryn Castell. Gan fod ar y morwynion gymaint o ofn, y maen nhw'n mynd yno wysg eu cefnau, ac yn syrthio i ddŵr llyn yn y mynydd, a dyna sy'n esbonio enw Llyn y Morwynion – ond fe anghofiodd y chwedleuwr ddweud hynny. Yna y mae Gwydion yn troi Blodeuwedd yn dylluan.

Beth am Gronw? Y mae Lleu'n mynd ag o at afon Gynfael, lle y ceisiodd Gronw ei ladd o. Y tro hwn, Lleu sy'n mynd i daflu gwaywffon, a Gronw sy'n mynd i sefyll lle y safai Lleu. Ymbilia Gronw am drugaredd, gan ddweud mai ar Flodeuwedd yr oedd y bai, ac y mae o'n gofyn a gaiff o roi 'llech' (carreg fawr, nid llechen) rhyngddo fo ag ergyd Lleu. Cytuna hwnnw. Ond dydi'r llech o ddim help iddo fo: y mae gwaywffon Lleu'n mynd drwyddi hi a Gronw, ac yn ei ladd o. A hon ydi'r garreg yr ydym ni'n ei gweld hi yma o hyd. Cystal nodi fod Lleu, wedyn, wedi bod yn llwyddiannus ac wedi bod yn arglwydd ar Wynedd i gyd.

Pam y mae'n rhaid cael Lleu i sefyll mewn dull mor rhyfedd cyn y gellir ei ladd o? Wel, am ei fod o'n wreiddiol yn hen dduw, yn un nad ydi hi'n hawdd ei ladd. Un o hen gredoau'r Celtiaid oedd fod Ystad Gydrhwng, sef ystad sydd rhwng dau beth gwahanol, yn ystad hudol – ac, yn aml, yn ystad oedd yn agor y ffordd i Annwn, y Byd Arall. Fe welwn ni fod Lleu wedi ei osod, nid mewn un ystad hudolus, ond mewn cyfres ohonyn nhw: y mae o ar lan afon, sef rhwng daear a dŵr; y mae o ag un droed ar gefn bwch gafr, sef arwydd o anlladrwydd a budreddi, a'r droed

arall ar faddon o ddŵr, arwydd o lendid. Dydi o ddim â'i draed ar y ddaear, ond dydi o ddim yn ehedeg ychwaith. Dydi o ddim mewn tŷ, ond dydi o ddim y tu allan ychwaith – y mae o dan do'r gromglwyd. Hynny ydi, y mae Lleu mewn Ystad Gydrhwng eithriadol o bwerus.

Ond hyd yn oed yn yr ystad hon, dydi o ddim yn cael ei ladd. Y mae o'n troi yn eryr. Pam eryr? Am mai'r eryr oedd aderyn duw'r haul. Y mae Lleu'n cymryd arno agwedd arall arno'i hun.

Yn y stori hon o'r Oesoedd Canol y mae gennym ni nid yn unig elfennau o'r cyfnod hwnnw, ond elfennau sydd yn llawer iawn hŷn, sef elfennau o'r hen fyd Celtaidd wedi eu cadw'n fyw – yn hanner ymwybodol – ar gof chwedleuwyr o Gymry am ganrifoedd a chanrifoedd.

Gwyn Thomas, *Y Mabinogi* (addasiad newydd, Y Lolfa, 2006)

6

EGLWYS LLANBADARN

Ysgrifennodd Dafydd ap Gwilym, y cywyddwr a'r carwr mawr, gywydd i 'Ferched Llanbadarn' a byddai'n dod yma i'r eglwys ger Aberystwyth ar y Sul.

LLEOLIAD

Saif eglwys Llanbadarn Fawr mewn man amlwg uwchben y pentref, ac o ddilyn yr hen ffordd i gyfeiriad Aberystwyth gellir ei chyrraedd yn hawdd.

CYFEIRNOD

SN598809 G 52° 40.8969 Gn 004° 06.1269 ☞

Gair yn ei Le

Beth ydi prif nodwedd Cymry diwylliedig? Eu bod nhw'n darllen Dafydd ap Gwilym (yn ei flodau 1320 tan 1350/70) yn eu gw'lâu bob nos. Diolch i Dafydd Iwan am ei gymorth goleuedig i ddiffinio'r cyfryw Gymry. Fe gyfansoddodd yr ap Gwilym dan sylw tua chant a hanner o gerddi, felly dyna inni gant a hanner o nosau o ddiwylliant yn olynol, cyn ailddechrau efo rhif un unwaith yn rhagor, achos dydi'r gwir ddiwylliedig ddim yn rhoi'r gorau iddi hi ar ôl un darlleniad – dal ati ydi nod eu rhagoriaeth.

A beth sydd yna i gadw rhywun i fynd? Amrywiaeth sylweddol o gerddi gan un a alwyd yn 'Drwbadŵr, gŵr digyrrith [hael], / A'i law fel y glaw a'r gwlith' gan Dewi Emrys, ac yn 'llychwytgi', sef 'llechgi', neu 'hen snech' gan Goronwy Owen – a oedd, fel yr oedd hi'n digwydd, wedi mopio'i ben ar Milton ac arwrgerddi difrif fel na allai wir werthfawrogi canu rhyw lolyn fel Dafydd ap Gwilym, er ei fod o, chwedl Goronwy, yn canu'n ddigon pêr. Ond wedyn, doedd Goronwy Owen ddim mewn safle priodol i farnu gwaith Dafydd achos yr oedd, fel yr oedd yn ddigon parod i gyfaddef, rhyw 'boblach yn llurgunio ac yn sychmurnio [tagu]' ei waith. Yn wir, bu'n rhaid inni aros nes y daeth Syr Thomas Parry i hel cerddi Dafydd at ei gilydd a'u golygu inni ddechrau gwir amgyffred ei athrylith. Ac erbyn hyn y mae yna ddyrnaid o ysgolheigion wedi mireinio gwaith cyflawn y bardd ymhellach fyth. Yn awr, does dim esgus: y mae'r defnydd gennym i welyol ymddiwyllio.

Ym Mrogynin ym mhlwyf Llanbadarn Fawr y ganwyd Dafydd, ac fe roddwyd cofnod i ddynodi'r fangre honno – ond nid y tŷ, am nad ydi hwnnw'n bod mwyach – gan yr Academi Gymreig yn 1977. Yr oedd o o deulu uchelwrol, a bu ewythr iddo, sef Llywelyn ap Gwilym, yn Gwnstabl Castellnewydd Emlyn – fe'i lladdwyd 'ag arf glas' tua 1346. Bu Dafydd gyda'i ewythr yn y llys hwn am ryw hyd, ac fe'i hyfforddwyd mewn cerdd dafod ganddo: 'ys difai y'm

dygud' – 'dysget fi'n ardderchog' meddai Dafydd am ei ewythr, a oedd, meddai eto, yn awdurdod ar y grefft, yn 'llyfr dwned Dyfed', sef 'llyfr gramadeg Dyfed', gramadeg y beirdd, wrth gwrs. Fe feistrolodd Dafydd y grefft a gallai ganu cerddi yn ôl y drefn gyda'r gorau, ond lle'r oedd aelodau o urdd y beirdd yn ei ddydd yn ddigon bodlon, ar y cyfan, i rodio yn yr hen rychau neu – yn llai ffansïol – i ganu o fewn terfynau arbennig, dyma Dafydd yn mynd ati i ganu i amrywiaeth o bynciau: canu i fyd natur, i ferched, i droeon trwstan, gan ei gyflwyno'i hun mewn rhai cerddi fel 'digrifwas' neu glown. Efallai ei fod wedi canu fel hyn am ei fod – fel sy'n debygol – wedi clywed canu estron a llenyddiaeth estron mewn ambell lys, a chan ambell deithiwr o fynach neu filwr oedd wedi crwydro i Ewrop; ond cryfach na 'dylanwadau' ydi anian dyn ei hun. Ac felly, trwy bob 'dylanwad' posib, y mae Dafydd nid yn unig yn fardd ond yn bersonoliaeth unigryw, yn fo'i hun yn anad dim.

Un o'i gerddi mwyaf adnabyddus ydi 'Merched Llanbadarn'. Y mae Dafydd, neu berson cyntaf y gerdd, yn 'plygu', gweithred briodol-eglwysig, ond na – plygu oherwydd dicter y mae o. Pam? Am nad ydi merched Llanbadarn yn ddigon rhwydd o'u ffafrau, a dyna inni ddicter aneglwysig iawn. Esbonnir pam y mae ein 'carwr mawr' yn plygu yn y gerdd – nad ydi o'n gywydd yn ystyr fanwl y gair. Does yna ddim morwyn, dim merch fach, dim (yma y mae'n mynd yn o big arno) gwrach, hyd yn oed, na gwraig sy'n fodlon cymryd unrhyw sylw ohono. Sylw ohono, sylwer, yn eglwys Llanbadarn, lle'r oedd o'n arfer mynd: 'ni bu Sul yn Llanbadarn' na fyddai yn yr eglwys. Wedi nodi ei fethiant y mae'n cymryd arno agwedd un diniwed: pam yn y byd na 'fynnant fi'? Pa ddrwg fyddai i 'riain feinael' – dyma ddisgrifiad disgwyliedig o ferch, ac arddull aruchel farddol. I riain feinael beth? 'Fy nghael', meddai gan newid i'r cywair gwamal amwys.

Nid oedd gywilydd iddi [Fuasai o ddim yn gywilydd iddi]
Yng ngwâl dail fy ngweled i.

Dyma sôn am 'wâl dail', cuddfan gyfrinachol y canu serch.
Dim cywilydd wir! Y mae ystyr ac is-ystyr yn chwarae'n
erbyn ei gilydd yma.

Yna cawn y 'carwr cydnabyddedig' yn sôn – fel y gwna
mewn mannau eraill – am 'hud' neu 'hudoliaeth' serch,
gan sôn amdano'i hun yn yr un gwynt â Garwy, carwr
chwedlonol. Ond carwr mawr neu beidio, dydi o'n cael dim
lwc yn eglwys Llanbadarn, er ei fod o'n troi ei wegil at yr
allor ac yn chwilio am 'y ferch goeth'. Hynny ydi, wynebu'r
allor â'i gorff a throi ei ben i edrych dros ei ysgwydd, sef
mewn modd cymwys i gael cric yn y gwar. Gan edrych
'dros fy mhlu', meddai, sef plu ei het, fel y tybid unwaith
– er, os oedd yn dal ei het yn ei ddwylo, o'i flaen, ac yn
edrych drach ei gefn, yr oedd hynny'n dipyn o gamp. Plu
ffigurol ydi'r rhain am falchder; neu gyfeiriad trosiadol at
ei wallt, yn ôl Bleddyn Owen Huws. *Y* ferch, sylwer: felly
y mae ganddo un yn arbennig dan sylw. Ai Morfudd, un
o ddwy gariad enwog Dafydd, ydoedd? O leiaf roedd gŵr
honno, a lysenwid yn Bwa Bach, yn byw ym Mhenrhyn-
coch, yn ddigon agos iddo fo ac – yn bwysicach – ei wraig,
ddod i eglwys Llanbadarn. Ond cyn belled ag yr oedd
merched yn y cwestiwn doedd Dafydd, yn ôl ei dystiolaeth
ei hun, ddim yn or-barticlar.

Yn awr, wele sgwrs a glywodd ein carwr gobeithiol.
'Dweud' y mae un ferch wrth y llall, yn ôl Thomas Parry;
'syganu' y mae yn ôl y golygiad diweddaraf. 'Syganu' ydi
'sibrwd', rhywun yn hisian dan ei wynt – fel y gwnaeth
pioden annymunol un tro wrth roi cyngor tra annerbyniol i
Dafydd, ac fel y gwnaeth rhyw lwmp o Sais 'soeg enau', sef
un yn dreflian poer, mewn tafarn wrth feddwl fod Dafydd,
ac yntau ar hynt garwriaethol, yn mynd i ladrata oddi arno.
Y mae mwy nag un amgylchiad anffodus yn troi o gwmpas

y 'syganu' yma cyn belled ag y mae Dafydd yn y cwestiwn.
A beth a sygenir gan un o'r merched? Dweud fod golwg
odinebus ar:

"Y mab llwyd wyneb mursen
 A gwallt ei chwaer ar ei ben."

Ai un fel hyn oedd Dafydd mewn gwirionedd? Un
llwyd ei wedd, hirwallt, efo wyneb merchetaidd, neu braidd
yn hwrllyd hyd yn oed. Pwy a ŵyr? Trwy eiriau'r ferch,
cyflwyna Dafydd ei hun fel cadi-ffán. Y mae'r ferch arall
yn cadarnhau nad oes gan ein carwr ddim siawns yn y byd
gyda nhw, y ffŵl.

A hyn ydi ffawd yr hen Ddafydd, er gwaethaf ei
ymdrechion serchog: y mae o wedi methu'r tro hwn, fel
droeon eraill. A dyma addunedu i roi'r gorau i'r math
hwn o ymddwyn, ac yntau'n bictiwr o drueni, wedi iddo
'Bengamu heb un gymar', cael cric yn ei war a dim bachiad
o gwbwl, fel y dywedir. Ond yfory a ddaw, a chyfle newydd
– er gwaethaf yr addunedu.

Dyma inni'r Dafydd hwyliog: y mae yna agwedd arall
arno. Y mae serch yn 'hud' iddo, fel y nodwyd. Y mae
Morfudd, hyd yn oed a hithau'n hen, yn 'hudolaidd' o ran ei
siâp ac yn:

Hudoles, ladrones lwyd.

A beth am fywyd, beth am y byd?:

Hudol [dewin] enbyd yw'r byd byth.

Thomas Parry (gol.), *Gwaith Dafydd ap Gwilym* (GPC, 1952, 1963)
www.dafyddapgwilym.net

TŶ MAWR, WYBRNANT

Man geni yr Esgob William Morgan (1545–1604), a gyfieithodd y Beibl i'r Gymraeg.

LLEOLIAD

Mewn lle dinad-man ym mhlwyf Penmachno, yn nhrefgordd [E]wybrnant (sef ffrwd lifeiriol), y mae yna dŷ digon bychan, ond cadarn, a elwir yn 'Tŷ Mawr'. Gellir mynd ato ar hyd y ffordd weddol gul sy'n codi ar y groesffordd ger eglwys Penmachno.

CYFEIRNOD

SH770524   G 53° 05.4867 Gn 003° 83.6724

Yma, yn 1545, y ganwyd William Morgan, cyfieithydd y Beibl i'r Gymraeg. Yma, yn y modd mwyaf amlwg yng Nghymru, y daeth dau o fudiadau mwyaf y cyfnod modern at ei gilydd, sef, yn gyntaf, y Diwygiad Protestannaidd, a ddaeth i fod pan wnaeth Martin Luther ei safiad yn erbyn Eglwys Rufain, gan haeru ei gred yn 'offeiriadaeth pob crediniwr' – hynny ydi, y dylai pawb ddarllen y Beibl drosto'i hun. Ac, yn ail, y Dadeni Dysg, pan ddarganfuwyd o'r newydd ogoniannau'r byd Clasurol, Groeg a Rhufain. Rhoddodd y darganfyddiad hwn fywyd newydd i lenyddiaethau amryw o ieithoedd Ewrop. Fe grynhodd William Salesbury, a ddaeth o flaen William Morgan, y galw am i'w gyd-Gymry ddeffro i'r cyffroadau mawrion oedd yn ysgwyd Ewrop mewn dau ymadrodd grymus: 'Mynnwch ddysg yn eich iaith' a 'Mynnwch yr Ysgrythur Lân yn eich Iaith'.

I gyfieithu'r Beibl i'r Gymraeg yr oedd yn rhaid wrth feistrolaeth o'r Gymraeg, yn y lle cyntaf, ac o ieithoedd eraill, megis Hebraeg, Aramaeg, a Groeg a Lladin. Pwy yn yr unigeddau uwch Penmachno a allai fod wedi rhoi William ar ben y ffordd? Pwy ond caplan teulu uchelwrol y Wynniaid, Gwedir, yn Llanrwst. Roedd y caplan yno i roi addysg i'r Wynniaid bach, ond yr oedd y teulu'n ddigon llygadog a hynaws i roi addysg i fechgyn 'addawol' o blith meibion eu tenantiaid. Yno yr addysgwyd William Morgan – ac Edmwnd Prys, a oedd yn un o Lanrwst. A chofier fod teulu Gwedir yn noddi beirdd, sef Beirdd yr Uchelwyr fel y'u gelwid, a bod y beirdd hynny'n feistri ar y Gymraeg yn ei disgleirdeb: rhaid fod hyn wedi cael dylanwad ar Morgan a Prys. Y tebyg ydi fod un o deulu Wynniaid Gwedir, sef y Dr John Gwynn, wedi bod yn ddylanwadol i gael y ddau ddisgybl hyn i Goleg Ieuan Sant yng Nghaer-grawnt yn 1565.

Bu William Morgan yno am saith mlynedd. Bu'n astudio rhethreg, rhesymeg ac athroniaeth ar gyfer ei BA (1568); bu'n astudio athroniaeth, seryddiaeth, mathemateg a Groeg i raddio'n MA (1571); yna bu'n astudio'r Ysgrythurau yn yr ieithoedd gwreiddiol (Hebraeg, Aramaeg a Groeg) ac esboniadau Beiblaidd wedi eu seilio ar weithiau'r hen Dadau Eglwysig a diwinyddion Protestannaidd diweddar i raddio'n BD (1578). Dyfarnwyd iddo radd DD yn 1583.

Ond yr oedd yn dal bywioliaethau cyn iddo ennill yr holl raddau hyn; yn 1568 derbyniodd urddau diacon ac offeiriad a gwasanaethodd yn Eglwys Gadeiriol Ely, heb fod ymhell o Gaer-grawnt. Yn ôl Prys Morgan, y mae hon yn eglwys 'sy'n sefyll fel llong yng nghanol corsdir dyfrllyd *Fens* dwyrain Lloegr'. Yn 1572 fe'i penodwyd yn ficer Llanbadarn Fawr (esgobaeth Tyddewi); yn 1575 penodwyd ef yn ficer y Trallwng (esgobaeth Llanelwy). Faint o amser a dreuliodd yn y plwyfi hyn sydd gwestiwn – a chofier ei fod yn dal rhai segur-swyddi eraill hefyd. Yn 1578 penodwyd ef yn ficer Llanrhaeadr-ym-Mochnant, ac yma y bu wrthi'n cyfieithu'r Beibl. Yn 1595 dyrchafwyd ef yn Esgob Llandaf. Bu yno tan 1601, pan drosglwyddwyd ef i fod yn Esgob Llanelwy. Bu farw ar 10 Medi 1604, a chladdwyd ef 'rywle' yn eglwys Llanelwy.

Byddai rhywun yn disgwyl i ŵr a gyflawnodd y fath doreth o waith fod wedi cael bywyd esmwyth. Dim o'r fath beth. Yn Llanrhaeadr fe aeth yn strach rhyngddo fo ac Ifan Maredudd o'r Lloran Isaf yn Llansilin, cyfreithiwr. Noder: peidiwch byth â mynd i gyfreitha yn erbyn cyfreithiwr; fe gostiodd yr ymryson hwn yn ddrud i William Morgan. Ond beth allai William Morgan ei wneud, a'r cnaf hwn wedi cyhuddo ei wraig, Catherine George o Groesoswallt, o fod yn 'light woman' oedd yn cerdded tafarnau'n gwerthu 'wafers'? Yn Llanelwy fe aeth yn ffrae rhyngddo fo a David Holland o'r Teirdan yn Abergele. Ac, yn y diwedd, fe aeth yn ffrae rhyngddo fo a Syr John Wynn o Wedir. Ar un adeg roedd yn rhaid i William Morgan fynd o gwmpas efo pistol o dan ei fantell i'w amddiffyn ei hun rhag dihirod, a chadwai 'a great mastiff' i'w cadw o'r rheithordy.

Y mae'n rhaid ei bod hi'n rhyddhad mawr i William Morgan gael mynd i Lundain yn 1587 i dreulio'r flwyddyn yno'n arolygu argraffu ei gyfieithiad o'r Beibl, a oedd yn cael ei osod gan Saeson uniaith. Noda R. Geraint Gruffydd ei fod yn aros yn Abaty Westminster gyda'i gyfaill Gabriel Goodman yn hytrach na chyda'r Archesgob ym Mhalas Lambeth am nad oedd 'yn awyddus i orfod cael ei rwyfo dros afon Tafwys i'r argraffdy yn blygeiniol bob bore'.

Beth am ei orchestwaith? Yr oedd yna grynodeb o rannau o'r Beibl, fersiwn o'r *Promptuarium Bibliae*, i'w gael yn Gymraeg – *Y Bibyl Ynghymraeg* – er mwyn helpu myfyrwyr neu glerigwyr tlawd. Lluniwyd y fersiwn gynharaf o hwn o gwmpas 1300. Ond cyfyngedig iawn oedd dylanwad y testun hwn. Yn 1567 cyhoeddwyd cyfieithiad William Salesbury o'r *Testament Newydd*. Yn anffodus, roedd ganddo ormod o chwilod yn ei ben ynglŷn â sut y dylid gosod y Gymraeg mewn print, nes bod y cyfan mor ddiarth â Tjeinîs (neu 'cyfled lediaith a chymaint anghyfiaith' chwedl Maurice Kyffin) i'r darllenwyr gorchfygedig. Un chwilen oedd ganddo oedd arfer ffurfiau hynafol geiriau – Lladinaidd hynafol os gallai. Chwilen arall oedd dodi amrywiaeth o ffurfiau geiriau, yn un peth er mwyn peidio â bod yn or-dafodieithol. Dyma bwt o Destament Salesbury, 1567:

Ac ydd oedd yn y wlat hono, vugelydd, yn aros yn-y-maesydd, ac yn cadw +gwylfaen [+cadwriaethae] 'rhyd y nos o bleit ei cadw *devaid [*anifeilieid]. A' nycha, Angel yr Arglwydd a ddaeth +arnynt [+ar i huchaf] a' gogoniant yr Arglwydd a *dywynawdd [*ddysclaeriodd, lewychodd] o ei h'amgylch, ac ofny yn ddirvawr a orugant.

Yn awr, dyma fersiwn William Morgan o'r un darn:

Ac yr oedd yn y wlad honno bugeiliaid yn gorwedd allan ac yn gwylied eu praidd liw nos. Ac wele angel yr Arglwydd a safodd gerllaw iddynt a gogoniant yr Arglwydd a ddisgleiriodd o'u hamgylch ac ofni yn ddirfawr a wnaethant.

Os ydych wedi eich codi i wybod y Gair, yr hyn sy'n gynefin i chwi fydd:

Ac yr oedd yn y wlad honno bugeiliaid yn aros yn y maes, ac yn gwylied eu praidd liw nos. Ac wele, angel yr Arglwydd a safodd gerllaw iddynt, a gogoniant yr Arglwydd a ddisgleiriodd o'u hamgylch: ac ofni yn ddirfawr a wnaethant.

Y rheswm am y mân newid hwn ydi fod y Dr John Davies, Mallwyd, wedi golygu cyfieithiad 1588 ac wedi cywiro pethau amlwg wallus ynddo, a rhoi gwedd fwy Cymraeg ar ambell beth. Hwn oedd Beibl 1620.

Yr oedd gan William Morgan gyfoeth o Gymraeg – 'Cymraeg y beirdd', fel y dywedir, a Chymraeg ei fagwraeth a'i gyfnod. Galluogodd hyn iddo greu testun a gyfleai gyfoeth a dwyfoldeb y testun gwreiddiol. Yr oedd cydnabyddiaeth William Morgan â gwaith y beirdd a'i gyfarwydd-deb â rhethreg yn ei alluogi i roi yng ngwedd Gymraeg ei destun rythmau mawreddog sydd yn cyfleu, ar lafar i gynulleidfa, rym y Gair. Y mae yn gyhyrog ei Gymraeg am ei fod yn perthyn i gyfnod pan oedd yr iaith yn atebol i fynegi aruthredd a mawredd testun oedd yn ymwneud â'r pethau pwysicaf, ag alffa ac omega bywydau pobol. Daeth yr iaith hon yn sail i grefydda yn Gymraeg ac i ysgrifennu a siarad Cymraeg safonol am ganrifoedd, ac nid yw wedi peidio â bod yn llwyr eto ychwaith. Yr oedd William Morgan, fel y dywedodd Ieuan Tew, yn 'Ddoctor anhepgor o'n hiaith'.

Beibl 1588

Y DREF WEN

8

Y dref amhenodol ei lleoliad y canodd y dywysoges Heledd amdani yn y nawfed ganrif, gan gofio'r mawredd a fu a thristwch ei sefyllfa bresennol.

LLEOLIAD

Ymhle y mae'r Dref Wen? Y mae hi ar ryw hen ffin rhwng tiriogaeth Mersia a theyrnas Powys. Byddai'n ddymunol meddwl mai Whittington ydi hi. Ond y mae'r Dref Wen y sonnir amdani hi yma 'rhwng Tren a Throdwydd', a 'Tren a Thrafal'. Y tebyg ydi mai'r afon a elwir heddiw, yn y Saesneg, yn Tern ydi 'Tren': y mae hi i'r dwyrain o Amwythig ac yn llifo i afon Hafren. Beth ydi 'Trodwydd' (neu efallai 'Rhodwydd', yn ôl un cynnig)? A allai hi fod yn Roden, afon arall sydd i'r dwyrain o Amwythig? Gallai lle rhwng Tren a Roden fod yn Withington. Ymhle y mae Trafal? A yw'n ffurf ar Tryfal, siâp teirochrog, neu a oes ganddo gysylltiad â Mathrafal yn Sir Drefaldwyn? Y mae fan'no ymhell o afon Tren. 'Aflonydd yw enwau afonydd,' meddai Ifor Williams, a pha afon oedd ym mha le yn y nawfed ganrif, os gwn i. Neu, ystyriwn, ai disgrifiad o le arbennig ydi y Dref Wen, sef y dref ddymunol? Fe welir mai go amhenodol ydi'r lleoliad.

CYFEIRNOD

SJ433138   G 52° 71.9372 Gn 002° 84.0673

Gair yn ei Le

Cwestiynau, cwestiynau: yr ydym mewn cors o gwestiynau anatebadwy. Un peth sy'n sicr: yr ydym ni mewn cors sydd ar hen ffin rhwng y Cymry a'r Mersiaid, ac yr oedd ffiniau'n gallu bod yn bethau digon aflonydd hefyd. Ond yn y gors, y mae arnom angen lle – er mwyn inni gael llun. Fe wnaiff Whittington y tro; y mae hi'n dref ddymunol. Y mae'r lle arall y byddwn yn sôn amdano'n fwy sad, sef Eglwysau Basa, Baschurch.

Crybwyllwyd y nawfed ganrif. Dyma'r amser mwyaf tebygol i chwedlau trist am y dywysoges Heledd a'r hen wariar, Llywarch Hen; dyma amser du a'r Saeson yn trechu Powys, ac amser priodol i gywair lleddf y darnau o farddoniaeth sy'n weddill o'u chwedlau.

Roedd Heledd yn chwaer i Cynddylan; yr oedden nhw'n blant i Cyndrwyn, o deulu brenhinol Powys, a chanddyn nhw lys ym Mhengwern, sef yn rhywle yng nghyffiniau Amwythig. Ond does dim mawredd ym Mhengwern mwyach. Y mae'r llys wedi ei losgi: 'Llys Bengwern neud tandde'; ac y mae Cynddylan, tywysog can llu, wedi ei ladd ac wedi ei gladdu, ei gnawd gwyn wedi ei gydio wrth styllod du o bren:

> Gan fy nghalon i, mor dru
> Cysylltu i ystyllod du wyn gnawd
> Cynddylan, cynran canllu.

Y mae Heledd yn edrych ar lys ei theulu, ar ystafell ei brawd, ac y mae'r lle'n dywyll, yn oer ac yn wag, a düwch marwolaeth a dinistr yn drwm dros y lle. Y mae Heledd yn wylo dro, ac yna'n tewi:

> Stafell Gynddylan ys tywyll heno
> Heb dân, heb wely.
> Wylaf wers; tawaf wedy.

Ac yn y distawrwydd y mae hi'n clywed sgrech eryr llwyd ei gwfl yn 'eiddig', yn sgut am gnawd ei brawd:

> Eryr Pengwern, pengarn llwyd heno,
> Aruchel ei adlais;
> Eiddig am gig a gerais.

Y mae hi'n gweld Eglwysau Basa'n breuo, ac wedi eu difa; yma y mae bedd ei brawd o deulu Cyndrwyn, sydd wedi ei gau yng nghyfyngder ('yng', fel yn 'cyfyng') ei fedd ('mablan'):

> Eglwysau Basa ŷnt yng heno
> I etifedd Cyndrwynyn,
> Tir mablan Cynddylan Wyn.

Ac yna y mae Heledd yn edrych ar y Dref Wen, y dref ar y ffin lle y bu llaweroedd o frwydrau, llawer o dywallt gwaed:

> Y Dref Wen ym mron y coed
> Ysef yw ei hefras erioed – [efras = arfer]
> Ar wyneb ei gwellt, ei gwaed.

> Y Dref Wen yn ei thymyr, [tymyr = tiroedd]
> Ei hefras – ei glas fyfyr, [glas fyfyr = beddau gleision]
> Ei gwaed o dan draed ei gwŷr.

> Y Dref Wen yn ei dyffrynt [dyffrynt = dyffryn]
> Llawen y buddair wrth gyfamrudd cad:
> [Mae'n dda gan adar ysglyfaethus gyffro brwydr]
> Ei gwerin – neur dderynt. [darfu ei phobol]

Y Dref Wen rhwng Tren a Throdwydd,
  Oedd gnodach ysgwyd don yn dyfod o gad
    [Roedd hi'n fwy arferol gweld tarian dolciog yn dod o frwydr]
Nogyd ych yn echwydd. [Nag ych mewn man gorffwyso]

Y Dref Wen rhwng Tren a Thrafal,
  Oedd gnodach ei gwaed ar wyneb ei gwellt
Nag aredig brynar. [brynar = braenar, tir wedi ei aredig
    ond heb ei hau]

Yn y tir diffaith y mae Heledd yn cofio'r mawredd a fu,
a bywyd a chyfoeth y llys, ac yna y mae'n ystyried trueni ei
phresennol:

Gwedi meirch hywedd a chochwedd ddillad
    [Ceffylau wedi eu hyfforddi, a dillad o liw coch]
A phluawr mawr melyn, [pluawr = plu]
Main fy nghoes, ni'm oes duddedyn. [tuddedyn = dilledyn]

Yn y byd sydd ohoni y mae Heledd yn syllu, syllu ar y
diffeithdra a'r distryw sydd ymhobman o'i chwmpas, ac yn
methu anghofio y byd gwahanol iawn a fu, ac yn methu
anghofio ei hanwyliaid a laddwyd:

Neur syllais olygon ar dirion dir
    [Edrychais ar dir 1. tirion = mwyn, dymunol; 2. heb ei hau]
  O Orsedd Orwynion:
  Hir hwyl haul; hwy fy nghofion.
    [Mae taith yr haul yn hir; mae fy nghofion i'n hirach.]

Am destun yr hen ganu, gweler Ifor Williams (gol.), *Canu Llywarch
Hen* (GPC, 1935).

Gwyn Thomas (gol.), *Yr Aelwyd Hon* (Christopher Davies, 1970)

CWM PENNANT

Lleoliad un o gerddi enwocaf y telynegwr medrus Eifion Wyn (1867–1926).

LLEOLIAD

Wrth ddod ar hyd yr A487 o gyfeiriad Caernarfon, ar ôl yr ail droad ar y chwith am Garndolbenmaen, y mae tro i'r chwith a ffordd sy'n mynd heibio i'r eglwys i Gwm Pennant.

CYFEIRNOD

SH531470   G 53° 00.0839 Gn 004° 18.9353   ☞

Y munud y clywa un genhedlaeth – ogleddol – o Gymry y geiriau 'Cwm Pennant' mi ddaw 'Yng nghesail y moelydd unig' i'w meddyliau nhw'n syth. Pam? Am mai dyma un o'r cerddi oedd yn cael eu dysgu i blant ysgol gynradd yn gyffredin ers talwm, eu dysgu mewn modd fel nad yw'n bosib eu hanghofio. Dyma'r llinellau sy'n dilyn yr un gyntaf yna o'r gerdd:

> Cwm tecaf y cymoedd yw, –
> Cynefin y carlwm a'r cadno,
>   A hendref yr hebog a'i ryw:
> Ni feddaf led troed ohono,
>   Na chymaint â dafad na chi;
> Ond byddaf yn teimlo fin nos wrth fy nhân
>   Mai arglwydd y cwm ydwyf fi.

Y mae'r gerdd yn gorffen fel hyn:

> Mi garaf hen gwm fy maboed
>   Tra medraf fi garu dim;
> Mae ef a'i lechweddi'n myned
>   O hyd yn fwy annwyl im:
> A byddaf yn gofyn bob gwawrddydd,
>   A'm troed ar y talgrib lle tyr,
> Pam, Arglwydd, y gwnaethost Gwm Pennant mor dlws,
>   A bywyd hen fugail mor fyr?

Fe welwn mai bugail ydi'r un sy'n canu'r gerdd hon, bugail i rywun arall, achos nad oes ganddo fo ddim dafad, ac – yn fwy arwyddocaol – dim ci. Dyma inni fugail di-gi! Ond y mae'n cyfleu inni ei gariad angerddol at ei gwm. Ac fe ŵyr pwy bynnag sydd wedi bod yn y cwm hwn am ei gyfaredd.

Elizeus Williams oedd enw iawn Eifion Wyn. Efo enw fel yna, hawdd deall pam ei fod o wedi mynnu enw barddol. Fe'i ganwyd ym Mhorthmadog ym mis Mai 1867, a bu farw yno ym mis Hydref 1926. Yr oedd â'i fryd, ar un adeg, ar fynd yn weinidog: dechreuodd bregethu gyda'r Annibynwyr, a bu am beth amser mewn Ysgol Ragbaratoawl ym Mhorthaethwy. Cafodd fwy nag un alwad i fugeilio eglwys, ond eu gwrthod a wnaeth, a mynd yn gyfrifydd i fasnachwyr llechi yn Port. Ond fe ddaliodd ati i bregethu, yn gynorthwyol fel y dywedir, bron ar hyd ei oes. Fe briododd Ann Jones o Aber-erch, a ganwyd iddyn nhw un mab, Peredur Wyn.

Yn ogystal â bod yn fardd telynegol poblogaidd iawn, yr oedd Eifion Wyn yn gynganeddwr medrus, os pwdlyd. Ar gyfer Eisteddfod Genedlaethol Lerpwl yn 1900 fe gyfansoddodd awdl ar y testun 'Y Bugail'. Daeth yr awdl i'r brig a hi, ym marn Tafolog, un o'r beirniaid, oedd yr orau. Doedd y ddau feirniad arall ddim mor oleuedig. Ac efo beirniaid fel y ddau hynny o gwmpas, fe benderfynodd Eifion Wyn na fyddai'n cynnig am y gadair byth wedyn. A wnaeth o ddim ychwaith, er ei fod o wedi dal i gystadlu mewn cystadlaethau eraill. Ddim yn llwyddiannus bob tro. Oni chafodd gam – cam go-iawn dybiwn i – pan ddaeth yn ail am gasgliad o delynegion yn Eisteddfod Bangor, 1902? Ond, wedyn, onid un o'i benillion oedd:

> O Neli, Neli'r Felin
>   Mae'n nefoedd ar y graig:
> Paham rhaid aros noswaith
>   Cyn bod yn ŵr a gwraig?

Cythruddwyd Meuryn a dywedodd: 'yn y llinellau yna y mae'r awgrym mwyaf amhur yn holl delynegion Cymru'. Stwff ysgol feithrin erbyn hyn!

Y mae 'Cwm Pennant' yn perthyn i hen, hen fath o ganu, sef cerddi bugeiliol (*pastoral*) lle y mae'r bardd yn cymryd arno'i fod yn fugail, ac yn canu i serch bugeiliaid a bugeilesau, efo enwau fel Polyphemus a Galatea, neu Daphnis a Chloe. Nid oes rhaid ychwanegu mai diheintiedig yw'r bywyd gwledig mewn cerddi o'r fath, fel yng ngherddi bugeiliol Eifion Wyn: does dim defaid yn sgothi yma, dim o dreialon tymor wyna, heb sôn am 'dreialon' cŵn defaid. Un o ferched y wlad gan Eifion Wyn yw Llio:

Llawenydd bro yw Llio,
  Ac erys gwrid y wawr
Ar ddwyfoch merch yr Hafod
  Pan elo'r haul i lawr.

Ond y mae yna ragoriaethau sy'n goresgyn confensiynau ym marddoniaeth Eifion Wyn. Beth am:

A 'molchaf fel y creyr
  Yng nghawg y ceunant mawr.

A beth am ei Felinydd sy'n haeru:

Mil mwynach gennyf, er yn llafn,
  Na nablau'r byd a'u canu,
    [nabl = offeryn cerdd, tebyg i delyn]
Yw sŵn y pistyll dan y cafn,
  A sŵn y meini'n malu.

Yr oedd Eifion Wyn yn bysgotwr, a gwyddai'n iawn am beth yr oedd yn sôn wrth ddisgrifio 'Camp Llyn yr Onnen' a physgota nos:

Cyneuwyd y ffagl yn union,
  A gwelem y gemwas gwyn, [sef y pysgodyn]
Cyn loywed â llafn o arian,
  Yn llonydd yng nghrych y llyn;

Eis innau i fraich yr onnen,
  A threwais trwy ddail y pren,
Nes oedd y deugeinpwys yn torchi'r dŵr,
  A'm tryfer fel corn yn ei ben. [tryfer = picell driphen]

Er y gall Eifion Wyn fod braidd yn ddiabetig o felys ambell waith, y mae byd natur yn deffro rhywbeth hyfryd ynddo fo. Y mae yna gyffyrddiad o Dafydd ap Gwilym ('Pwy ni chwardd pan fo hardd haf') yn ei Ebrill:

Cân mwyalchen yn yr ardd,
  Rhwng y blagur ar y perthi:
Gydag Ebrill pwy na chwardd?

ac y mae yna symlrwydd elfennol mewn ambell i beth sydd ganddo i blant:

Dacw alarch ar y llyn,
  Yn ei gwch o sidan gwyn.

Ac i rai a ddysgodd emynau'n blant, y mae ei emyn:

Dod ar fy mhen dy sanctaidd law,
  O dyner Fab y Dyn;
Mae gennyt fendith i rai bach
  Fel yn dy oes dy hun.

y tu hwnt i feirniadaeth.

Eifion Wyn, *Telynegion Maes a Môr* (The Educational Publishing Company, [dim dyddiad]); *Caniadau'r Allt* (Foyle, 1927); *O Drum i Draeth* (Foyle, 1929)

10

PLAS Y SCUDAMORIAID

Cysylltir y bardd Siôn Cent (*fl. c.*1400–1430) â'r Gororau a honnir (yn anghywir) fod llun ohono i'w weld yma, ym Mhlas Llan-gain, Swydd Henffordd.

LLEOLIAD

Ar yr A465 rhwng y Fenni a Henffordd, ychydig filltiroedd cyn pentref Pontrilas, y mae tro i'r dde ar hyd y B4347 tuag at bentref Llan-gain. Trowch i'r chwith gyferbyn ag eglwys Llan-gain. Dilynwch y ffordd hon am rhyw ddau gan llath ac fe welwch chi borth gwyn Plas y Scudamoriaid ar y llaw chwith.

CYFEIRNOD

SO423258   G 51° 92.8175 Gn 002° 84.03011

Gair yn ei Le

Ychydig iawn sy'n wybyddus am y bardd Siôn Cent, yr amcenir ei fod yn canu rhwng tua 1407 a thua 1430-40. Y mae'r cerddi crefyddol a moesegol a dadogir arno wedi creu syniad amdano fel gŵr eglwysig (Pabyddol, wrth reswm) dysgedig. Dysgedig am fod yna ddysgeidiaeth yn ei waith, ac am fod yna gryn gymysgu wedi bod rhwng Siôn a dau arall oedd ag enwau tebyg iawn iddo fo, sef Siôn Gwent (neu Siôn o Went), Ffransisiad pwysig – o Henffordd, efallai – a fu farw yn 1348, a rhyw John dysgedig arall a gysylltir â Chaerllion ar Wysg, a raddiodd ym Mhrifysgol Caer-grawnt, ac a fu farw tua 1482. Y mae M. Paul Bryant-Quinn wedi cyhoeddi cerddi a gam-briodolwyd i Siôn Cent, y math o gerddi a barodd – o bosib – i'r gramadegydd Gruffydd Robert ei alw'n fardd ciami ei gynghanedd. Honnwyd, yn anghywir – er mai gŵr eglwysig ydi o, y mae'n debyg – mai llun o Siôn Cent a geir yn nhŷ'r Scudamoriaid ym Mhlas Llan-gain, Swydd Henffordd. Honnwyd hefyd – yn fwy anghywir – mai llun o Owain Glyn Dŵr ydi o, a thrafodwyd hyn mewn rhaglen deledu. Am i Siôn Cent, y mae'n debyg, ganu cywydd mawl i Frycheiniog, efallai mai un oddi yno oedd o. Beth bynnag am hynny, â'r Gororau y cysylltir o.

Fe ddaeth Siôn Cent fel brân fawr ddu i ganol canu traddodiadol Beirdd yr Uchelwyr. Am ba reswm bynnag – cynefindra â syniadau athronyddol a roddai fwy o sylw i bethau fel y maen nhw nag fel y dylen nhw fod; pynciau gweddol gyffredin mewn canu o Loegr ac Ewrop – aeth Siôn Cent ati, fel yr hen fynach Gildas gynt, i lambastio gwaith y beirdd am eu bod nhw'n canu celwyddau. Fel arfer, y mae'r hyn sydd o flaen llygaid dyn neu'r hyn y sonia'r rhai sydd o'i gwmpas amdano yn cael effaith gref arno. Ynghanol y bedwaredd ganrif ar ddeg fe drawyd Ewrop gan y Pla Du dinistriol, pla a ddaliodd i ailheintio yma ac acw am ganrifoedd wedyn. Y mae'r adroddiadau am effaith y pla'n ddigon i godi ofn ar ddyn: pendduynnod llidiog ar gyrff pobol, pentyrrau o feirwon drewllyd ar y strydoedd, y rheini'n cael eu taflu i dyllau mawrion, ac ofnau'n troi'n ddrychiolaethau brawychus. Does dim rhyfedd fod myfyrdod ar gyrff yn pydru, marwoldeb, y *danse macabre* neu ddawns marwolaeth, rhai'n eu chwipio'u hunain mewn penyd cyhoeddus arswydus ac ystyriaethau am uffern a gwynfyd wedi dod i fyd a dychymyg pobol. Y mae ôl myfyrdod ar y pethau hyn ac ar ddarfodedigrwydd y byd a'r bywyd hwn yng ngwaith Siôn Cent, ac anogaeth i chwilio am iachawdwriaeth Gristnogol. At hyn, fe ymddengys fod y bardd wedi cael tröedigaeth. Mewn cywydd 'I'r Saith Bechod Marwol' y mae'n nodi ei fod wedi bod yn euog o bechodau:

> Addef fy hun 'dd wyf fy haint,
> > ['dd wyf = yr wyf; haint = pechod]
> I Dduw archaf faddeuaint...
> Wylaf, galwaf ar Geli [Celi = Duw]
> A Mair fwyn wen, cyn fy marw i,
> I gael lle golau llawen [am y nefoedd y sonnir yma]
> Wrth raid i'm enaid. Amen.

Darfod a wna'r byd a'r bywyd hwn, a dim ond yn y nefoedd y mae llawenydd a goleuni gwir a pharhaol. Oherwydd hyn y mae Siôn Cent yn mynd ati, gydag angerdd, i ddarbwyllo pobol nad ydi cyfoeth a bri yn y byd hwn ddim o dragwyddol bwys. Ei brif ffordd o wneud hyn oedd dangos pydredd y corff. Fe ddefnyddiodd yr un syniad mewn dwy gerdd i godi ffieidd-dod at gyflwr darfodedig dyn:

> A thrychant, meddant i mi, [trychant = tri chant]
> O bryfed yn ei brofi.

> Ac wythgant, meddant i mi,
> O bryfed yn ei brofi.

I ble yr â'r milwr mawr a 'faeddai gad'? I'r bedd i gael ei ddinoethi, a phe baem yn agor ei fedd, beth a welem ni? Ef yno:

> Yn noeth ei nen, a'i benguwch, [penguwch = cap]
> A'r llaw a aeth fal y lluwch;
>   [cnawd y llaw wedi mynd fel lluwch]
> Heb gledd i'w ganlyn, heb glod,
> Heb arfau dur, heb orfod; [gorfod = concwest]
> Heb osai, heb fwnai fân, [osai = gwin; mwnai = arian]
> Heb aros ffair, heb arian;
> Heb un elin, 'b anwylyd, [elin = penelin; 'b = heb]
> Heb ddawn barch, heb dda'n y byd;
> Heb wyngnawd chwaith, ddefawd chwyrn, [gwyngnawd
>   = cnawd teg; defawd chwyrn = arfer ddidostur]
> Na disgwyl, dim ond esgyrn. [disgwyl = gweld = llygaid]

Y mae'r 'heb' a ailadroddir yn creu argraff debyg i'r marw'n cael ei flingo hyd at ei esgyrn.

A chanddo olwg fel hyn ar y byd a'i bethau, pa ryfedd iddi hi fynd yn wrthdaro rhwng Siôn Cent a Beirdd yr Uchelwyr? Er bod dychanu'n rhan o'u harfogaeth nhw, moli oedd eu prif swyddogaeth. Y maen nhw, meddai Siôn Cent, yn haeru fod 'gwin' lle nad oedd ond 'maidd' (llaeth glas); ac os dychanu, yna y maen nhw'n gor-ddweud yn wirion. Canu i bethau ysbrydol, y pethau parhaol, a ddylai bardd, a chael mynediad i'r nefoedd, lle sydd yn:

> Llawn, llawn, llawn, llawn llawenydd.

Ceir testun canu Siôn Cent yn Henry Lewis, Thomas Roberts, Ifor Williams (gol.), *Cywyddau Iolo Goch ac Eraill* (GPC, 1937).

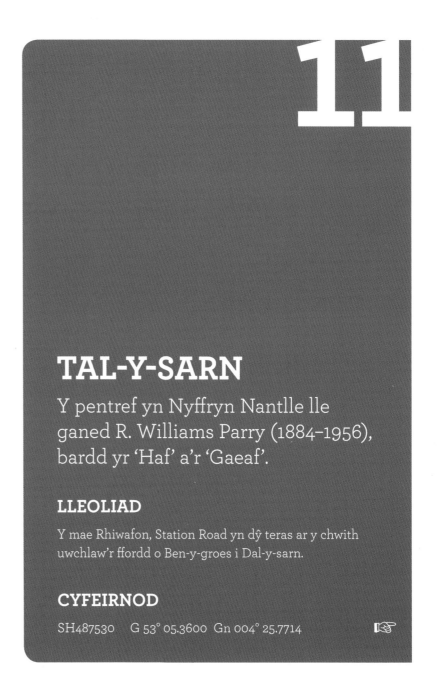

11

TAL-Y-SARN

Y pentref yn Nyffryn Nantlle lle
ganed R. Williams Parry (1884–1956),
bardd yr 'Haf' a'r 'Gaeaf'.

LLEOLIAD

Y mae Rhiwafon, Station Road yn dŷ teras ar y chwith
uwchlaw'r ffordd o Ben-y-groes i Dal-y-sarn.

CYFEIRNOD

SH487530   G 53° 05.3600 Gn 004° 25.7714

Gair yn ei Le

'Yn Nhal-y-sarn ystalwm', sef yn 1884, y ganwyd R. Williams Parry, yn Rhiwafon, Station Road. Yr adeg honno roedd olion y diwydiant llechi – y Gloddfa Glai – yn amlwg ar hyd y lle. Roedd pethau hudolus byd y Mabinogi, fel Dôl Bebin, wedi mynd o'r golwg. Y mae materoldeb y byd oedd ohoni'n un peth oedd yn pryderu Williams Parry, er ei fod o'n cydnabod weithiau y gall natur efallai gyd-fyw ag arwyddion y materoldeb hwnnw, fel y gallai ysgyfarnog gyd-fyw â pheilon. Heb fod ymhell o'r tŷ lle ganed o y mae un o'r ceudyllau enfawr a gloddiwyd gan chwarelwyr Arfon dros y blynyddoedd, fel pyramid o wacter ar ei ben i lawr, yn nodi bywydau arwrol y rhai a fu yno'n crafu bywoliaeth o'r creigiau. Ar ôl priodi Myfanwy yn 1923 fe ymgartrefodd y ddau ym Methesda.

Gyrfa ac iddi ei helbulon oedd gyrfa academaidd y bardd. Ar ôl llaesu dwylo yng Ngholeg Aberystwyth fe ddaeth i Goleg Bangor a dygnu arni. Bu'n athro ysgol cyn cael ei benodi'n ddarlithydd ym Mangor, darlithydd rhwng yr Adran Gymraeg a'r Adran Efrydiau Allanol – 'hanner a hanner, heb ddim yn iawn'. Bu camddeall rhyngddo a'r coleg ynglŷn â hyn, i'r fath raddau nes iddo deimlo nad oedd ei gyfraniad llenyddol yn cyfrif dim, ac iddo roi'r gorau i farddoni am gyfnod. Cofnod am yr helynt hwn, dan gochl canu am Goronwy Owen ('tragywydd giwrat' ddiddyrchafiad, a ymfudodd i America), ydi ei gerdd 'Cymry Gŵyl Ddewi', mewn gwirionedd. Yn wir, fe ysgrifennodd Williams Parry lythyr o ymddiswyddiad, ac yna ei dynnu'n ôl. Y mae geiriau terfynol y gerdd hon yn drawiadol o berthnasol yn y Gymru sydd ohoni hi rŵan:

Ond pe gogleisit glust y Sais
Nes cael dy ganmol am dy gais,
A 'mgrymai Cymro wrth bob dôr
O'th ffordd i hedd a ffafar? *Shore.*

Er, efallai y dylid cofio nad oedd y bardd wastad yn hawdd ei drin. Fe aeth at Ifor Williams, pennaeth ei adran yn y coleg, i ofyn a gâi o ddarlithio ar Goronwy Owen. "Iawn," meddai Ifor Williams. A dyna fu, am gyfnod. Yna dyma'r bardd at ei bennaeth eto – eisio rhoi'r gorau i ddarlithio ar Goronwy Owen. Pam? "Am fod 'na hogan gwallt coch yn eistedd yn y blaen heb sgrifennu nodyn."

Fel darlithydd yn yr Adran Allanol yr oedd iddo enw rhagorol, yn enwedig tua chyffiniau Mynytho yn Llŷn. Y mae ei eiriau ar dalcen y Neuadd Goffa yno:

Adeiladwyd gan Dlodi; nid cerrig
Ond cariad yw'r meini;
Cydernes yw'r coed arni,
Cyd-ddyheu a'i cododd hi.

Y mae un o'r amryw storïau sy'n dangos ei nerfusrwydd yn sôn amdano'n dod o ddosbarth yn Llŷn, a thua wal ystad Glynllifon, ar ôl pasio Pontllyfni, yn cael pyncjar. Ei drefniant gyda'i wraig oedd y byddai gyrrwr car yn dod i chwilio amdano oni fyddai adref erbyn amser arbennig. Ymhen y rhawg cyrhaeddodd y gyrrwr hwnnw, a newidiwyd yr olwyn. Yna adref â'r ddau yn eu gwahanol geir. Ond wedi cyrraedd adref darganfuwyd fod y jac i godi'r car wedi ei adael ar ôl; a dyna siwrnai arall.

Y mae yna nifer o bynciau amlwg yng ngwaith R. Williams Parry. Cyfeiriwyd at ei farwnad i Hedd Wyn mewn man arall. Un o'i gerddi am rwyg y Rhyfel Byd Cyntaf oedd honno. Dyma, fel enghraifft arall o alar am y lladdfa, bytiau o'r englynion er cof am y morwr Tom Elwyn o'r Rhyl:

Mor oer yw'r marw yr awron
Dan li'r dŵr, dan heli'r don...

... Parlyrau'r perl, erwau'r pysg
Yw bedd disgleirdeb addysg.

Yr hyn sy'n amlwg yma, fel mewn sawl cerdd o eiddo Williams Parry, ydi ei allu i fynegi'n gwbwl gyfareddol hyd yn oed drallodion enbyd. Dydw i ddim yn meddwl fod yna neb arall sy'n gallu mynegi pethau mor gyfareddol ag o.

Y mae yna wir hyfrydwch yn ei gerddi, fel ei 'Lwynog' syfrdanol a'i gerddi i gyfeillion, ond y mae yna deimlo i'r byw am annhegwch pethau, ac y mae cysgod angau'n ddrychiolaeth yn y wledd (fel ysbryd Banquo yng ngwledd Macbeth), ac fel ffantom yn y ffair.

Annhegwch yr hyn a ddigwyddodd i Saunders Lewis – yn anad y ddau arall, D. J. Williams a Lewis Valentine, a gymerodd ran yn llosgi Ysgol Fomio Penyberth ac a garcharwyd am hynny – yw un o'r prif engreifftiau o annhegwch ym marddoniaeth Williams Parry. Efallai ei fod o'n teimlo fel hyn am fod coleg prifysgol wedi ei ddiswyddo, a gwyddom ei fod yntau'n teimlo iddo gael cam gan goleg. Sut bynnag, fe dorrodd ei addewid i aros yn fud pan gosbwyd Saunders Lewis:

Hoff wlad, os gelli hepgor dysg
Y dysgedicaf yn ein mysg,
Mae'n rhaid dy fod o bob rhyw wlad
Y fwyaf dedwydd ei hystâd.

Pan ddychwelodd Saunders Lewis i Eisteddfod Hen Golwyn yn 1941, dyma a ganodd Williams Parry:

Wrth weld ei wyneb gwelw
　Yn lleddfu llwyfan hon,
Rhoem bopeth ar ein helw
　Am weled hwnnw'n llon:
Popeth yn gyfan, ond ein gwaed,
I roi athrylith ar ei thraed.

Ond beth ydi y Pwnc Mawr? Marwolaeth a marwoldeb:

Megis y bu o'r dechrau, felly y mae:
Marwolaeth nid yw'n marw. *Hyn* sydd wae.

Bu'r bardd farw yn 1956, a chladdwyd o ym mynwent Coetmor.

R. Williams Parry, *Yr Haf a Cherddi Eraill* (Robert Evans a'i Fab, 1924); *Cerddi'r Gaeaf* (Gee, 1952)

12

FFERM ABERWIEL

Magwyd yr awdur Islwyn Ffowc Elis (1924–2004) ar fferm Aberwiel yn Nyffryn Ceiriog a gwelir ei adnabyddiaeth o gefn gwlad yn glir yn *Cysgod y Cryman* a'i nofelau eraill.

LLEOLIAD

Wrth ddod i mewn i bentref Glynceiriog o gyfeiriad y Waun ar hyd y B4500 fe ddewch i sgwâr y pentref. Rhaid mynd yn syth ymlaen (ar hyd y B4500 i gyfeiriad Pandy a Thregeiriog). Cymerwch y trydydd tro i'r dde ar y ffordd allan o'r pentref, i fyny allt serth. Dyma Ffordd Nantyr. Dilynwch hon am filltir, ac yn fuan wedi'r tro i'r dde trowch i mewn i fynedfa i'r chwith a dilynwch y ffordd i lawr i'r glyn am ryw chwarter milltir.

CYFEIRNOD

SJ1836   G 52° 92.458 Gn 003° 21.166

Yn 12 The Beeches, Wrecsam y gwelodd Islwyn Ffowc Elis 'olau bwlb trydan deugain wat (dyweder)' gyntaf – fel y dywedodd o'i hun – a hynny ym mis Tachwedd 1924. Ond nid yn Wrecsam y lleolir golygfa agoriadol un o nofelau mwyaf poblogaidd yr ugeinfed ganrif:

> Yr oedd yr haf yn doreithiog yn Nyffryn Aerwen y flwyddyn honno. Yr oedd barrug Ionawr wedi brathu'r pridd ac eira Chwefror a Mawrth wedi'i garthu a llifogydd Ebrill wedi golchi'i wenwyn i'r môr. Ac yn ei phuredigaeth yr oedd yr hen ddaear wedi atgyfodi'n wallgof wyrdd.

Dyma ydi dechrau *Cysgod y Cryman* (1953). Prin y gallai neb ddarllen y geiriau yna heb ddod i wybod fod yr awdur yn nabod y wlad fel y mae ffermwr yn ei nabod hi – er bod ei dad wedi edliw iddo, ac yntau wrthi'n hogyn yn ceisio ysgrifennu nofel, "Esgus ydi'r sgwennu 'ma o hyd, rhag gwneud tipyn o waith [efo'r maip]." Dydi hi ddim yn syndod inni ddeall fod teulu Islwyn Ffowc Elis wedi mudo'n fuan i fyw yng Nglynceiriog, i fwthyn i ddechrau, cyn iddyn nhw ffeirio tŷ efo Taid a Nain a mynd i fyw i fferm Aberwiel (neu Aber Chwil). Pwnc nofel gyntaf Islwyn Ffowc Elis ydi'r modd y dylanwadodd syniadau chwyldroadol, a oedd wedi cychwyn yn Rwsia (a ddynodir gan y 'cryman'), ar ŵr ifanc o deulu amaethyddol breintiedig yng Nghymru.

Fe aeth Harri Vaughan, prif gymeriad y nofel, i Goleg y Brifysgol ym Mangor, fel y gwnaeth Islwyn Ffowc Elis ei hun, a hynny ar amser da yn hanes y coleg:

> Beirdd cenedlaethol, athronwyr, gwleidyddion a digrifwyr, arloeswyr adloniant a llên, yno y magwyd hwy,

meddai.

Dyma gyfnod y rhaglen radio nodedig honno, y 'Noson Lawen'. Bu Islwyn Ffowc Elis yntau'n rhan o'r bwrlwm hwn, yn creu caneuon, ffantasïau a sgitiau. Aeth i Aberystwyth wedyn i baratoi ar gyfer y weinidogaeth – y weinidogaeth neu fyd addysg oedd y mannau i raddedigion Cymru'r cyfnod droi iddyn nhw. Ond er iddo fod yn weinidog mewn dau le, Llanfair Caereinion a Niwbwrch, ysgrifennu oedd ei fyd. Y fo oedd y llenor Cymraeg cyntaf, y mae'n debyg, i roi cynnig ar fod yn ysgrifennwr wrth ei swydd ers diwedd yr Oesoedd Canol. A bu'n llwyddiannus hefyd; ond dychwelyd i academia a wnaeth, i Goleg y Drindod Caerfyrddin (1968–1971), ac wedyn i Goleg y Brifysgol Llanbedr Pont Steffan, ar ôl cyfnod byr gyda'r Cyngor Llyfrau Cymraeg.

Dilynwyd ei nofel gyntaf gan un arall a oedd yn barhad iddi, *Yn ôl i Leifior*. Yn y nofel hon fe ddaeth cymod rhwng Harri a'i fyd newydd a hen fyd a hen gymdeithas ei dad.

Doedd dim anian gweinidog 'disgwyliedig' yn Islwyn Ffowc Elis, a doedd dim anian gwleidydd ynddo ychwaith. Ond fe fwriodd iddi, gan dreulio amser mawr yn gwleidydda. Dyna gyflawni dyletswydd a deimlai oedd yn bwysicach na'i angerdd at ysgrifennu. Pa ryfedd iddo wneud ei ddyletswydd, oherwydd ac yntau'n ddisgybl yn ysgol uwchradd Llangollen:

> Un bore, darganfu'r bechgyn fy mod yn genedlaetholwr Cymreig, a rhoddwyd fi ar fy mhen yn y fasged ysbwriel.

Fe all profiad fel yna wneud un o ddau beth: gwneud i ddyn ildio a chuddio ei genedlaetholdeb, neu ei wneud yn fwy penderfynol o'i arddel. Gwnaethpwyd Islwyn yn fwy penderfynol. Y mae ei argyhoeddiad gwleidyddol i'w weld yn drawiadol o glir yn ei nofel *Wythnos yng Nghymru Fydd*. Yn y nofel dangosir dau ddyfodol i Gymru, un lle y mae hi'n dod yn genedl go-iawn, a'r llall lle y mae hi a'i hiaith yn darfod yn llwyr. Y mae 'diwedd' y Gymraeg yn digwydd yn y Bala:

Y peth cyntaf a'm trawodd [ar ôl dod trwy fforest] oedd eglwys fodern yn codi o'r coed – Eglwys Santes Fatima... O gwmpas pen y llyn yr oedd ffair bleser anferth... Nid oedd stryd fawr y Bala ond dwy res o gabanau pleser – *Amusements* oedd y gair holl-bresennol.

Y mae traethydd y stori ac Athro'n cyrraedd tŷ lle y dywed gwraig wrthynt:

"My mother-in-law 'ere gabbles something sometimes my 'usband and me can't understand."

Ceisia'r traethydd gael yr hen wraig i gofio ei Chymraeg, a dechreua adrodd Salm 23, yn ôl yr hen gyfieithiad. Ar ôl iddo ddod at y geiriau 'Efe a'm harwain...':

Yn sydyn, sylweddolais fod gwefusau'r hen wraig yn symud. Yr oedd hi'n adrodd y geiriau gyda mi. Agorodd ei llygaid, a daeth ei llais yn gryfach, gryfach... "Ie, pe rhodiwn ar hyd Glyn Cysgod Angau, nid ofnaf niwed..."

Â yn ei blaen hyd ddiwedd y salm.

"Pwy ydech chi, 'machgen i?" Trodd ei llygaid gloyw arnaf. "Bachgen Meri Jones ydech chi? Maen'hw wedi mynd â cholofn Tomos Charles odd'wrth y capel, wyddoch... y Saeson 'ne ddaru... Y nhw ddaru, a'u hen sŵn a'u coed a'u regileshions... y nhw... But I don't know you, do I?"
    Suddodd yn ôl unwaith eto â'i llygaid yn pylu. "I don't... know anything now..."

Bu Islwyn Ffowc Elis farw ar 22 Ionawr 2004, ond dydi ei Gymru o, a oedd wedi ei gwreiddio yn Nyffryn Ceiriog, heb lwyr farw; ddim hyd yn hyn.

Islwyn Ffowc Elis, *Cyn Oeri'r Gwaed* (Gwasg Aberystwyth, 1952); *Cysgod y Cryman* (Gwasg Aberystwyth, 1953); *Wythnos yng Nghymru Fydd* (Plaid Cymru, 1957)

13

33 HEOL NINIAN

Man geni Alun Llywelyn-Williams (1913–1988), bardd y ddinas a'r byd modern.

LLEOLIAD

Ger Parc y Rhath yng Nghaerdydd.

CYFEIRNOD

ST190782   G 51° 49.768 Gn 003° 16.7523

Gair yn ei Le

Plentyn y ddinas oedd Alun Llywelyn-Williams, er ei fod o'n hoff iawn o gerdded mynyddoedd a chrwydro yng nghefn gwlad. Fe'i ganwyd o yng Nghaerdydd yn 1913, yn Heol Ninian, yn fab i feddyg. Bu farw yn 1988, ym Mangor. Fe ddywedodd i'w dad wneud ei orau glas i'w gadw'n Gymro; er hyn, yn ei ieuenctid:

> Saesneg oedd iaith popeth a ystyriwn yn werthfawr
> mewn bywyd, yn enwedig fy llyfrau.

Hynny ydi, doedd o ddim yn gwybod am lenyddiaeth Gymraeg. Yna, yn y 'Cardiff High', fel y gelwid ei ysgol uwchradd, mi fynnodd ei dad ei fod o'n dewis Cymraeg fel un o'i bynciau yn y chweched dosbarth. Un o'r athrawon a rannai faich dysgu'r Gymraeg yn y dosbarth hwnnw oedd R. T. Jenkins, athro cwbwl athrylithgar. Gwnaeth i Alun Llywelyn-Williams sylweddoli fod yna gyfoeth o lenyddiaeth yn y Gymraeg, ac aeth y disgybl rhagddo wedyn i raddio mewn Cymraeg a Hanes yng Ngholeg Prifysgol Cymru, Caerdydd.

Dyna inni dröedigaeth. Ond ymhle'r oedd y llenyddiaeth Gymraeg a soniai am y Ddinas? Gwledig ac amaethyddol, fe sylwodd, oedd llenyddiaeth Gymraeg a Chymreictod. Dyma fynd ati i geisio newid pethau, a sefydlu cylchgrawn o'r enw *Tir Newydd* a barhaodd o 1935 hyd 1939, pan dorrodd yr Ail Ryfel Byd ar Ewrop. Amcanai'r cylchgrawn at wneud y Ddinas yn bwnc llenyddiaeth, a rhoi cyfle i Gaerdydd wneud rhywbeth ohoni yn niwylliant Cymru. Yr oedd Alun Llywelyn eisio i lenyddiaeth Cymru symud i'r byd modern, a pheidio â bod mor werinaidd.

A fu iddo ddilyn ei argymhellion ei hun a'i gylchgrawn yntau? Do; ond nid cymaint ag y byddai rhywun yn disgwyl efallai. Mewn cerdd gynnar, 'Ave atque Vale' (Henffych a Ffarwél), y mae'n annog ei 'gyfeillion' i adael y wlad a'r pethau gwledig a mynd i lawr i'r ddinas:

> Dewch, fy nghyfeillion, gadwn Fwlch y Cwm
> a Choed y Wenallt, a'r holl hen fryniau hyn:
> awn, fraich ym mraich, i lawr i'r ddinas draw
> ac yno gwelwn wŷr yn plygu dur
> yng nghanol chwys peiriannau trystfawr, cryf, –
> er ceisio dianc o'u cartrefi llwm.
> Awn i'w plith: cawn ganiatâd
> i'w helpu gyda chludo'r 'spwriel' maes, –
> fe ddichon, gyfle, gyda hwy, i gloddio'r sail
> at fyd prydferthach newydd, teg a da.

Dyma inni gerdd ddinesig, a cherdd sosialaidd hefyd.

Yna i'w fywyd fe ddaeth serch – a cherddi serch hudol – ac fe ddaeth yr Ail Ryfel Byd. Fel milwr, fe gafodd brofiad uniongyrchol o ddioddefaint a ffolineb, yn lle profiad sylwebydd o bethau o'r fath. Mewn stori fywgraffyddol nas gorffennwyd mohoni na'i chyhoeddi, sef 'Gwŷs i'r Gad', y mae Alun Llywelyn-Williams (Gareth y stori) yn derbyn llythyr gan Wynford Vaughan Thomas (Elwyn y stori) sydd yn trawsnewid amgylchiadau yn Ewrop a'u lleoli yn Eryri:

> Mae'r mynyddoedd yma mor wyllt â dim a geir
> yn Eryri, ond cuddiant fwy o gyni a galar na dim
> y gallet ei ddychmygu. Meddylia am Lanberis yn
> adfeilion, a'r gynnau mawr yn tanio'n ddibaid ar
> Fethesda. Heidiau digalon o ffoaduriaid yn dringo'n
> flin y ffordd i fyny'r cwm i Lyn Ogwen. Hwn yma'n
> gwthio berfa o'i flaen, hwnacw'n llusgo trol a'i llond
> o feddiannau tlawd; y fam grynedig yn cerdded a'i
> phlant yn droednoeth wrth ei ffedog; yr eneth fach yn
> ceisio dal yr hen ŵr clwyfedig ar gefn ceffyl gwedd;
> gweinidogion a blaenoriaid y capeli'n eu harwain,
> yn llwch ac yn llawn o fudreddi o'u pennau i'w traed.
> A draw, dacw dref Caernarfon yn llosgi, a chwmwl

mawr o fwg o'r tanau eisoes yn duo'r awyr dros Leyn
a Môn.

Y mae'n erfyn ar ei gyfaill i gadw o'r heldrin ond, wrth
gwrs, ei sbarduno i fynd i'w chanol hi y mae ei eiriau.

Fe glwyfwyd Alun Llywelyn-Williams; dyma'r hanes yn
ei eiriau ei hun:

Ar ddygwyl Ddewi 1945. Roeddem ni... yn symud i lawr
i'r de ar hyd y Rhine... mewn *bren gun carrier*. Roedd hi'n
dipyn o waith cael hyd i'r lle. Mi aeth y gyrrwr yn rhy
bell ar hyd y ffordd a bu'n rhaid troi'n ôl. Wrth droi mi
aeth yn rhy agos at ochr y ffordd lle'r oedd yna fwynau
– *mines* – wedi eu gosod. Fe gawsom ni'n chwythu gan
y rhain. Lladdwyd y gyrrwr, y creadur, ar unwaith ac
roeddwn innau'n lwcus ar y naw o fod yn fyw.

Bu'n dioddef o boen shrapnel am weddill ei oes, a dioddef
yn ddewr iawn hefyd.

Beth a ddaeth bardd y Ddinas a'r byd modern yn ei ôl
gydag ef o'r rhyfel? Doethineb, a chred mewn gwarineb ac
eli celfyddyd, gan wybod o'r gorau fod y byd yma'n gallu
bod yn lle enbyd iawn.

Alun Llywelyn-Williams, *Cerddi 1934-42* (Foyle, 1944); *Pont y
Caniedydd* (Gee, 1956); *Y Golau yn y Gwyll* (Gee, 1974); *Gwanwyn yn y
Ddinas* (Gee, 1975)

SGWÂR CAERWYS

Y lleoliad yn Sir y Fflint lle cynhaliwyd dwy eisteddfod bwysig yn yr unfed ganrif ar bymtheg i geisio gosod trefn ar y beirdd.

LLEOLIAD

Y mae pentref Caerwys i'w ganfod ar y B5122 rhwng Afon-wen a Phenycefn ond, mewn gwirionedd, cwta dair milltir ydyw o gyffordd 31 yr A55. Y mae'r sgwâr ynghanol y pentref.

CYFEIRNOD

SJ128729   G 53° 14.99 Gn 003° 18.2702   ☞

Fe gynhaliwyd dwy eisteddfod bwysig yng Nghaerwys, Sir y Fflint, un yn 1523 a'r llall yn 1567. Nid eisteddfodau fel y gwyddom ni amdanyn nhw oedd y rhain, achos nad cystadlu oedd y prif weithgaredd ynddyn nhw, er bod yna beth cystadlu.

Ymddengys fod cystadlu o ryw fath yn hen iawn ymysg beirdd wrth eu swydd yng Nghymru. Yn ôl y dystiolaeth yn y llawysgrif a elwir yn Llyfr Aneirin (tua 1250), 'datgan' cerddi beirdd cynnar y Gymraeg, Taliesin ac Aneirin, ar lafar yn rhythmig oedd yn digwydd mewn cystadlu neu 'ymryson'. Wedyn, mewn 'gwledd arbennig' a gynhaliwyd yn Aberteifi ar y Nadolig yn 1176, fe drefnodd yr Arglwydd Rhys ap Gruffudd fod yna gystadlu rhwng beirdd a rhwng cerddorion am gadeiriau a rhoddion. Mewn eisteddfod a gynhaliwyd yng Nghaerfyrddin tua 1450 fe fu cystadlu, a bu amau barn y beirniaid – does dim sy'n newydd dan yr haul – pan enillodd Dafydd ab Edmwnd, o Hanmer, Sir y Fflint, y gadair arian yno. Y mae arnaf ofn na chafodd criw'r de fawr o hwyl arni yn yr eisteddfod hon, gan mai Cynwrig Bencerdd o Dreffynnon a enillodd y delyn arian yn y gystadleuaeth gerdd dant, a Rhys Bwting/Bwtling o Brestatyn a enillodd y tafod arian am ddatgan cerddi. Sylwer fod y rhain i gyd yn dod o fannau heb fod ymhell iawn o Gaerwys.

Yr oedd cystadlu'n rhan o 'eisteddfodau' beirdd, ond erbyn 1450 roedd gosod trefn ar faterion prydyddol yn rhan o'r gweithgareddau hefyd. Tua 1570 fe nododd Simwnt Fychan mai Eisteddfod Caerfyrddin oedd 'y conffyrmiad diwethaf a fu ar gynganeddion a mesurau'. Dafydd ab Edmwnd a wnaeth y conffyrmiad hwnnw – a chael ei gondemnio'n hallt am ei drafferth, mewn oes arall, gan Goronwy Owen: 'Ef a fu agos gan y penbwl Dafydd ap Edmwnt yntau â nychu prydyddiaeth wrth ddyfeisio mân fesurau'.

Roedd gosod trefn a chadw trefn ar y beirdd yn fater o bwys yn Eisteddfod Caerwys 1523 – gosod trefn yn ôl Statud Gruffudd ap Cynan (c.1055–1137), mewn eisteddfod 'a fu gerbron... Gruffudd' yng Nghaerwys. A oedd yna draddodiad fod hen frenin Gwynedd wedi rhoi trefn ar urdd y beirdd ryw dro? Am y Statud Gruffudd ap Cynan hon, gallwn ddweud mai creadigaeth ddiweddar oedd hi i roi awdurdod i'r ymdrech i roi trefn ar y beirdd. Pam roedd angen hynny? Am fod yna, chwedl y Statud, 'facuwns neu glêr y dom' o gwmpas. 'Facuwns' oedd *vagabonds*, sef crwydriaid a chardotwyr, a oedd yn broblem gymdeithasol yn y cyfnod. Yr oedd y beirdd hefyd yn 'crwydro' o gwmpas y wlad gan ymweld â thai uchelwyr, ac yr oedd hi'n bwysig iawn nad oedd neb yn eu camgymryd nhw am 'facuwns'. Y ffordd i sicrhau hynny oedd rhoi 'trwydded' i feirdd, sef dogfen i ddangos nad crwydriaid oedden nhw ond rhai wedi eu 'prentisio', fel petai, fel bod ganddyn nhw hawl i fynd o gwmpas tai uchelwyr yn gyfreithlon i ganu am dâl. Ac am nad 'facuwns' oedden nhw roedden nhw i ymddwyn yn weddus – dim meddwi mewn tai, dim hel merched, dim hel i gonglau i chwarae disiau neu gardiau, dim creu niwsans yn nhai pobl.

Yn ôl y Statud, roedd beirdd i gael addysg farddol neu fath o 'brentisiaeth' gan athro. Roedd yna wahanol 'raddau' i ddisgyblion, ac fe nodir beth yr oedd pob 'gradd' o fardd i fedru ei gyflawni. Y radd isaf oedd un *disgybl ysbas heb radd* – 'ysbas' oedd *space*, sef cyfnod o amser. Yn ystod y cyfnod hwn roedd athro'r disgybl i benderfynu a oedd unrhyw obaith gwneud bardd o'r disgybl. Graddau eraill oedd gradd *disgybl ysbas graddol*; *disgybl disgyblaidd*; *disgybl pencerddaidd*. Y radd uchaf oedd gradd *pencerdd* (sef y *meistr ar ei grefft*); dylai hwn 'wybod y cwbl'. Roedd graddau tebyg am feistroli medrau cerdd dafod. Roedd gan y rhai trwyddedig hawl i fynd ar deithiau 'clera', sef mynd i ganu am dâl.

Pryd y caen nhw fynd? Doedd ar yr uchelwyr ddim

eisio beirdd ar draws eu tai bob sut, felly dyma bennu eu bod nhw'n cael mynd ar y tair gŵyl eglwysig bwysicaf, a'r gylchwyl oedd yn dilyn, sef fel hyn: o'r Nadolig hyd Ŵyl Fair y Canhwyllau (2 Chwefror); o'r Pasg hyd Ddifiau Dyrchafael (40 niwrnod ar ôl y Pasg); o'r Sulgwyn hyd at Sul y Creiriau (y trydydd Sul ar ôl Gŵyl Ifan, sef 24 Mehefin). Caniatéid ymweliadau hefyd ar achlysur codi tŷ, neu briodas morwyn, a châi bardd, hefyd, ganu marwnadau neu gerdd ddyfalu – wrth ofyn am rodd, y mae'n debyg.

At hyn, nodid sawl bardd a ddylai fynd at uchelwyr, yn ôl y modd oedd gan y rheini – un bardd at ŵr o ddeg punt o 'fywyd' neu incwm, er enghraifft, gan gofio fod hynny'n gryn swm yn y cyfnod. Nodid symiau taliadau hefyd, gan amrywio o swllt a chwech (12.5 ceiniog) i ddisgybl ysbas, hyd at dri swllt a grôt (17 ceiniog) i bencerdd neu athro. Fe gonffyrmiwyd Tudur Aled yn Athro yn Eisteddfod Caerwys yn 1523, ac efô a enillodd y gadair arian fach yno.

Ymdrech i gadarnhau penderfyniadau Eisteddfod 1523 oedd Eisteddfod Caerwys 1567, y cynhaliwyd o leiaf rai o'i gweithgareddau wrth 'groes onnen Caerwys enwog', sef sgwâr y dref.

Gwyn Thomas, *Eisteddfodau Caerwys* (GPC, 1968)

EGLWYS GADEIRIOL TYDDEWI

Llan a sefydlwyd yn enw ein nawddsant a chyrchfan i bererinion trwy'r oesoedd.

LLEOLIAD

Y mae Tyddewi i'w ganfod ar begwn mwyaf gorllewinol yr A487 wrth iddi droi, o gyfeiriad y gogledd, tua'r de-ddwyrain. Y mae'r eglwys gadeiriol yn rhan flaenllaw o'r ddinas, ac i'w gweld ar waelod y rhiw. Y mae arwyddion yn arwain y ffordd tuag ati o bob cyfeiriad.

CYFEIRNOD

SM751254   G 51° 88.1990   Gn 005° 26.8058

'Ni byddai'n ormod dywedyd bod Dewi [Sant] yn fwy o Wyddel nag o Gymro.' Dyna eiriau'r hanesydd R. T. Jenkins am ein nawddsant. Wrth nodi hyn, dylem gofio hefyd mai Brython, os nad Cymro, oedd Padrig, nawddsant Iwerddon.

Gŵr o'r enw Rhygyfarch ap Sulien, Esgob Tyddewi, a fu farw yn 1099, oedd awdur *Buchedd* sylfaenol Dewi (neu *Vita Sancti Dauid*, achos mai gwaith Lladin ydi o). Y mae pob fersiwn arall yn tarddu o hon. Defnyddiodd ef, meddai, hen gofnodion yn Nhyddewi, gan gynnwys rhai yn llaw Dewi ei hun! Er yr honni mawr, cymysgedd o chwedlau a thraddodiadau llafar gyda rhyfaint o ffeithiau hanesyddol ydi ei waith o. Fe'i lluniwyd er mwyn hyrwyddo annibyniaeth eglwysig Cymru ar Gaer-gaint. Ac os hyrwyddo, wel hyrwyddo amdani; aeth ati i greu bywyd tecnicylyr o ddaionus i Dewi.

Un tro roedd yna frenin yng Ngheredigion o'r enw Sant yn mynd am dro ar ei ben ei hun, a dyma fo'n cyfarfod lleian o'r enw Non. A dyma'r brenin, o'r enw Sant (!), 'yn ymafael â hi a dwyn trais arni'. Fe genhedlwyd mab ac, yn wir, yn y lle gwastad lle y cenhedlwyd o fe ymddangosodd dau faen, un yn lle'r oedd pen Non a'r llall lle'r oedd ei thraed. Pam? Am fod y ddaear yn llawenhau am genhedlu Dewi. Dyna un wyrth.

Ond dechrau pethau'n unig ydi hyn. Hyd yn oed cyn iddo gael ei eni y mae Dewi'n gyfrifol am wyrth. Roedd ei fam wedi mynd i eglwys i wrando ar un o'r enw Gildas yn pregethu. Ond pan ddaeth hi i mewn, allai o ddim dal ati. Gorchmynnodd i bawb fynd allan, ond ymguddiodd Non yn yr eglwys. Ni allai Gildas druan bregethu mwy na chynt, a dywedodd wrth y sawl a ymguddiai am fynd allan. Allan â Non ac i mewn â'r bobol, ac wele, roedd Gildas yn gallu pregethu cystal ag erioed. Ni allai bregethu pan oedd Non yn yr eglwys am fod gan yr un oedd yn ei chroth fwy o ras a grym nag o.

Dyna inni Dewi yn yr ysgol wedyn, a Paulinus ei athro'n

mynd yn ddall yn sydyn; ond ar ôl i Dewi roi ei law ar ei lygaid, adferwyd ei olwg. A dacw Dewi eto, wrth afon Teifi, a gwraig drallodus yn dod ato i ddweud fod ei mab wedi marw; ond ar ôl i Dewi 'ddodi ei enau wrth enau y mab' a gweddïo, daeth y mab yn fyw drachefn.

Ond y mae'n debyg mai gwyrth fwyaf adnabyddus Dewi oedd un Llanddewi Brefi. Yno fe roddodd y mab a atgyfodwyd hances ar y llawr, a phan safodd Dewi arni i lefaru i'r dorf, fe gyfododd 'Dan draed Dewi, Frefi fryn', chwedl Iolo Goch.

Dyna'r math o 'hyrwyddo' nodweddiadol sydd yn y *Fuchedd*. Ond y mae ynddi hi gnewyllyn o wir santeiddrwydd hefyd, yn y sôn am ymroddiad Dewi i weddïo, i dlodi, i ofalu am y tlawd a'r methedig. Dyna'i ymroddiad o, hefyd, i fywyd syml, gan fyw ar fara a llysiau a dŵr (Dewi Ddyfrwr), a llafurio'n galed. Hynny ydi, fe geisiodd ddyrchafu safonau'r bywyd mynachaidd.

Ar ei ddydd olaf, ar Fawrth y cyntaf – yn 588, efallai – fe fendithiodd ei gynulleidfa, a dweud 'yr ymadrodd hwn':

"Arglwyddi frodyr a chwiorydd, byddwch lawen, a chedwch eich ffydd, a gwnewch y pethau bychain a glywsoch ac a welsoch gennyf fi. A minnau a gerddaf y ffordd yr â ein tadau iddi. Ac yn iach ichwi... a phoed grymus ichwi fod ar y ddaear. A byth bellach nid ymwelwn ni."

Fe sefydlwyd llannau yn enw Dewi, a daeth Mynyw – neu Dyddewi fel yr adwaenwn ni'r lle – yn gyrchfan pererinion ar hyd yr oesoedd. Dyrchafwyd ef yn sant yn amser y Pab Callixtus II (1119–1124).

Simon Evans (gol.), *Buchedd Dewi* (GPC, 1959)

DERWEN CAERFYRDDIN

Y goeden a blannodd Myrddin, y dewin a'r proffwyd. Dywedid y byddai'r dref yn darfod pe bai hi'n cwympo.

LLEOLIAD

Y mae'r dderwen bellach mewn dau ddarn mewn dau leoliad gwahanol yn nhref Caerfyrddin. Er i'r darn sy'n ymddangos yn y llun gael ei gadw ar wal adeilad Cyngor Tref Caerfyrddin yn Neuadd Ddinesig San Pedr, 1 Maes Nott, y mae'r darn gorau i'w weld yn Amgueddfa Abergwili ar yr A40 ar gyrion y dref i gyfeiriad Llandeilo, lle y mae cwpwrdd gwydr yn y dderbynfa yn gartref i'r hen dderwen.

CYFEIRNOD

SN412199   G 51° 85.5784 Gn 004° 30.6562   ☞

Gair yn ei Le

Yng Nghaerfyrddin yr oedd yna stwmp o dderwen, wedi mynd i edrych fel dant wedi pydru, ond roedd o'n stwmp a gedwid yn ofalus iawn gan awdurdodau'r dref: hon oedd Derwen Myrddin, y dewin a'r proffwyd. Yr oedd yna hen goel mai fo a blannodd y goeden hon a bod yna broffwydoliaeth yn ei chylch, sef y byddai tref Caerfyrddin yn darfod pe bai hi'n cwympo. Ar y llaw arall, yr oedd yna goel hefyd mai rhyw ysgolfeistr a'i plannodd hi yn 1659. Yn gynnar yn y bedwaredd ganrif ar bymtheg fe geisiodd rhyw gerlyn ei gwenwyno hi, am fod rhai o'r trigolion yn gwastraffu eu hamser yn ymgomio o dan ei changhennau. Felly, roedd y dderwen wedi bod yn darfod ar ei throed am flynyddoedd. Yn 1951 fe dorrwyd cangen oddi arni a'i chadw yn amgueddfa'r dref – jest rhag ofn. Yna, yn 1978, fe symudwyd y gweddillion du i neuadd y dref.

Iawn, ond beth am y broffwydoliaeth a gymerodd ffurf farddonol – yn Saesneg, iaith na fyddai unrhyw Fyrddin hanesyddol na chwedlonol yn ei medru?

When Merlin's Tree shall tumble down,
Then shall fall Carmarthen Town.

Un ai roedd y broffwydoliaeth yn anghywir, neu dydi tref Caerfyrddin ddim yn bod. Er, os na ddarfu am y dref, fe gawson nhw lifogydd mawr yno y flwyddyn ar ôl cael gwared o'r hen dderwen.

Fe awgrymwyd mai enw'r dref a roddodd i Myrddin ei enw – am ba reswm sydd yn ddirgelwch i rai i'w ddeall. Peth sy'n fwy dealladwy, am fod yna dystiolaeth lenyddol, ydi nad oedd a wnelo rhyw broffwyd cynnar ddim byd â Chaerfyrddin. Yn yr Hen Ogledd, de'r Alban a gogledd Lloegr, y mae dechreuad chwedl Myrddin. Ryw ben rhwng y chweched ganrif a'r ddegfed y mudodd y chwedl i Gymru, yn ôl A. O. H. Jarman.

Ond nid Myrddin oedd y proffwyd yn fan'no, ond Lailoken, ac yr oedd y chwedl yn fersiwn o hen thema'r Dyn Gwyllt o'r Coed. Prif nodwedd y thema oedd fod gŵr anrhydeddus yn cyflawni rhyw gamwedd ac yna'n mynd yn wallgof ac yn byw fel anifail mewn lle gwyllt, megis coedwig. Yn y Beibl y mae hanes y brenin Nebuchodonosor yn enghraifft o'r hen thema hon: am ei draha fe ddaeth llais o'r nefoedd yn dweud wrtho, "A thi a yrrir oddi wrth ddynion, a'th drigfa fydd gyda bwystfilod y maes." A dyna fu, a bu'n pori gwellt fel eidion, tyfodd blew ei gorff fel plu eryrod a thyfodd ei ewinedd fel ewinedd adar.

Fe geir chwedl ar y thema yn Iwerddon hefyd, sef chwedl Suibhne Geilt (Swini Wyllt). Fe bechodd o yn erbyn sant, y Sant Ronan – peth peryg i'w wneud ar adeg pan oedd mynaich yn cofnodi chwedlau. Felly pan aeth Swini ddewr i ymladd ym Mrwydr Mag Rath (Moira), sef brwydr go-iawn yn 653, fe gollodd ei bwyll. Fe glywodd sŵn mawr, a chynnwrf yn y nefoedd, ac fe'i trawyd â chatalog o ffaeleddau:

Ac yna fe'i llanwyd â chythrwfl, a thywyllwch, a chynddaredd, a phenysgafnder, a gwylltineb, a fföedigaeth, ansadrwydd, ansefydlogrwydd, a phryder.

Daeth arno awydd i fynd o'r naill le i'r llall:

Cyffiodd ei fysedd, crynodd ei draed, curodd ei galon yn gyflym, trechwyd ei synhwyrau, ystumiwyd ei olwg, syrthiodd ei arfau'n noeth o'i ddwylo… ac fe aeth, fel unrhyw aderyn yn yr awyr, yn wallgof ac yn hurt.

A! meddwn, y fath ddychymyg! Ond y mae gorffwylledd brwydr yn salwch cydnabyddedig ac, yn wir, fe giliodd rhai o hen filwyr America a fu yn Fietnam i goedwigoedd i fyw'n wyllt ar ôl dychwelyd o faes y gad.

Does gennym ni ddim Chwedl Myrddin Gymraeg gyflawn, ond y mae gennym ni Ganu Myrddin, sef cerddi a lefarwyd gan y Myrddin chwedlonol. Y mae'n amlwg ei fod o, fel Lailoken a Swini, yn byw'n wyllt-wallgof mewn coedwig. Yn wir, y mae o'n cyfarch pren afalau sydd yn ei guddio rhag ei elynion:

> Afallen beren a dyf yn Llannerch,
> Ei hangerdd a'i hargel rhag rhiau Rhydderch.

> [Afallen bêr a dyf yn Llannerch, / y mae ei hud arbennig yn ei chuddio rhag arglwyddi Rhydderch (arweinydd y gelyn).]

Y mae'n cyfarch mochyn bach sydd, fe ymddengys, yn gydymaith iddo:

> Oian a barchellan, ni hawdd cysgaf
> Rhag godwrdd y galar ysydd arnaf.

> [Helo borchell bach, nid hawdd y cysgaf / Oherwydd twrw'r tristwch sydd arnaf.]

Mewn cerddi eraill y mae'n sgwrsio â'i chwaer Gwenddydd, yn sgwrsio â Taliesin ac yn siarad o'r bedd.

Yn ei wallgofrwydd daw dawn proffwydo arno, a cheir proffwydoliaethau wedi eu tadogi arno, amryw ohonyn nhw'n rhai gwleidyddol am ymdrech y Cymry yn erbyn y Saeson. Yn y man, fe glywodd Sieffre o Fynwy (1090?–1155) amdano a'i droi'n gymeriad yn ei waith ei hun, ei *Historia Regum Britanniae* (Hanes Brenhinoedd Prydain) a'i *Vita Merlini* (Bywyd Merlin;

'Merlin' am iddo newid enw Myrddin yn Merlin). A dyna lawnsio ein Myrddin ni i'r byd mawr Ewropeaidd ac i Chwedl Arthur a dyna, yn y man, greu chwedlau byd-enwog amdano.

Gwyn Thomas, *Y Traddodiad Barddol* (GPC, 1977); (gol.), *Yr Aelwyd Hon* (Christopher Davies, 1970)

17

LLYN TEGID

Yn yr ardal hon y trigai Ceridwen y wrach, ac yn ei phair hi y cafodd y Taliesin chwedlonol ei greu.

LLEOLIAD

Y mae Llyn Tegid yn adnabyddus i'r mwyafrif ohonon ni'r Cymry – llyn naturiol mwyaf Cymru – ac fe dynnwyd y llun yma ohono o'r man sy'n rhoi ei enw i'r dref agosaf, y Bala. Ystyr 'Bala' ydi tarddiad afon wrth iddi adael llyn – yn yr achos yma, afon Tryweryn. Y mae'r B4391 yn arwain o dref y Bala i'r de-ddwyrain, ac fe dynnwyd y llun hwn ychydig gannoedd o lathenni o'r dref.

CYFEIRNOD

SH928353   G 52° 9.458 Gn 003° 59.4567

Gair yn ei Le

Un tro, lle y mae'r llyn heddiw, roedd yna wrach o'r enw Ceridwen yn byw efo'i gŵr, Tegid. Roedd ganddyn nhw ddau o blant, sef Morfran – y creadur druan – a oedd yn ddyn hylla'r byd, a Chreirfyw a oedd yn ferch brydfertha'r byd. Doedd yna ddim trafferth efo Creirfyw, ond beth am Morfran? Sut y gallai neb o foneddigion y byd roi croeso i hwnnw i'w tai? "Mi wn i," meddai Ceridwen, "mi wna i o'n ddyn mwyaf gwybodus y byd; mi fydd yn gwybod beth a fu, beth sydd a beth fydd. Mi fydd pethau'n iawn wedyn." Pam na fyddai hi wedi ei newid o i fod yn glws ydi un o'r pethau hynny nad ydi'r chwedl ddim yn ei ddweud.

Fel gwrach drwyddedig roedd hi'n gwybod mai'r ffordd i wneud Morfran yn hollwybodus oedd cael pair – Pair Ceridwen – sef crochan i'w roi ar y tân i ferwi. I ferwi beth? Wel, llysiau nad ydyn nhw, wrth reswm, ddim yn cael eu henwi yn y stori neu mi fyddai pawb a'i clywai hi'n goch eu hwynebau uwchben eu crochanau. Fe gafodd Ceridwen ŵr dall o'r enw Morda i gadw'r tân ynghynn, ac un o'r enw Gwion Bach i'w helpu. Roedd yn rhaid berwi cynnwys y pair am flwyddyn a diwrnod. Ar ddiwedd y flwyddyn y mae Ceridwen yn gosod Morfran i sefyll yn y lle y byddai rhinwedd hudol y trwyth, mewn tri diferyn, yn syrthio arno. Wedyn y mae hi'n taro ei chlun i lawr ac yn cysgu – camgymeriad dybryd ar yr amser tyngedfennol. Dyma Gwion Bach yn gwthio Morfran i'r naill du ac yn sefyll yn ei le (a ellid disgwyl gwell gan fab gwrêng o Lanfair Caereinion?). Felly, arno fo y syrthiodd y tri dafn, a fo a ddaeth i wybod popeth. Fel dyn hollwybodus y mae'n sylweddoli nad y lle yr oedd o oedd y lle mwyaf dymunol iddo fod, achos fod Ceridwen yn mynd i ddeffro. Fel gŵr doeth, cymerodd y goes.

Ac fe ddeffrodd Ceridwen, sylweddoli beth oedd wedi digwydd, gwylltio a'i gwadnu hi ar ôl Gwion. Nawr, fe ellid disgwyl i wrach o'r iawn ryw fedru newid ei ffurf ond, wele, y mae Gwion Bach yntau – dan ddylanwad y diferion o'r pair hud – yn gallu newid ei siâp yntau. Dyma fo'n ei droi ei hun yn ysgyfarnog; dyma Ceridwen yn ei throi ei hun yn filiast. Ac ymlaen â'r erlid. Gan ei bod hi'n mynd yn big braidd ar Gwion fe newidiodd ei ffurf eto, a Ceridwen i'w ddilyn, fel hyn: fo – pysgodyn, hi – dyfrast; fo – aderyn, hi – gwalch; fo – gronyn o wenith mewn pentwr o rawn, hi – iâr. Iâr glyfar, achos dydi hi'n cael dim trafferth i ddewis y gronyn iawn a'i lyncu.

Ymhen naw mis fe anwyd yr hyn a lyncwyd, yn fabi bach delia' welsoch chi. Rhesymol ddyletswydd Ceridwen oedd ei ladd o, ond lladd babi bach del fel hyn? Na, na, na. Ond dydi hi ddim am ei gadw fo – o gydwybod – felly y mae hi'n gwneud corwg bach iddo fo a'i daflu i ddŵr yn rhywle. Fe ddaeth i dir rhwng aber afon Dyfi a Thal-y-bont, yn Nhre Taliesin siŵr iawn. Fe'i darganfuwyd o yno gan un o'r enw Elffin. O'i weld, meddai o, "Dyna dâl iesin!" (dyna dalcen tlws). Yn syth bin, y mae'r babi'n dweud wrtho mai dyna fyddai ei enw. Y mae Chwedl Taliesin yn mynd yn ei blaen, yn ddifyr iawn. Ond fe arhoswn ni yn Dyfi Jyncsion.

Y mae'r fersiwn a nodwyd o Chwedl Taliesin yn perthyn i'r unfed ganrif ar bymtheg. Fe geir cerddi sydd wedi eu tadogi ar y Taliesin chwedlonol (nid y bardd o'r chweched ganrif) mewn llawysgrifau llawer cynharach na hyn, ond heb y stori. Dyma bwt o Lyfr Taliesin (dechrau'r bedwaredd ganrif ar ddeg), lle y gwelir fod yna lawer iawn mwy o ymrithiadau, fel gwahanol bethau, nag sydd yn y stori daclus ddiweddarach:

Ail waith y'm rhithiwyd, bûm glas gleisiad [eog]
Bûm gi, bûm hydd, bûm iwrch y mynydd,
Bûm gyff, bûm raw, bûm fw[y]ell yn llaw.
Bûm ebill yng ngefail flwyddyn a hanner,
Bûm geiliawg brithwyn ar ieir yn Eidin,

Bûm amws ar re, bûm tarw toste...
    [ceffyl mewn gyr; tarw egr]

Bûm ronyn ercennis, ef tyfwys ym mryn,
A'm medawr, a'm dodawr, yn sawell y'm gyrrawr,
Y'm rygiawr o law wrth fy ngoddeiddaw,
A'm harllofes iâr grafrudd grib esgar.

[Bûm ronyn o *rywbeth?*, fe dyfodd ar fryn, / Fe'm medir,
fe'm rhoddir, mewn odyn y'm gyrrir, / Fe'm cwympir o
law (*neu* yn syth) wrth fy mhoethi, / Ac fe'm cipiodd iâr
grafanc goch, elyniaethus ei chrib fi.]

Yna fe â'r trawsnewidiadau yn eu blaen. Felly, ryw
dro, roedd Taliesin yn un a allai droi'n hyn a llall ac arall.
Awgrymwyd ei fod yn gysgod o dduw o hen grefydd y
Celtiaid, a'i fod yn perthyn i Krishna, un o brif dduwiau
India a allai, yntau, fod yn hyn, llall ac arall. Ymddengys
fod yma hen syniad am dduw fel y Trawsnewidydd.

A beth am Ceridwen? Hi, efallai, oedd hen dduwies
ysbrydoliaeth, a'i phair hi oedd Pair yr Awen.

Ifor Williams, *Chwedl Taliesin* (GPC, 1957)
Marged Haycock, *Legendary Poems from the Book of Taliesin* (CMCS, 2007)

Y RHAGYNYS, DINBYCH-Y-PYSGOD

Safle'r gaer fechan a roddodd ei henw i'r dref ac a edmygid gan fardd o'r Oesoedd Tywyll.

18

LLEOLIAD

Edrychwch allan i'r môr yn Ninbych-y-pysgod ac fe welwch ragynys yno.

CYFEIRNOD

SN136006   G 51° 67.3992 Gn 004° 69.70147

Gair yn ei Le

Tref lan-y-môr dwristaidd, braf ydi Dinbych-y-pysgod, ac erbyn heddiw nid yw'n lle sy'n ei gynnig ei hun fel cadarnle barddoniaeth Gymraeg. Ond y mae rhagynys yno efo castell Normanaidd arni, wedi ei godi – yn ôl arfer amryw o adeiladwyr caerau a chestyll – ar sail cadarnle cynharach. Y gaer fechan (y *din-bych*) honno sydd wedi rhoi ei henw i'r dref hon.

Y mae'r gaer yn un i'w hedmygu, neu felly y teimlai bardd o'r Oesoedd Tywyll, mewn cerdd y rhoddwyd iddi'r teitl 'Edmyg Dinbych' yn Llyfr Taliesin. Ar un adeg fe elwid y dyrnaid o gerddi oedd wedi goroesi rhwng ein Hengerdd (barddoniaeth 'amheuedig' – gan rai – Aneirin a Thaliesin, o'r chweched ganrif) a cherddi Beirdd y Tywysogion, o tua dechrau'r ddeuddegfed ganrif, yn 'Cerddi'r Bwlch', enw oedd yn awgrymu fod yna fwlch yn y traddodiad barddol. Ond, i'r gwrthwyneb, dangos nad oedd yna ddim bwlch y mae'r cerddi hyn. Yr hyn oedd yna, mae'n debyg, oedd bwlch yng nghofnodi crynswth y canu – neu fod llygod dethol wedi magu blas at rai o gerddi'r cyfnod dan sylw.

Y mae Ifor Williams ac R. Geraint Gruffydd wedi trafod 'Edmyg Dinbych', a byddaf yn tynnu ar eu dysg nhw. Y mae'r gerdd yn dechrau trwy annerch Duw, ac yna'n mynd rhagddi i sôn mor ddymunol ydi'r gaer:

Addwyn gaer ysydd ar glawr gweilgi,
Bid lawen yng Nghalan eirian yri,
Ac amser pan wna môr mawr wrhydri,
Ys gnawd gorun beirdd uch meddlestri.

[Y mae 'na gaer ddymunol ar wyneb y môr, / Llawen ar Galan ydi'r penrhyn prydferth, / A'r adeg pan wnaiff y môr ddangos ei gynddaredd, / Peth arferol ydi twrw mawr beirdd uwch medd-lestri.]

Roedd y Calan yn amlwg yn amser croesawu beirdd, ac yn amser tywydd mawr pan fyddai'r môr yn stormus, a'r beirdd meddw (wedi yfed gormod o 'fedd', sef diod wedi ei gweithio o fêl) yr un mor stormus.

Pwysleisir lle mor hawdd i'w amddiffyn ydi'r gaer, efo'r môr o'i chwmpas. A phwy a ddylai gael lle fel hyn? 'Blaen llin mab Erbin' meddir, sef y gorau o linach mab Erbin. Y mab Erbin hwn oedd, 'bron yn sicr', Godebyr, sef y ffurf Gymraeg ar enw'r brenin Voteporix o ganol y chweched ganrif. Yn llinach y Godebyr hwn yr oedd Llywarch ap Hyfaidd, a bernir mai'n gynnar yn ei deyrnasiad o, tua 895, y canwyd y gerdd hon. Canwyd hi gan sôn am un nad oedd yn bod mwyach, achos ei fod o 'yn nerwin llan', mewn derw mewn mynwent. Ei enw oedd Bleiddudd (blaidd + iudd = arglwydd). A sut un oedd o? 'Udd ffelaig' (arglwydd gwych); 'esgar gychwyn' (un oedd yn gwneud i elynion ei gwadnu hi ymaith): roedd gallu milwrol yn un o elfennau disgwyliedig mawl i frenin. Yr elfen arall bwysig iawn, iawn ydi ei haelioni. Fe roddodd Bleiddudd i'r bardd 'fedd a gwin o wydrin ban' (o lestr gwydr, sylwer; felly dyma inni le crand). Down yn ôl at nos Galan:

Oedd ef fy nefawd i nos Galan
Lleddfdawd i gan ri, ryfel eiran,
A llen lliw ehöeg a meddu prain
Yni fwyf tafawd ar feirdd Prydain.

[Fy arfer ar nos Galan / Oedd gorweddian wrth ochor y brenin, y gwych mewn rhyfel, / Mewn gwisg o liw porffor a mwynhau gwledd / Nes fy mod i yn 'dafod' i feirdd Prydain.]

'Tafod' yma ydi llefarydd ar ran beirdd Prydain, un sy'n siarad drostyn nhw. A 'Phrydain' sydd yma, sylwer: bu'r Cymry'n eithriadol o gyndyn i ildio'u hawl i'r wlad gyfan. Hyn ydi gwir 'Brydeindod' y Cymry, ac fe geir sôn mewn cerdd gynnar arall, sef 'Armes Prydain' (Proffwydoliaeth am Brydain), am y Cymry a chynghreiriaid eraill yn dod at ei gilydd i yrru'r 'allmyn' o Saeson yn eu holau i'r môr, ac ailafael ym Mhrydain.

Ymhlith y pethau diddorol eraill a geir yn y gerdd y mae sylw sy'n torri i mewn i brif ymadrodd y bardd, yn sangiad glan-y-môr go-iawn:

> Adwen yn Ninbych – gorwen gwylan –
> Cyweithydd Fleiddudd, udd erllysan.

> [Rydw i'n adnabod – claer wyn ydi'r wylan – /
> Cymdeithion Bleiddudd, arglwydd y gaer fechan.]

Ar y gaer yn y môr, a'r bardd wrthi'n cyfansoddi, y mae yna wylan yn digwydd mynd heibio, ac i mewn â hi i'r gerdd i gyfrannu at fywiogrwydd y lle. Peth diddorol arall ydi'r cyfeiriad yn y gerdd at:

> Ysgrifen Brydain bryder bryffwn
> Yn yd wna tonnau eu hamgyffrwn:
> Perheid hyd bell y gell a dreiddwn!

> [Ysgrifen Prydain, gwrthrych mawr ofal /
> Lle y gwna'r tonnau eu cynnwrf: / Hir y parhao y gell lle'r ymwelwn.]

Rhywbeth wedi ei ysgrifennu yn Gymraeg a geir yma, yn ôl awgrym Geraint Gruffydd. Awgryma, hefyd, mai'r 'gell' y sonnir amdani oedd mynachlog Sant Teilo. A allai fod yna gell i gadw llawysgrifau yn y gaer ei hun, ai ynteu dim ond meddwl mawr o'r llawysgrifau – a oedd yn rhywle arall, fel y fynachlog – oedd yno?

Go brin fod fawr neb sy'n dod yma i fwynhau hyfrydwch y 'gaer fechan' hon yn gwybod am y gerdd Gymraeg yma sydd yn dathlu hyfrydwch a hen warineb y lle.

Gwyn Thomas, *Y Traddodiad Barddol* (GPC, 1977); (gol.), *Yr Aelwyd Hon* (Christopher Davies, 1970)

R. Geraint Gruffydd, '*Edmyg Dinbych*' (Canolfan Uwchefrydiau Cymreig a Cheltaidd Prifysgol Cymru, 2002)

19

BETWS-YN-RHOS

Cafodd cymeriad y bardd a'r awdur
T. Gwynn Jones (1871–1949) ei lunio
gan yr ardal hon.

LLEOLIAD

Nid yw pentref Betws-yn-Rhos ond cwta ddeng munud
o daith mewn car o Hen Golwyn. Dilynwch y B5383 ac
yna'r B5381 i'r de-ddwyrain – ffordd y gellir ei dilyn yr
holl ffordd yn ôl i Lanelwy.

CYFEIRNOD

SH910735   G 53° 24.7710 Gn 002° 34.0848

Gair yn ei Le

Yn y Gwyndy Uchaf, Betws-yn-Rhos, Sir Ddinbych, yn 1871, y ganwyd Thomas Gwynn Jones, ond am gyfnod byr y bu yno, cyn i'r teulu fudo i Bentre Isa, tŷ sydd wedi ei ddymchwel erbyn hyn. Y lle hwnnw a luniodd ei gymeriad. Fel mab ffarm, mewn lle heb fawr o blant eraill yno, daeth yn gynefin â chrwydro'r ardal a sylwi ar fyd natur ar ei ben ei hun, neu gyda'i gi.

Fe ddywedir na chafodd Gwynn Jones fawr o addysg ffurfiol, ond y mae'n sôn am 'fy hen athro Lladin pan oeddwn yn hogyn, na fynnai lythyren o'i lle', ac fel y byddai yna 'hogyn', sef y fo'i hun, yn dysgu llythrennau Groeg, efo trawslythreniad mewn cromfachau, o *Eiriadur* Charles o'r Bala, ac fel y bu iddo, yn ddiweddarach, fynd:

i ddarllen y Testament Groeg mewn 'Cyfarfod Darllen' lle'r oedd tri arall a wnâi hynny – hen ysgolfeistr, teiliwr a garddwr.

Yn y man, daeth i wybod amryw ieithoedd, a chyfieithodd, er enghraifft, gerddi Groeg a Lladin a Gwyddeleg i'r Gymraeg.

Fe fu'n ohebydd i amryw bapurau newydd; yn gatalogydd yn Llyfrgell Genedlaethol Cymru, lle y daeth, meddai, yn 'awdurdod ar gloriau llyfrau', a lle'r aeth pethau'n o flêr rhyngddo fo a phennaeth y sefydliad, John Ballinger; ac yna'n ddarlithydd ac wedyn yn Athro yn Adran y Gymraeg, Prifysgol Cymru, Aberystwyth. Cyhoeddodd amryw o astudiaethau ysgolheigaidd.

Yn Hydref 1905 bu'n rhaid iddo fynd at haul yr Aifft, i geisio gwellhad o'r diciâu. Bu yno tan Ebrill 1906. Cyhoeddodd *Y Môr Canoldir a'r Aifft* yn sôn am ei brofiadau yno. Disgrifiodd rhywun ef fel "dim byd yn debyg i Sais", peth a'i plesiodd yn fawr. Mewn gwlad ac ynddi arwyddion mawredd y gorffennol o'u cwmpas, meddai:

Gair mawr yr Eifftiwr heddyw ydyw *"Ma lesh"* ("dim gwahaniaeth"). Ac nid gair llanw ydyw ychwaith. Yno, ym medd llawer gwareiddiad uchel, nid anodd deall y geiriau hynny a lefarwyd gynt – "Pa beth yw dyn i ti i'w gofio, a mab dyn i ti ymweled ag ef?" A dyna deimlad yr Eifftiwr pan ddyfyd *"Ma lesh"*.

Y mae'r fath ystyriaeth i'w chael yn aml yn y gwaith hwn. Yn awr, dyma fo'n mynd i ymweld â Beddau y Teirw:

Ie, yn y bedd yr ydym. Y mae'r drws wedi cau ar ein holau. Y mae hi yn dywyll iawn. Y mae'r awyr yma yn brin ac yn drom ac yn boeth iawn... Dyna ryw glec bychan i'w glywed, dacw fflam welwlas yn crynu yn ei hymdrech â'r tywyllwch. Abdwl sydd yn goleuo cannwyll. Disgynnwn ninnau i lawr yn raddol i'r bedd.

Does dim dwywaith fod y Dwyrain a'r gwahanol bobol a gyfarfu yno wedi cael effaith gref arno, a chadarnhau rhai agweddau oedd yn gryf iawn ynddo cyn iddo fynd i'r Aifft.

Dyma'r bardd a enillodd gadair Eisteddfod Genedlaethol Bangor, 1902 – ond nad oedd yno ei hun i gael ei gadeirio! Y mae ei awdl 'Ymadawiad Arthur' yn rhamantaidd ei hosgo, ond yn cyfleu mewn modd cyfareddol neges bwysig o fodern. Y mae 'Afallon' Gwynn Jones yn fynegiant o ddelfryd y Cymry, ac o fyd mwy cyfiawn na'r un oedd ohoni:

Yno, mae tân pob awen a gano
Grym, hyder, awch pob gŵr a ymdrecho;
Ynni a ddwg i'r neb fynn ddiwygio,
Sylfaen yw byth i'r sawl fynn obeithio.

Mewn gair, y mae 'anadl einioes y genedl yno'.

Y mae'r weledigaeth yna'n bod, a mynd yn ei ôl i'r byd gyda'r weledigaeth hon ydi gwaith caled Bedwyr ar ôl i'r Brenin Arthur ei adael:

Bedwyr, yn drist a distaw,
At y drin aeth eto draw.

Y mae a wnelo 'Ymadawiad Arthur' â Chymru ac â chyflwr y ddynoliaeth.

Yn y gerdd 'Madog' y mae Madog ei hun yn holi Mynach ynghylch bodolaeth Duw:

"Dywed, O, dad," medd Madog, "O, dad, a oes Duw yn y
    nefoedd?
Onid aeth byd i'r annuw, O, dad, oni threngodd Duw?"

Dywed y Mynach fod yna unbennes wedi sôn am ryw fath o wynfyd:

'Ynys,' medd hi, 'sydd ynghanol môr y gorllewin maith...
Yno, tragywydd trig ieuanc, galar nag wylo ni ddyfydd,
    [dyfydd = daw]
Fyth, i'r ynys gyfoethog, briw ni bydd yno na brad.'

Y mae'r delfryd yma eto, ond dyw Madog ddim yn cyrraedd ynys y gwynfyd; sudda ei long.

Y mae un arall o gerddi mawr Gwynn Jones yn ymdrin ag ystad y Gymru oedd ohoni; gwneir hyn gan gyfeirio'n ôl at hen wlad Geltaidd, ac ar sail cred am hunanladdiad cyffredinol ymysg llwythau Celtaidd: y gerdd honno ydi 'Argoed'. Y mae gwlad Gâl yn cael ei goresgyn gan y Rhufeiniaid. Fe wêl y bardd a oedd wedi canu i'w wlad a'i gogoniant, ac wedi llafurio i gadw ei wlad rhag mynd dan draed ei gelyn, mai'r hyn sy'n digwydd iddi rŵan ydi:

... dyfod ystryw a defod estron
I ddofi ei hynni, i ddifa heniaith
A hen arferion ei chynnar fore.

Hyn ydi neges y bardd i'w genedl:

"Cyn rhoi ced, cyneuer y coedydd, [ced, fel yn 'teyrnged']
A threnged yr olaf o Blant Arofan
Heb wawdio hanes, heb wadu heniaith
Na hen arferion eu cynnar fore!"

Ond y mae rhywbeth yn aros o'r dinistr:

Argoed lydan... Er dy ddiflannu,
Ai sibrwd nerth dy ysbryd anorthrech
O ddyfnder angof a ddaw pan wrandawer...

Pan fud wrandawer di-air leferydd
Y don o hiraeth yn d'enw a erys,
Argoed, Argoed y mannau dirgel?

Fe welir fod cynghanedd Gwynn Jones yn rymus, a'i eirfa'n gyfoethog iawn. Y mae ei eiriau, chwedl Derec Llwyd Morgan, yn eiriau 'a sicrwydd y gorffennol wedi mynd yn rhan ohonynt'. Ac y mae'r golud hwn yn dal i fod yn ei ganu, hyd yn oed wedi'r newid a ddaeth i'w ddull o ddweud yn y gyfrol *Y Dwymyn*.

Yn 1947 cynhaliwyd yr Eisteddfod Genedlaethol ym Mae Colwyn, yn hen gynefin T. Gwynn Jones. Dywedodd Alun Llywelyn-Williams wrthyf iddo ei gyfarfod ar y Maes a dechrau sgwrsio ag o. Yn y man fe dorrodd Gwynn Jones i wylo; a pha ryfedd a'i 'Argoed' o wedi troi yn 'Colwyn Bay'? Bu farw yn 1949.

T. Gwynn Jones, *Brithgofion* (Llyfrau'r Dryw, 1944); *Y Môr Canoldir a'r Aifft* (Cwmni'r Cyhoeddwyr Cymreig, 1912); *Caniadau* (Hughes a'i Fab, 1934); *Y Dwymyn* (GPC, 1972)

85

20

CASTELL MAENORBÝR

Yn y gaer hon y ganwyd Gerallt Gymro (c.1146–1223), eglwyswr a hanesydd canoloesol a ysgrifennodd hanes ei daith trwy Gymru ar ddiwedd y ddeuddegfed ganrif.

LLEOLIAD

Y mae Maenorbŷr yn lle sydd ychydig i'r gorllewin o Ddinbych-y-pysgod. Dilynwch yr A4139 i'r gorllewin, ac yna'r B4585 i'r pentref. Y mae'r castell yn uchel uwchlaw'r môr ar gyrion y pentref.

CYFEIRNOD

SS060976   G 51° 64.3856   Gn 004° 80.4233

Ganwyd Gerald de Barri, neu Giraldus Cambrensis (Gerallt o Gymru), yr un a alwn ni yn Gerallt Gymro, ym Maenorbŷr yn Sir Benfro tua 1146, a bu farw yn 1223. Dyma'i ddisgrifiad o fan ei eni:

Rhyw dair milltir... oddi wrth Gastell Penfro, y mae'r castell a elwir Maenor Bŷr, hynny yw, Tŷ Pŷr... Saif y castell hwn, sydd wedi'i amddiffyn gan dyrau a rhagfuriau, ar gopa bryn arbennig, sydd yn ymestyn, ar du'r gorllewin, at borthladd. Ar du'r deau a'r gogledd iddo y mae yna, o dan ei furiau, bysgodlyn rhagorol sydd yr un mor nodedig am ei olwg odidog ag am ddyfnder ei ddyfroedd. Ar yr un tu y mae yna, hefyd, berllan brydferth a amgaeir ar y naill law gan goedlan, ac ar y llall gan lannerch nodedig am ysgythredd ei chreigiau, ac uchder ei choed cyll.

(Dylid nodi yma, efallai, mai yn Lladin yr ysgrifennai Gerallt.)

Y mae'n mynd rhagddo i ddweud gwlad mor doreithiog ydyw mewn gwenith, a physgod a gwin – hwnnw wedi'i brynu – ac i sôn am awyr iachus y lle. Mewn gair, meddai, 'y lle hwn yw'r un mwyaf dymunol yng Nghymru i gyd'.

Yr oedd Gerallt yn uchelwr o dras Normanaidd; ei dad oedd William de Barri, a'i fam oedd Angharad – merch Gerald de Windsor ac, yn bwysicach, merch Nest, un o ferched hardd Cymru, un aml ei chariadon (un o amryw a fu yn y ciw am ei ffafrau oedd Harri I). Prawf o'i deniadau oedd iddi esgor ar 17 o blant.

Cafodd Gerallt addysg yng Nghaerloyw a Pharis, ac wedi iddo ddod yn ei ôl i Gymru fe roddwyd bywioliaethau eglwysig iddo gan ei ewythr, Esgob Tyddewi. Fel Archddiacon Brycheiniog dangosodd ei fod yn ddiwygiwr o argyhoeddiad. Hyn, y mae'n debyg, ac, efallai, ei Gymreictod, a'i rhwystrodd rhag cael ei

ddyrchafu'n Esgob Tyddewi yn 1176 ac yn 1198, er iddo wneud ymdrech deg i ddadlau ei achos. Ar ôl 1176 bu'n athro'r gyfraith ym Mharis, ac yna'n glerc yn llys Harri II. Ysgrifennodd nifer o lyfrau mewn Lladin grymus, ond ei lyfrau mwyaf adnabyddus ydi ei lyfrau am Iwerddon, pan fu'n gydymaith i'r Tywysog John, a'i *Itinerarium Kambriae* (*Hanes y Daith trwy Gymru*, 1191), sef ei daith gyda'r Archesgob Baldwin yn 1188, a'i *Descriptio Kambriae* (*Disgrifiad o Gymru*, 1193).

Y mae ei ddau lyfr am Gymru yn llawn o hynodion diddorol, a'r hyn a wneir yma ydi sôn am rai ohonyn nhw.

Fel un oedd yn selog iawn dros hawliau Tyddewi, dydi hi ddim yn syndod gweld stori fel hon yn *Hanes y Daith*, am ryw Melerius (Meilyr) yn agos i Ddinas y Llengoedd (Caerllion):

Un noson, sef ar nos Sul y Blodau, fe gyfarfu â lodes yr oedd wedi ei deisyfu am amser maith, mewn man dymunol, a chyfleus. Fel yr oedd yn ymroi i'w chofleidio, yn sydyn, yn lle geneth landeg, darganfu yn ei freichiau ryw greadur blewog, garw, a hagr iawn. A pharodd golwg hwn iddo ddrysu, a mynd yn wallgof. Ac ar ôl parhau yn y cyflwr hwn am flynyddoedd maith, fe adferwyd ei iechyd yn eglwys Tyddewi, trwy haeddiannau ei saint.

Yn wir, cymaint oedd rhagoriaeth Tyddewi, meddai mewn man arall, fel nad oedd yr eglwys Gymreig yn arfer 'edrych at un Caer-gaint yn yr un rhwymyn ufudd-dod'.

Am Gastell Caerdydd y mae'n adrodd hanes Ifor Bach, 'gŵr bychan o gorffolaeth, ond o ddewrder mawr iawn'. Yr oedd Iarll Caerloyw wedi meddiannu'r castell:

Yn yr amser hwnnw roedd Castell Caerdydd wedi ei amgylchynu gan furiau uchel, a'i warchod gan chwe ugain o filwyr arfog, a llu mawr o saethyddion, a gwyliadwriaeth gref. Yr oedd yn y ddinas hefyd lawer o filwyr cyflog. Eto, er gwaethaf yr holl ymorol hwn am ddiogelwch, berfedd nos fe ddringodd Ifor y muriau'n ddirgel, a chan gipio'r Iarll a'r Iarlles, ynghyd â'u hunig fab, fe'u dug i'r coedydd. Ac ni ryddhaodd hwy nes iddo gael yn ôl bopeth oedd wedi eu dwyn oddi arno'n anghyfiawn, ac eiddo arall ychwanegol.

Yn Sir Benfro, meddai Gerallt, yr oedd yna hebogiaid heb eu hail, a allai 'ormesu adar dŵr ac adar y meysydd'. Yna â rhagddo i ddweud stori am Harri II yn yr ardal, ar ei ffordd i Iwerddon, yn gweld un o'r hebogiaid hyn ar graig, ac yn gollwng o'i law aswy 'walch mawr, nobl o Norwy'. Er bod yr hebog Cymreig yn arafach ar y dechrau fe gododd yn uchel, uchel i'r awyr, yn llawn llid:

a chan ruthro i lawr o'r uchelder ar ei elyn [sef y gwalch o Norwy], rhoddodd ergyd egr iddo... a'i fwrw wrth draed y brenin.

Byth ers hynny, anfonai Harri, bob blwyddyn, i 'mofyn rhai o hebogiaid Penfro.

Ac os oedd yna hebogiaid arbennig yng Nghymru, yr oedd yna hefyd eogiaid tra rhagorol, yn yr afon a elwir Teifi. A beth am y 'bysgodfa helaeth' oedd yna ger Cilgerran, ar ben craig arbennig, 'yn y lle a elwir Cenarth Mawr'? Cawn ddisgrifiad ganddo o allu'r pysgod hyn i neidio, yn un o'i weithiau:

Y mae pysgod o'r math hwn, wrth reddf, yn nofio yn erbyn llifeiriant y dŵr... a phan drawant ar rwystr plygant eu cynffon yn ôl tuag at eu ceg; ac weithiau, er mwyn rhoi mwy o rym yn eu naid, y maent yn ei phwyso yn erbyn eu ceg; ac wrth iddynt yn sydyn eu

gollwng eu hunain yn rhydd o'r ffurf gylchog hon, y maent yn llamu gyda grym mawr, megis pan ollyngir yn sydyn wialen a blygwyd nes ei bod ar ffurf cylch, ac yn eu taflu eu hunain o'r gwaelod i'r uchelder, er rhyfeddod i'r rhai sy'n eu gwylio.

Yr oedd croesi afonydd, yn amlwg, yn peri peth anhawster, fel y gellid disgwyl yn niffyg pontydd. Hwylio tros 'fraich fer o fôr' a wnaeth Gerallt i Ynys Môn. Lle sych a charegog, 'afluniaidd ac anhyfryd yr olwg' ydi Ynys Môn, meddai; nid yn annhebyg i Bebidiog wrth ymyl Tyddewi, ond yn dra gwahanol i'r lle hwnnw o ran ei chynhysgaeth:

Canys y mae'r ynys hon yn anghymharol fwy cynhyrchiol o ran grawn a gwenith nag unrhyw ardal arall yng Nghymru, ac oherwydd hyn y daeth y ddihareb Gymraeg, 'Môn, Mam Cymru', i fodolaeth. Oherwydd pan fydd yr holl ardaloedd eraill ymhobman yn methu, y mae'r ynys hon... yn gallu cynnal Cymru i gyd.

Yn ei *Ddisgrifiad* y mae ganddo bethau diddorol i'w dweud am y Cymry a'u hiaith:

Y mae'n werth sylwi... yr haerir bod yr iaith Gymraeg yn fwy dillyn a choeth yng Ngogledd Cymru, gan fod yn y wlad honno lai o estroniaid wedi cymysgu [â'r brodorion]. Er hynny, tystia llawer mai iaith Ceredigion, yn y Deheubarth, a'i safle megis ynghanol ac yng nghalon Cymru, yw'r un fwyaf cymen.

Y mae'r genedl, meddai:

... yn genedl ysgafn a chyflym, yn genedl wydn yn hytrach nag un gref, yn genedl sy'n ymroi'n gyfan

89

gwbl i ddefnyddio arfau. Oherwydd, yma, y mae nid yn unig yr uchelwyr, ond yr holl bobl, wedi eu hyfforddi at ryfela, a phan seinia'r corn rhyfel, rhuthra'r hwsmon oddi wrth ei aradr am ei arfau gyda'r un parodrwydd â'r uchelwr yn ei lys.

Ac fe ystyriant farw mewn gwely yn gywilydd, a marw mewn rhyfel yn anrhydedd.

Fe awn o'r tu arall heibio i rai pethau hallt a ddywed am y Cymry, a gorffen trwy sôn am eu 'Hawenyddion', gair Cymraeg a geir ynghanol Lladin Gerallt. Y mae'r darn yn dystiolaeth am rym yr awen ymhlith rhai o'n pobol:

Y mae, hefyd, ymhlith pobl Cymru, yr hyn na chei di yn unman arall, sef gwŷr arbennig a alwant hwy yn 'Awenyddion', dynion ysbrydoledig, megis. Pan ymgynghorir â hwy am ryw bwnc y mae amheuaeth yn ei gylch, gan ruo'n egr fe'u cipir oddi arnynt eu hunain, fel petai, gan ysbrydoliaeth, a gwneir hwynt yn wŷr sydd wedi eu meddiannu gan ryw rym... Ni roddant ateb i'r cwestiwn a ofynnir yn uniongyrchol, ond – ar ôl llawer o eiriau amwys, ynghanol amrywiol frawddegau o ffiloreg a gwegi yn hytrach nag o synnwyr, y cwbl, er hynny, yn goeth a chaboledig, a lifeiria ohonynt – o'r diwedd, caiff y sawl sy'n sylwi'n graff arnynt yr ateb i'r hyn y dymuna gael esboniad arno. Ac felly, o'r diwedd, dihunir hwy gan eraill o'u hecstasi, fel petai o drwmgwsg, a gorfodir hwynt, trwy ryw gymaint o rym, i ddod atynt eu hunain.

Dyma inni hen, hen gred fod yna rywbeth goruwchnaturiol yn yr Awen.

Am gyfieithiad o'r cyfan o waith Gerallt, gweler Thomas Jones, *Gerallt Gymro* (GPC, 1938).

YR WYDDGRUG

Tref Daniel Owen (1836–1895),
nofelydd poblogaidd a bortreadai
werthoedd ei gymuned yn ei storïau.

LLEOLIAD

Saif cerflun Daniel Owen y tu allan i Lyfrgell yr
Wyddgrug ar Stryd yr Iarll. Gan ei bod yn ardal
siopa boblogaidd, does dim cerbydau i amharu ar y
llonyddwch.

CYFEIRNOD

SJ236639   G 53° 16.7112 Gn 003° 14.3240   ☞

Ganwyd Daniel Owen yn yr Wyddgrug yn 1836, yn ieuengaf o saith o blant; fe'i magwyd mewn tlodi mawr. Er nad oedd ond baban saith mis oed ar y pryd, digwyddodd trychineb deuluol pan foddwyd ei dad a dau o'i frodyr (Thomas, un ar bymtheg; a Robert, un ar ddeg) pan dorrodd dŵr i bwll glo'r Argoed. Chafodd o fawr o ysgol, ac fe'i prentisiwyd i deiliwr pan oedd tua deuddeg oed. Pan oedd yn wyth ar hugain oed fe aeth i Goleg y Bala â'i fryd ar fynd yn weinidog, ond ar ôl dwy flynedd daeth yn ei ôl adref, ailafael yn y teilwra ac, yn y man, aeth i fusnes dilledydd, gyda phartner. Torrodd ei iechyd pan oedd yn ddeugain oed a go wachul fu o wedyn tan ei farwolaeth yn 1895.

Yn oes Daniel Owen yr oedd gafael crefydd ar Gymru'n gryf: pa fath grefydd oedd honno ydi un o gwestiynau mawr Daniel Owen yn ei nofelau. Er bod yna amheuon ymhlith rhai o grefyddwyr y cyfnod am briodoldeb ysgrifennu ffuglen, y mae E. G. Millward wedi dangos fod yna ddigon o fynd ar storïau cyfres yn y wasg gyfnodol yn amser Daniel Owen – a chofier mai fel penodau mewn cyfnodolion fel *Y Drysorfa* ac *Y Cymro* (Isaac Foulkes) y cyhoeddwyd ei waith yntau cyn eu cyhoeddi'n llyfrau. Sut yr oedd mynd dan groen y crefyddolder oedd ar yr wyneb ydi un o ddiddordebau pennaf Daniel Owen y nofelydd. Oherwydd hyn y mae darlunio rhagrith a hunan-dwyll yn bwysig iawn yn ei waith. Fe nododd hyn yn ei gyfrol o bregethau, *Offrymau Neillduaeth* (1879):

> Fe all dyn ddyfod i'r capel yn lled gyson a phrydlawn, a chydymffurfio â'r holl ffurfiau angenrheidiol i weddusrwydd, heb lawer o drafferth iddo ei hun; ond y mae ymladd â llygredigaeth ei galon, dyfalbarhâu mewn gweddi ddirgel, sylweddoli a gosod ei holl fryd ar bethau ysbrydol ac anweledig, yn rhywbeth hollol wahanol, ac yn gofyn holl egni dyn i'w gyflawni yn briodol.

Fel *Hunangofiant Rhys Lewis, Gweinidog Bethel* y cyhoeddodd Daniel Owen ei nofel yn 1885, gan ddisgrifio'r gwaith fel 'hanes dyn cyffredin'. Portreadir Mari Lewis, mam Rhys Lewis, fel gwraig o argyhoeddiadau Calfinaidd cryf iawn. Er bod Rhys yn gweld trwy wendidau Calfiniaeth gyhoeddus, yn ogystal â'i rhinweddau, yr un sy'n dod i'r gwrthdrawiad amlycaf â hi ydi ei frawd hŷn, Bob. Ar ôl i Rhys gael curfa ddidrugaredd yn yr ysgol gan yr ysgolfeistr, Robyn y Sowldiwr, daw Bob i mewn i'w achub. Pan ddadebra y mae'n gweld:

> yr Hen Sowldiwr ar ei gefn ar lawr a'i wyneb wedi glasu, a Bob fy mrawd yn ei ddillad gwaith a chan ddued â'r glöyn ar ei liniau ar ei frest, ac yn ei dagu yn brysur fel y tybiwn i.

Y mae'n amlwg i'r darllenydd fod Bob, fwy neu lai, wedi achub bywyd ei frawd. Ond nid yn y fan yna y darfu'r helynt, 'oblegid yr oedd Bob a minnau a Wil Bryan [ffrind Rhys] yn "blant y seiat", ac nid oedd yn bosibl i amgylchiad fel hwn fyned heibio heb sylw arno'. Ar ôl mynd adref, y peth cyntaf a ofynnwyd gan ei fam oedd beth oedd achos y gurfa a gafodd Rhys gan y Sgwlyn. Rhan Rhys, ar gymhelliad ei ffrind direidus Wil Bryan, yn clymu coes bren y Sowldiwr, a oedd yn 'tueddbennu' trwy dwll yn y pren rhwng ei sêt o a sêt y bechgyn a oedd o'i flaen yn yr eglwys, oedd hynny. Caiff Bob ei hun o flaen y seiat i ystyried a oedd o'n ffit i fod yn aelod o'r eglwys. Dangosir fod colofnau'r achos, megis Thomas Bowen ac Abel Hughes, wedi gwneud eu gorau i gael Bob i syrthio ar ei fai a dal i fod yn aelod. Methu ddaru nhw, ac fe ddiarddelwyd Bob. Y mae'r sgwrs ar yr aelwyd yn ddadlennol iawn, yn dangos y drefn Galfinaidd ar ei gorau (Mari Lewis) a'r drefn newydd a oedd nid yn unig am ofalu am enaid dyn ond ei les bydol o hefyd (Bob).

Y mae Bob yn teimlo'r annhegwch sydd mewn crefydd sydd yn barod i gondemnio rhai fel William y Glo am yfed, ond ddim yn barod i ddiarddel rhai eraill am gybydd-dod neu galon-galedwch. Teimlai fod yn rhaid gofyn cwestiynau sylfaenol am y system, am lythyren y rheolau, am y 'nonsense' (ei air o) o'i ddiarddel am arbed ei frawd rhag cael ei faeddu'n greulon. Fe welir mai Bob ydi'r un sy'n sefyll dros gyfiawnder cymdeithasol ac, ar un olwg, y mae'n drueni fod Daniel Owen wedi cael gwared ohono trwy beri iddo gael ei losgi i farwolaeth mewn damwain yn y pwll glo.

Y mae cymhlethdod teimladau'r amgylchiad hwnnw'n dangos mor graff oedd adnabyddiaeth Daniel Owen o bobol:

Yn ei ffolineb, credai fy mam mai Bob oedd y bachgen glanaf a harddaf yn y gymydogaeth, a drwgdybiai bob merch ieuanc a ddeuai i'n tŷ ni o geisio ei swyno. Ond cymaint y dirmyg a wnaethai y tân arno, fel y penderfynodd hi y foment y diangodd ei enaid ymaith nad edrychai hi ar ei wyneb mwyach, 'nes i'r adgyfodiad roi polis [*polish*] arno'.

Yn y nofel *Enoc Huws* (1891) y mae Daniel Owen yn dal at un o'i bynciau mawr, rhagrith, ac yn y nofel hon fe greodd un o ragrithwyr mawr ein llenyddiaeth, sef y Capten Trefor. Ymorol am 'gadw *appearance*' ydi'r hyn sy'n rheoli ei fywyd o. Y mae ei siarad troellog yn dangos yn glir sut un oedd o:

"Yr wyf yn cofio, Mr. Huws, pan oeddwn dipyn yn ieuengach nag ydwyf yn awr, y byddwn yn cael

difyrrwch nid bychan wrth gerdded allan yn nhrymder y nos ar fy mhen fy hun pan fyddai trwst y byd a masnach wedi distewi, a dim yn bod, mewn ffordd o siarad, i aflonyddu ar fy myfyrdodau. I un o duedd fyfyrgar, fel fy hunan, mewn ffordd o siarad, nid oes dim yn fwy hyfryd i'r teimlad, nac, yn wir, yn fwy llesol i'r enaid na thro wedi bo nos, pryd y gall dyn, mewn dull o ddweyd, ymddiosg oddiwrth bob gofalon a thrafferthion bydol ac ymollwng, megys, i gymundeb â natur fel y mae, yn ol fy syniad i, yn fwy *impressive* yn y nos, – nid oes gair Cymraeg yn cynyg ei hun i mi ar y foment – yn fwy *impressive*, meddaf."

Fe all Daniel Owen greu cartwnau o bobol, a chreu sefyllfaoedd digrif iawn hefyd. Un o'i gartwnau mwyaf cofiadwy ydi Marged, sy'n cadw tŷ i Enoc. Dyma hi:

Yr oedd yn fèr ac yn llydan, ac yn peri i un feddwl [ei bod], ar un adeg, wedi gorfod cario pwysau anferth ar ei phen, yr hyn a achosodd iddi suddo gryn lawer iddi hi ei hun, a byrhau ei gwddf a'i choesau, a lledu allan ei hysgwyddau, ei gwasg, a'i hipiau. Ni fuasai llawer o waith cŷn a morthwyl yn angenrheidiol ar Marged i'w gwneud yn gron...

Yn ei dig pan sylweddola nad oes gan Enoc fwriad yn y byd i'w phriodi hi:

Y peth cyntaf a'i tarawodd [Enoc] oedd ei llygaid, y rhai, yn gyffredin, oeddynt mor anfynegianol a llygaid mochyn tew, ond, y rhai, yn awr, a agorent arno led y pen gan wreichioni tân fel llygaid teigres.

Ond fe ymnertha Enoc ddigon i ddweud wrthi:

"Drychwch yma – gwrandewch be rydw i'n ddeyd wrthoch chi – bydase neb ond y chi a fine ac un wranwtang yn y byd, ac i mi orfod priodi un o honoch, fe gawsech chi, Marged, fod yn hen ferch."

Astudir natur Methodistiaeth eto yn y nofel *Gwen Tomos* (1894), ond y mae hon yn camu'n ôl i hen fyd cefn gwlad Sir y Fflint. Y mae ynddi ymladd ceiliogod, ffureta a hela llwynogod, a'r wrach Nansi'r Nant, a fyddai'n 'cael datguddiedigaethau gan ysbrydion, a chyfrinach gyda'r tylwyth teg'.

Y mae brawd Gwen, sef Harri, yn prynu ceffyl newydd, drud ac yn cael mynd i hela efo'r byddigions. Ond trefna Ernest y Plas y bydd yn cael damwain a fydd yn golygu lladd y ceffyl newydd. Yn y man, fe gawn ornest rhwng Harri ac Ernest. Hyfforddir Harri gan y gwas, Wmffre. Ar ôl i Ernest osod ergyd neu ddwy ar Harri fe ddaw'r diwedd fel hyn:

Daeth Ernest i'w gyfarfod â gwên ar ei enau, cystal â dweyd, "Yrwan yr ydw inau am dy orphen di." Ond gwelodd fod asbri newydd yn ymddangosiad Harri, ac arferodd fwy o wyliadwriaeth. Ac uniawn y barnodd, oblegyd edrychai Harri ar y tro hwn fel un oedd i benderfynu yr ornest. Cymerodd awgrym Wmffre i wneud defnydd o'r 'beilen' [llaw chwith]. Nid oedd Ernest yn disgwyl am hyn, a chyn ei fod wedi sefyll o flaen ei wrthwynebydd haner munyd, tarawodd Harri ef gyda'i ddwrn chwith rhwng ei ddau lygad, nes oedd mellt yn neidio o honynt, a chyn iddo adfeddianu llewyrch ei lygaid tarawodd ef wed'yn yn yr un man, nes oedd yn troi fel pellen.

Dyma ddechrau'r diwedd i Ernest. A boddhad i'r darllenydd, am fod cerlyn drwg wedi cael ei haeddiant.

Un o'r pethau trawiadol yn y nofel hon ydi'r ffordd na ddywedir yn bendant ai merch Nansi'r Nant – arwydd o'r hen fyd – ydi Gwen, sydd yn Fethodist, ai peidio. A chaiff hi ddim gwybodaeth sicir am y mater. Ychydig cyn iddi farw y mae Gwen yn gofyn i Nansi, "Faint o wir?" oedd yn yr ensyniad. Dyma'r ateb a gaiff hi:

"Gwir? gwir?... 'rwyt ti 'run fath a Mr Thomson – yr oedd hwnw eisio gwbod y *gwir* am bobpeth, am enedigaeth ei blentyn a wn i ddim faint o bethau. Ond faint o wir sydd yn y byd, ddyliet ti? Oes yna un ran o gant yn wir? Celwydd ydi'r byd i gyd – celwydd sydd yn ei ddal wrth ei gilydd – celwydd ydi'r bobol, a chelwydd – "

Yna daw'r wraig sy'n gofalu am Nansi i mewn, a dyna ddiwedd ei dweud. Chwedl E. G. Millward, dyma enghraifft o'r amwysedd yng ngwaith Daniel Owen sy'n ei wneud yn gawr ymhlith ei gyfoeswyr.

Yng nghyfnod Daniel Owen yr oedd yr Wyddgrug yn dref ffyniannus, Anghydffurfiol grefyddol, o fewn cyrraedd diwydiant a chefn gwlad. Un o'r pethau a wnaeth y nofelydd oedd dangos trwy ei storïau a'i gymeriadau pa werthoedd oedd y rhai parhaol.

Daniel Owen, *Offrymau Neillduaeth* (Hugh Jones and Co., 1879); *Hunangofiant Rhys Lewis, Gweinidog Bethel* (Hughes and Son, 1885); *Enoc Huws* (Hughes and Son, 1891); *Gwen Tomos* (Hughes and Son, 1894). Y mae E. G. Millward wedi golygu'r tair nofel a enwyd.

22

BEDD MORGAN LLWYD

Roedd y bardd a'r llenor Morgan Llwyd (1619–1659) yn bregethwr Anghydffurfiol yn Wrecsam. Yno y cafodd ei addysg ffurfiol ac yno hefyd y'i claddwyd.

LLEOLIAD

Y mae bedd Morgan Llwyd wedi ei guddio mewn cornel anghofiedig o Wrecsam, sydd bellach yn ganolbwynt maes parcio ar ffordd Rhos-ddu yng ngogledd y dref. Gellir ei ganfod dros y ffordd i'r parc chwarae, a'r drws nesaf i olchfa ddillad.

CYFEIRNOD

SJ333509   G 53° 05.1735   Gn 002° 99.5974

Yng Nghynfal-fawr, plwyf Maentwrog, y ganwyd Morgan Llwyd, yn fab, efallai, ond yn sicr yn berthynas i Huw Llwyd, a hynny yn 1619. Bu farw yn 1659. Y mae'n bur debyg ei fod wedi cael ei wreiddio yn hen draddodiadau ei genedl yno, a dysgu cynganeddu yno efo Huw Llwyd achos, er mai fel ysgrifennwr rhyddiaith y mae'n enwog, yr oedd o'n barddoni hefyd. Efallai mai cof am hen fwa Huw Llwyd oedd yn ei feddwl pan gyfansoddodd ei gerdd 'Y Bwa Melyn':

> Torrais y bwa tirion – â'm llaw wan
> Yn llawer o sglodion.
> Fe wna'-i sŵn, fe fynna'-i sôn
> Amdano ymysg dynion.

Ond yn 1629 fe aeth o a'i fam, Mari Wynn o Hendre-mur, i Wrecsam lle'r aeth i'r ysgol ramadeg. Yno y cafodd dröedigaeth grefyddol wrth wrando ar y Piwritan Walter Cradock yn pregethu. Mewn gwirionedd, y mae Llwyd wedi rhoi inni ei fywgraffiad yn gryno mewn cerdd dan y teitl 'Hanes Rhyw Gymro':

> Ym Meirionnydd gynt y'm ganwyd,
> Yn Sir Ddinbech y'm newidiwyd,
> Yn Sir y Mwythig mi wasnaethais,
> Yn Sir Fynwy y priodais.

> Ym Morgannwg cenais heddyw,
> Drannoeth neidio i Sir Gaerloyw,
> Yng Ngwlad yr Haf mi gefais aeaf,
> Gwelais Frisow deg yn drymglaf. [Bryste]

> Sir Ham i'r dierth a wnaeth groeso, [Hampshire]
> Wrth Gaer Peris cas orffwyso, [Portchester]
> Yn nhref Lundain, wedi disgyn,
> Rhaid rhoi'r bywyd mewn rhyw blisgyn.

> Gwynt yng Nghent, a rhaid yw hwylio
> Ar draws moroedd i Sir Benfro;
> Drwy'r tân drain, oddiyno ymaith
> I waelodion Lloeger eilwaith.

> Drwy'r tymhestloedd eto i Gymru,
> Yn Nhref Baldwyn rwyf yn llechu.
> Ac oddiyno i Wrexham decaf.
> Pa ddyn a ŵyr ple'r eiff o nesaf?...

Petaem ni'n byw yn yr ail ganrif ar bymtheg byddai gwahaniaethau rhwng sectau crefyddol yn ddigon am ein bywyd ni, yn enwedig o gofio fod crefydd a gwleidyddiaeth yn mynd law yn llaw. Y ddwy blaid fawr, wrth gwrs, oedd Eglwys Loegr a phlaid y Brenin, ar y naill law, o dan orchymyn Siarl I; a'r Piwritaniaid (y Rowndiaid, fel y'u gelwid) a phlaid y Senedd, o dan orchymyn Oliver Cromwell, ar y llaw arall. Mi aeth pethau mor ddrwg nes i Ryfel Cartref dinistriol iawn dorri allan yn 1642. Fe fu Llwyd yn crwydro Prydain, fel y gwelwyd, gyda byddin y Senedd – caplan oedd o, a milwr efallai. Fe ddienyddiwyd y brenin Siarl ar 30 Ionawr 1649; digwyddiad brawychus o chwyldroadol, wrth reswm. O'r flwyddyn honno tan fis Mai 1660, gweriniaeth oedd Prydain o dan lywodraeth Cromwell, Oliver – ac, am ychydig iawn, ei fab – a'r Senedd; ond fe fu yna gryn anghydweld rhwng Cromwell a'r Senedd, fel y digwyddodd pethau.

Ar ôl i'r brenin Siarl gael ei ladd roedd yna nifer o bobol yn meddwl fod 'y Brenin Iesu' ar ddod i'r byd, a bod y byd yn mynd i ddod i ben. Plaid y Bumed Frenhiniaeth oedd yr enw ar y bobol oedd yn credu hyn. Eu cred oedd fod yna bedair Brenhiniaeth fawr wedi bod yn barod – Asyria, Persia, Groeg a Rhufain. Yn awr roedd hi'n amser y Bumed Frenhiniaeth, a'r 'Brenin Iesu'. Pryd yr oedd o'n mynd i ddod? Fe drowyd at lyfr Daniel yn yr Hen Destament ac at lyfr y Datguddiad yn y Testament Newydd a, chyda chryn ddychymyg, penderfynu ar ddyddiad a oedd ryw ben rhwng 1650 ac 1666. Dyma fel y canodd Llwyd am y dyddiad hwn mewn prydyddiaeth dra chlogyrnaidd:

> Fifty goes big, or fifty six, [h.y. 1650 neu 1656]
> Or sixty five some say;
> But within man's age, hope to see
> All old things flung away.

Ond y dyddiad mwyaf poblogaidd oedd 1666. Ar ddalen flaen ei brif lyfr, sef *Llyfr y Tri Aderyn* (1653), cyfeiria Morgan Llwyd ato fel 'Arwydd i annerch y Cymry, yn y flwyddyn mil chwechant a thair ar ddeg a deugain, CYN DYFOD, 666'. Y tri aderyn sydd yn y llyfr ac, yn fras, yr hyn yr oedden nhw'n ei gynrychioli oedd: y Gigfran = Eglwys Loegr; yr Eryr = Cromwell a'r Piwritaniaid; y Golomen = y rhai sydd yn llawn o'r Ysbryd Glân, ac mewn mannau, Llwyd ei hun.

Dyna un o lyfrau enwocaf Llwyd; y llall oedd *Llythyr i'r Cymry Cariadus* – 1653 ydi dyddiad y ddau. Yr oedd Llwyd yn credu fod y Brenin Iesu ar fin meddiannu ei deyrnas, a bod diwedd y byd hwn ar fin digwydd. Y mae'r pethau hyn yn agos, agos. Beth os nad oedd rhywun yn Gristion cadwedig pan ddigwyddai hyn? Fe fyddai'n golledig. Dyma'r rheswm pam y mae Morgan Llwyd yn llosgi gan argyhoeddiad fod yn rhaid iddo rybuddio ei genedl, rhybuddio'r Cymry, i fod yn blant i Dduw cyn ei bod hi'n rhy hwyr – 'ddeffro mewn pryd'.

Dyma'n fras sut yr oedd Morgan Llwyd yn meddwl. Y mae yna sbarc o oleuni Duw ym mhob un, sbarc o'r Ysbrydol – dyma gred sydd yn debyg i un o brif gredoau'r Crynwyr. Ond yr ydym ni i gyd yn fodau o'r byd hwn, yn fodau naturiol – dyna ydi'r 'naturiaeth' allanol y mae'n sôn amdani. Os ydym ni'n canlyn goleuni Duw, yr ydym ni'n dyrchafu'n ysbrydol ac yn nesu at stad yr Angylion; os

nad ydym ni'n dilyn y goleuni hwn, yr ydym ni'n suddo i ystad fwyfwy naturiol, ac yn dod yn debycach a thebycach i Anifeiliaid. Ymhellach, nid y byd naturiol a welwn ni ydi'r byd go-iawn, y Byd Ysbrydol ydi hwnnw.

Y mae o'n aml yn cyfleu ei neges trwy luniau. Yn aml y mae angerdd ysbrydol Morgan Llwyd, yng ngeiriau'r Golomen, sydd yn wastad yn cyfeirio'n ôl at y Beibl, yn ysgubol:

> Mae ysbryd y dyn siaradus yn farch i ddiafol heb un ffrwyn yn ei safn: Ô pa sawl mil yn yr wythnos o eiriau segurllyd y mae pawb agos yn eu traethu? Yr holl eiriau budron, anllad, diofn, digllon, afrywiog, anneallus, enllibaidd, rhyddion; yr holl eiriau gwatwarus, meddwaidd, bloddestgar, sarrug, cyfrwysddrwg, drygionus – pan ddelo'r rhain i gyd fel lluoedd mewn arfau i gyfarfod y pechadur, beth a ddaw o'i obaith ef y dydd hwnnw? Am hynny, gwaedda yn fuan am yr Ysbryd Glân i fod yn borthor ar ddrws dy wefusau, cyn i ti ddywedyd gormod.

Ar brydiau y mae llawenydd ei obaith fel goleuni llachar, fel ar ddiwedd y *Llythyr*:

> 'Rwy'n byw yng ngobaith Israel, ac yn hyfryd gennyf weled y wawr yn torri, a'r haul ar godi ar Ynys Brydain. Deffro! Deffro! Deffro! A rhodia fel plentyn y dydd…

Beth a ddywedai o, os gwn i, pe bai o'n dod yn ei ôl i Wrecsam heddiw?

Morgan Llwyd, *Llyfr y Tri Aderyn* (1653); *Llythyr i'r Cymry Cariadus* (1653)

T. E. Ellis (gol.), *Gweithiau Morgan Llwyd o Wynedd I* (Jarvis & Foster, 1899); J. H. Davies (gol.), *Cyfrol II* (Jarvis & Foster, 1908)

Ailgyhoeddwyd ei waith gan GPC.

23

ABERFFRAW

Un o brif lysoedd brenhinol Cymru a chadarnle canu mawl ar Ynys Môn, lle byddai'r beirdd yn canu am fawredd eu noddle ac am ddewrder eu cyd-Gymry wrth frwydro yn erbyn y Saeson.

LLEOLIAD

Yng ngorllewin Ynys Môn y canfyddir Aberffraw – pentref, fel nifer o'r rhai cyfagos, sy'n ymddangos a diflannu rhwng y twyni tywod. Wrth ddilyn yr A4080 mewn cylchdaith o Lanfair-pwll i Fryngwran fe ddewch ar draws y pentref ar yr arfordir heb fod ymhell o Ynys Llanddwyn.

CYFEIRNOD

SH356688   G 53° 19.1391 Gn 004° 46.2092   ☞

Dyma ffurf safonol enw hen brif gantref Môn, a safle un o dri llys brenhinol Cymru – y ddau arall oedd Mathrafal ym Mhowys a Dinefwr yn y Deheubarth. Ar 'aber' afon Ffraw yr oedd y llys, a 'llifeiriant' neu 'ffrwd' (o ddŵr) ydi ystyr enw'r afon. 'Y Berffro' neu 'Berffro' ydi ffurf yr enw ar lafar. Y mae teisennau Berffro yn enw ar fath o gacennau – *shortbread* i'r rhan fwyaf erbyn heddiw – ac yn deitl llyfr gan Tom Parry Jones. Y mae llys i'w gael yn Niwbwrch hefyd, wedi ei gloddio'n ddiweddar, mewn cae sydd ar y ffordd oddi yno i Landdwyn. Y mae'n syn mor hir y y mae rhai pethau'n parhau'n fyw ar lafar gwlad – cyn i 'ddifyrrwch' Saesneg y dyddiau diwethaf ladd hynny'n derfynol. Dyn Môn oedd Bedwyr Lewis Jones, ac efô a ddywedodd wrthyf fi fwy nag unwaith mai'r hyn a ddywedid, gan hen breswylwyr yr ynys, am hawlio treuliau gan 'y gwasanaethau cymdeithasol' oedd: "Fe gaiff Berffro dalu." Hynny ydi, roedd yr hen gof am ganolfan awdurdod y sir wedi parhau o'r Oesoedd Canol i'r ugeinfed ganrif.

Enw hen drigolion pentref Niwbwrch am y safle lle y cloddiwyd olion yr hen lys yno oedd 'Cae Llys'. Dyna inni enghraifft arall o gadw pethau'n fyw yn yr hen gof. A, thua deugain mlynedd yn ôl, roedd yna athro hanes ym Môn oedd yn dweud am hogiau ysgol go arw o dueddau Aberffraw a Malltraeth, nad oedd hi'n syndod mai felly'r oedden nhw: "Epil milwyr hen lys ein tywysogion ydyn nhw, y rheini oedd heb eu gwell ar amser rhyfel a brwydro; ond oedd eisio eu cau mewn rhywle diogel ar amser heddwch."

Sut le oedd yna yn llys Aberffraw? Yr oedd yno fawredd, ac yr oedd yno ewyllys i ennill clod, clod trwy frwydro yn erbyn y Saeson; ond yr oedd yno, hefyd – fel mewn pob llys, am wn i – ddyheu am rym, dyheu a allai droi brodyr neu hanner-brodyr o Gymry yn erbyn ei gilydd, dyheu a allai arwain at ladd. Fe laddwyd y bardd-dywysog Hywel ab Owain Gwynedd gan ddau o'i hanner-brodyr mewn brwydr ym Mhentraeth, Ynys Môn. Ond fe ganwyd marwnad iddo

fo a brodyr eraill gan ei frawd maeth, Peryf ap Cedifor – doedd yna ddim llid a lladd rhwng pob brawd, diolch am hynny. Yr oedd yna anwyldeb a chariad ynghanol llawer o drybaeddu cyntefig. Dyma gri alarus Peryf am ei Hywel:

Fy nghalon a gryn rhag erchlais – y frân,
　　Dechrau gwân, dychrynais,
　　Gwae fi pan [y]'i harhoais:
　　Gwayw yn Hywel a welais.

Brân a gre yn y gyfarthfa:
Ni ddarogan im ddim da,
Bod mab brenin gwyn Gwynedd
Yn gorwedd yn yr aerfa.

[Mae 'nghalon i'n crynu rhag llais erchyll y frân, / Ar ddechrau gwanu (ymladd); dychrynais, / Gwae fi pan fu rhaid imi ei oddef: / Gwelais i waywffon trwy ben Hywel.

Y mae brân yn crawcian ym man yr ymladd: / Nid yw hyn yn darogan dim da i mi, / Fod mab brenin gwyn Gwynedd / Yn gorwedd ar faes y gad.]

Y mae yna gyfeiriadau aml at frain ar feysydd brwydr, am eu bod yn adar ysglyfaethus; ond y mae yna, hefyd, ofn ofergoelus, cyntefig yng nghrawcian brân y farwnad hon.

Yr oedd yn rhaid i dywysog frwydro, lladd neu gael ei ladd. Y mae canu Llywarch ap Llywelyn, neu Brydydd y Moch fel y'i gelwir, i Lywelyn ab Iorwerth (1173–1240), Llywelyn Fawr, 'Gwyndëyrn Aberffraw' (Brenin godidog Aberffraw), yn llawn o sôn am frwydrau. Dacw Lywelyn, 'udd dremrudd' (arglwydd gwritgoch), ar flaen ei fyddin, 'Ym mliant gwyrdd ac un gwyn' (Mewn [gwisg] o liain main gwyrdd a gwyn), yn mynd ati i greu hafoc, gyda chanlyniadau y gallai ei fardd ymhyfrydu ynddyn nhw:

A gwaedlen am ben yn beithawg,
A gwaed, a bwyd brain, a brân ar gelain,
A gâlon adfuddiawg,
A golo ger manro meiniawg
Gelynion, Saeson sidanawg...

[A gorchudd o waed am ben sy'n archolledig, /
A gwaed, a bwyd brain, a brân ar gorff marw, / A gelynion
ysbeilgar, / A bedd ger graean mân, caregog / (I)
elynion, y Saeson sidanog.]

Am ganu fel hyn y câi'r bardd dâl:

Minnau, o'm rhadau, rym anant,
Yn rhuddaur, yn rhwydd ardduniant.

[Minnau, oherwydd fy noniau, sy'n rym i feirdd, / Mewn
(gwisg) o aur coch, mewn anrhydedd mawr.]

Eryr tëyrnedd, eryfais ei fedd
 Ar hedd, ar ddyhedd, ar ddehau rhi;
Eryfais ei win o'i falch fuelin,
 A'i wisgoedd eurin ar fynogi.

[Eryr brenhinoedd, yfais i ei fedd (sef diod wedi ei
gweithio o fêl) / Ar adeg heddwch, ar adeg rhyfel, ar law
dde'r brenin; / Yfais ei win o'i gorn yfed rhagorol, / A
(gwisgais) ei wisgoedd euraid drwy haelioni.]

A dyna inni gip o sut yr oedd pethau yn hen fyd ein
tywysogion. Sut yr oedd hi ar y werin gaeth yr amser hwn
sydd fater arall. Yn Epilog *Llywelyn Fawr*, drama fydryddol
Thomas Parry, y mae yna Gôr o'r rheini sydd yn trin 'y
gaib a'r rhaw' yn talu teyrnged i Lywelyn ac yntau'n hen,
mewn mynachlog, ac yn esbonio'n orchestol pam y gelwir
y tywysog hwn yn Fawr:

A phan na byddwn ni,
Gan genedlaethau sy 'nghudd dan blyg y blynyddoedd,
Cenedlaethau na wybyddant na'n henwau ni na dim
    amdanom,
Fe'th ystyrir di'n ddewr,
Fe'th gyfrifir di'n ddoeth,
Fe'th elwir di'n fawr.

Gwyn Thomas, *Y Traddodiad Barddol* (GPC, 1977)
Thomas Parry, *Llywelyn Fawr* (Gwasg y Brython, 1954)

24

LLWYN ONN

Y tŷ ym Methesda lle ganwyd Caradog Prichard (1904–1980), bardd ac awdur *Un Nos Ola Leuad*. Roedd cysgod tlodi a phroblemau ardal ei fagwraeth yn drwm ar ei waith.

LLEOLIAD

Hawdd pasio Llwyn Onn wrth ddringo'r allt o ganol pentref Bethesda i fyny am ardal y Carneddi. Yn fuan wedi mynd heibio'r tro am ardal y Gerlan, fe welwch y tŷ ar y llaw chwith. Symudodd Caradog Prichard nifer o weithiau fel hogyn ifanc, i dai llai o faint ym Methesda bob tro.

CYFEIRNOD

SH625668   G 53° 18.1097 Gn 004° 05.8331   ☞

Fe anwyd Caradog Prichard yn Llwyn Onn ym Methesda, yn yr hen Sir Gaernarfon, yn 1904. Bu farw yn Llundain, wedi rhoi cynnig – aflwyddiannus – ar ddod yn ôl i'w hen ardal i fyw, yn 1980. Caradog Prichard ydi'r llenor Cymraeg y mae ei fywyd o'i hun wedi ei wau i'w waith ysgrifenedig i'r graddau mwyaf un. Dechreuodd pethau mawr ddigwydd iddo cyn ei fod o'n fawr o beth. Geiriau cyntaf darlith ganddo ym Mangor, lawer blwyddyn yn ôl, oedd geiriau tebyg i hyn: "Roedd yna chwarelwr yn digwydd plygu i lawr, i danio matjien efallai, ac roedd yna garreg yn symud yn uwch i fyny nag o; a dyna ichi un o'r cyd-ddigwyddiadau enbyd hynny y mae dyn yn holi am hir wedyn pam y maen nhw'n digwydd, achos fe aeth y garreg i ben y chwarelwr." John Pritchard (efo'r 't'), tad Caradog, oedd y chwarelwr hwnnw: y mae'r manylion oer yn llyfr Menna Baines am y llenor. Felly, ar aelwyd heb dad y magwyd o, ac yntau yr ieuengaf o dri o blant. Mewn amgylchiadau fel hyn roedd hi'n naturiol fod yna gysylltiad agos iawn rhwng y mab ieuengaf a'i fam – "Doedd gan neb fam ond y fi," oedd un arall o'i sylwadau, gyda hanner gwên. Bu'n rhaid i Margaret Jane Pritchard fagu'r teulu bach ar arian y plwyf, ar adeg galed iawn yn hanes Bethesda, gan ddechrau yng nghysgod Streic Fawr Chwarel y Penrhyn (1900–03).

Yr ail ddigwyddiad enbyd yn hanes Caradog Prichard oedd i'w fam fynd o'i chof yn 1923. Aethpwyd â hi i 'ysbyty'r meddyliau claf' yn Ninbych, a hynny ar adeg pan oedd yna ddychryn a rhyw warth yn gysylltiedig â'r lle. Dyma'r profiad mwyaf dychrynllyd ym mywyd Caradog Prichard.

Cyn dod at *Un Nos Ola Leuad* (1961), nofel Bethesda, roedd gwallgofrwydd ei fam wedi bod yn ei ysu trwy weithiau eraill, ac yn enwedig trwy ddwy bryddest, 'Y Briodas' (Eisteddfod Genedlaethol Caergybi, 1927) a 'Penyd' (Eisteddfod Treorci, 1928), sy'n un gerdd, mewn gwirionedd. Yn y bryddest gyntaf y mae yna 'Wraig' yn

tyngu llw o ffyddlondeb i'w gŵr marw, ac y mae'n dal at y ffyddlondeb hwn er gwaethaf ei greddf rywiol naturiol. Y mae'r gwrthdynnu rhwng ei llw – sydd yn rhywbeth dwfn, dwfn yn ei phersonoliaeth – a'i hangen corfforol yn peri iddi golli ei phwyll. Erbyn yr ail bryddest y mae'r Wraig mewn ysbyty'r meddyliau claf. Erbyn hyn y mae'n sôn am ei hiraeth am ei gŵr a'r gred gyndyn sydd ynddi y daw o'n ei ôl ati. Y mae'r gobaith hwnnw'n pylu, ond nid wedi llwyr ddiffodd, ar ddiwedd y gerdd. Sylw R. Williams Parry am yr ail bryddest oedd: 'Y mae ysbryd yn y tŷ hwn.' Hynny ydi, y mae yma rywbeth anesmwyth sydd yn ymgyrraedd at bethau goruwchnaturiol.

Y mae yna stori am y bryddest gyntaf, stori a ddywedodd Caradog Prichard amdano'i hun, sydd yn dangos pwysigrwydd geiriau iddo. Aeth â chopi o'i bryddest, yn hwyr, at Ysgrifennydd yr Eisteddfod – i Gaergybi, os cofiaf yn iawn – ac wrth ddod am adref ar ei foto-beic, arhosodd am baned yn rhywle a chlywed rhywun yn dweud y gair 'hysb', sef ffurf wrywaidd 'hesb'; neidiodd ar ei foto-beic a mynd yn ôl at yr ysgrifennydd a newid 'hesb' yn y bryddest yn 'hysb':

Y bore daeth y wawr i fathru'n greulon
  Dynerwch breuddwyd hysb y nos.

Enillodd Caradog Prichard y goron yn 1929 (Eisteddfod Lerpwl) am ei bryddest 'Y Gân ni Chanwyd'. Er nad yw'r 'Wraig', fel y cyfryw, yn y gerdd hon, eto y mae yna ffigwr y Sphinx, sydd yn symbol o'r gân ni chenir. Benywaidd ydi'r Sphinx, yr 'Anwylyd' fel y'i gelwir, y Fam Fawr gyntefig, ac y mae llinell arwyddocaol iawn amdani yn y bryddest:

Yn nydd ysblennydd Ei hymennydd iach.

Hynny ydi, y mae yna rywbeth o'i le ar y Fam Fawr;

hynny ydi, y mae yna ryw nam ar y cread. Y mae sefyllfa bersonol y bardd wedi lliwio ei agwedd at fywyd drwyddo draw. Yn 'Terfysgoedd Daear', pryddest anfuddugol(!) Eisteddfod Dinbych, 1939, sonnir am 'nyni, ddiderfysg dyrfa'r hunanleiddiaid', fel pe bai mewn dyn ryw anghyflawnder yn y bywyd hwn ac arno raid 'i geisio'r duwdod sy fyth y tu hwnt i'w afael'.

Y mae ei nofel fawr *Un Nos Ola Leuad* yn perthyn i'r un math o feddylwaith ag sydd yna yn y cerddi hyn – ond ei bod hi, ar wahân i ambell ddarn, mewn tafodiaith. Y mae, meddai'r awdur, 'brith-gofion bore oes yn sail i ambell ddigwyddiad', ond y mae J. Elwyn Hughes wedi dangos, yn fanwl, y cysylltiadau rhwng cymeriadau Bethesda a mannau yno â'r nofel. Y mae hi'n nofel ryfedd: o fewn y bennod gyntaf fe geir prifathro, Preis Sgŵl, yn mynd â Jini Bach Pen Cae efo fo i fan ar wahân; y mae yna ddynion yn cario dodrefn Catrin Jên Lôn Isa o'i thŷ er mwyn ei throi allan; y mae Harri Bach Clocsia yn agor ei falog ac yn tynnu ei bidlan allan; y mae Huw, un o gyfeillion y prif gymeriad, yn taflu geneth i lawr ac yn codi'i dillad hi; y mae yna sôn am Wil Pen Pennog yn ei foddi'i hun; y mae Wil Elis yn cael ffit ac yn rowlio'n y llwch ar ganol y ffordd; y mae hi'n mynd yn gwffas rhwng Yncl Now Moi a'i Fam o; y mae Em, brawd mawr Now Bach Glo, yn farw yn ei arch ar ôl iddo ddod adref o'r seilam; y mae Now Morus Llan a Bob Robaits Ceunant yn waldio'i gilydd; y mae Ffranc Bee Hive yn 'gorfadd ar ben Gres Elin a dest â'i mygu hi'; a chyn diwedd y bennod y mae Yncl Now Moi wedi'i grogi'i hun yn y tŷ bach ac y mae Jini Bach Pen Cae a Catrin Jên Lôn Isa wedi mynd i'r seilam. Byddai'r catalog hwn yn chwerthinllyd oni bai ei fod o mor rhyfeddol o drist a 'gwallgof' yng nghyd-destun y nofel.

Dyn mewn tipyn o oed sy'n adrodd y stori, ac y mae o wedi bod 'i ffwrdd' er pan ddaliwyd o ar ôl iddo fo ladd Jini Bach Pen Cae pan oedd o'n hogyn. Y mae'n dod yn

ei ôl i'w hen fro ac yn mynd ar daith tuag at ryw Lyn Du; y mae'r daith hefyd yn daith trwy ei blentyndod, fel bod y nofel yn gymysgedd o'i bresennol a'i orffennol. Y prif ddigwyddiad yn y gorffennol hwnnw ydi gwallgofrwydd ei fam. Crybwyllir y daith enbyd ym Moto Siop Gornal o'i fro. I ble? 'Seilam, medda fi wrtha fi'n hun.' Dyma inni Caradog Prichard yn wynebu'r gair hwn – seilam – o ddifrif, yn achos ei fam, am y tro cyntaf, achos 'ysbyty'r meddyliau claf' ydi ei enw am y lle'n arferol. Y peth dwysaf yn y nofel, ac un o'r pethau tristaf yn ein llenyddiaeth, ydi hanes yr hogyn yn disgwyl yn y seilam, nes y daeth dynas ddiarth i mewn ato a rhoi parsal bach iddo.

Fedrwn i ddim deud dim byd, dim ond sbio ar y parsal bychan oedd yn fy llaw dde i a'r modrwya yn fy llaw chwith i. Ac yn treio meddwl sud oeddan nhw wedi cael dillad Mam i gyd yn barsal mor fychan.
A wedyn dyma fi'n dechra crio...

Y mae Caradog Prichard wedi wynebu loes ei fywyd, y gair 'seilam', gwallgofrwydd ei fam a'r 'gwarth' yn hynny. Gweithiodd allan ei iachawdwriaeth trwy ofn a dychryn.

Ac y mae perthynas bachgen a'i fam yn y nofel, fel ym mywyd yr awdur, yn cymryd agweddau mytholegol yn y ddwy Frenhines sydd yn y gwaith, sef Brenhines yr Wyddfa, Priodasferch y Person Hardd; a Brenhines y Llyn Du, gwrthodedig y Person Hardd. Ac yma, yn niwedd y nofel ac yn niwedd llefarydd y nofel, fe gawn ni ddwy agwedd ar ryw undod cymhleth, cyfrin, gogoneddus a dychrynllyd sydd weithiau'n codi o isymwybod ein hil.

Ar ôl iddo ysgrifennu ei bryddestau a'r nofel hon, yr oedd Caradog Prichard wedi dweud yr hyn yr oedd arno fo'n wirioneddol eisio'i ddweud.

Caradog Prichard, *Canu Cynnar* (Hughes a'i Fab, 1937); *Un Nos Ola Leuad* (Gee, 1961)

25

TREFYNWY

Y dref lle magwyd Sieffre o Fynwy
(c.1100–1155), clerigwr ac awdur
llyfrau Lladin am hanes ynysoedd
Prydain, y dewin Myrddin a'r Brenin
Arthur.

LLEOLIAD

Tref farchnad hardd ydi Trefynwy ar lannau afon Gwy.
Fel pob tref farchnad, y mae ffyrdd yn arwain ati o sawl
cyfeiriad – yr A40 i Gasnewydd a Rhosan ar Wy, a'r A466
i Gas-gwent a Henffordd. Dyma dref sy'n groesffordd ar
y Gororau.

CYFEIRNOD

SO507128   G 51° 81.2229 Gn 002° 71.5448

Nid Cymro oedd Sieffre o Fynwy (Galfridus Monemutensis, fel y galwai ei hun; neu Galfridus Artur, ar ôl ei dad efallai). Fe'i ganwyd tua 1100. Yn sgil y Normaniaid y daeth ei deulu i Drefynwy, a theulu o Lydawyr oedd y teulu hwnnw, fe gredir. Yr oedd gan Sieffre ddiddordeb yn Llydaw, ac yn y cysylltiad rhwng y Llydawyr a'r Cymry. Pan oedd yn ŵr ifanc fe aeth i Rydychen i fod yn ganon, mae'n debyg, ac yn athro. Cysegrwyd o'n Esgob Llanelwy yn 1152, ond go brin iddo erioed ymweld â'r esgobaeth 'ddinod' honno – dinod o safbwynt Normanaidd. Fe fu farw yn 1155.

Yn Lladin yr ysgrifennai Sieffre, a'i ddau gyfansoddiad mawr ydi ei *Historia Regum Britanniae* (Hanes Brenhinoedd Prydain, 1136) a cherdd o'r enw *Vita Merlini* (Bywyd Myrddin, tua 1148). Honnai Sieffre mai cyfieithu ei ddefnydd o 'lyfr hen iawn mewn iaith Frytanaidd' (Cymraeg, y mae'n debyg) a ddangosodd Gwallter, Archddiacon Rhydychen, iddo yr oedd. Efallai fod rhywfaint o wir yn hyn; yn sicr, y mae olion gwaith 'haneswyr' cynharach Prydain a thraddodiadau Cymreig arno. Ond am y rhan fwyaf o honiadau Sieffre, 'sgersli bilîf' ydi'r geiriau sy'n dod gyntaf i enau amryw. Gellid ei alw'n gelwyddgi, fel y gwnâi Gerallt Gymro, er enghraifft. Sonia ef am ryw Feilyr, a oedd yn gweld ysbrydion aflan ac yn gallu synhwyro celwyddau. Ar ôl i ysbrydion aflan ei ormesu ryw dro, dodwyd Efengyl Ioan ar ei fynwes, ac fe ddaru nhw hedfan ymaith; ar achlysur arall, dodwyd 'Hanes' Sieffre Arthur' arno a daeth yr ysbrydion aflan yno'n lleng ar ei gorff, ac ar y llyfr hefyd. Ond yn hytrach na galw Sieffre'n gelwyddgi, fe'i galwn ni o'n ŵr o ddychymyg anarferol.

Bu copïo mawr ar ei waith, peth sy'n arwydd o'i boblogrwydd, ac fe'i cyfieithwyd i'r Gymraeg o leiaf dair gwaith cyn diwedd y drydedd ganrif ar ddeg. Yr enw arferol ar y gwaith yn Gymraeg ydi *Brut y Brenhinedd* ('brut' ar ôl Brutus, un o hynafiaid dychmygol y Brytaniaid, ac un

a arweiniwyd i Brydain gan eiriau'r dduwies Diana). Un fersiwn ydi *Brut Dingestow* (neu Llanddingad, Sir Fynwy) o tua 1300.

Un stori a geir gan Sieffre ydi honno am y Brenin Llŷr, yr un, meddai, a adeiladodd Gaerlŷr (Leicester). Y mae'r chwedl yn debyg iawn i'r un a ddefnyddiodd Shakespeare yn ei *King Lear*, ond bod y diwedd yn wahanol. Roedd gan y brenin dair o ferched, Goronila, Rhagaw a Cordelia. Ceisiodd gael gwybod pwy o'i ferched a'i carai fwyaf. Cafwyd honiadau o gariad mawr gan y ddwy gyntaf, a rhoddwyd darnau o Brydain iddyn nhw. Ond dweud ei bod yn ei garu 'fel y dyliai merch garu ei thad' a wnaeth Cordelia, a chafodd hi ddim rhan o'r ynys. Priododd y tair chwaer, efo penaethiaid – yn eu trefn – yr Alban, Cernyw a Ffrainc. Pan oedd Llŷr yn hen, gwrthododd y ddwy hynaf eu tad, ond derbyniwyd ef gan Cordelia. Heliodd Llŷr fyddin yn Ffrainc, gorchfygu ei elynion yno a theyrnasu eto hyd ei farwolaeth.

Ond y ddau gymeriad mawr a geir yn yr *Hanes* ydi Myrddin ac Arthur, yn enwedig y diwethaf. Yr oedd Arthur yn bod yn y traddodiad hanesyddol-chwedlonol Cymraeg cyn Sieffre, ond y fo a'i dyrchafodd yn un o gymeriadau mawr y byd. Daeth Arthur fab Uthr Bendragon yn frenin Prydain 'o gydsyniedigaeth pawb'. Ymladd y mae yn erbyn 'yr ysgymunedigion Saeson'. Cyn un frwydr anoga Dyfrig, Archesgob Caerllion ar Wysg, y Brytaniaid i frwydro'n wrol dros eu gwlad, ac arfogir Arthur â 'llurig oedd deilwng i frenin'; ar ei ben fe ddodwyd 'helm euraid, a draig yn ysgythredig arni':

A Gwen, tarian Arthur, a osodwyd ar ei ysgwydd, ac yn honno yr oedd delw yr Arglwyddes Fair... Ac ar ei glun y dodwyd Caledfwlch, y cleddyf gorau, yr hwn a wnaethpwyd yn ynys Afallach. Glaif [gwaywffon] a roddwyd yn ei law, yr hon a elwid Rhon.

Wedi'i arfogi, y mae'r brenin yn barod i frwydro. Ond dydi pethau ddim yn rhy dda ar y Brytaniaid, nes i Arthur wylltio:

Ac ar hynny, tynnu Caledfwlch o'i wain a wnaeth... gan alw enw Duw a'r Arglwyddes Fair, ac o fuan ruthr cyrchu [ymosod] yn y lle tewaf y gwelai fyddinoedd y Saeson. Ac ni orffwysodd hyd oni laddodd – ei hun, â'i un cleddyf – ddeng wŷr a thrigain a phedwar cannwr [= 470].

Y Brytaniaid a orfu.

Y mae'n priodi Gwenhwyfar – 'a phryd a thegwch y wraig honno a orchfygai holl wragedd ynys Prydain' – ac yn mynd yn ei flaen i goncro gelynion, dros y môr yn ogystal ag ym Mhrydain. Sefydlodd ei lys yng Nghaerllion ar Wysg. Yn y man y mae Lles, Ymerawdwr Rhufain, yn cyhuddo Arthur o ynfydrwydd ac o atal 'Teyrnged' iddo fo. Doedd Arthur ddim yn un i dderbyn y fath sen, a chan adael Prydain yng ngofal Gwenhwyfar a Medrawd, ei nai, i ffwrdd ag o a'i lu. Ar ôl brwydro creulon, enillodd Arthur y dydd. Ond pan oedd ar ei ffordd yn ôl, yn Ffrainc, daeth y newydd fod Medrawd wedi cymryd y frenhines yn gariad ac wedi meddiannu Prydain.

Daw Arthur a'i lu drosodd i hawlio'i deyrnas, ac y mae hi'n mynd yn frwydro mawr. Yn y diwedd, daw Medrawd, y 'bradwr twyllwr ysgymun', wyneb yn wyneb ag Arthur ar faes Camlan. Lladdwyd Medrawd, ond honno oedd y 'frwydr galetaf o'r a fu yn ynys Prydain'. Beth sy'n digwydd i Arthur? Y mae hanes ei ddiwedd yn siomedig o swta:

yr ardderchog frenin Arthur a frathwyd [glwyfwyd] yn angeuol, ac oddi yno a dducpwyd hyd yn ynys Afallach i iacháu ei welïoedd [clwyfau]. Ac ni ddywed y llyfyr amdano a fo ddiheuach [sicrach] na hysbysach na hynny.

Ond, nid diwedd Arthur sydd yma, ond dechrau ei enwogrwydd byd-eang.

Historia Regum Britanniae (Hanes Brenhinoedd Prydain, 1136)
Vita Merlini (Bywyd Myrddin, tua 1148)
Henry Lewis (gol.), *Brut Dingestow* (GPC, 1942)

26

DINAS EMRYS

Safle hen fryn-gaer yn ne Eryri. Yma y lleolir chwedl Emrys a Gwrtheyrn.

LLEOLIAD

Ar ganol dyffryn hardd Nant Gwynant y mae craig serth yn codi ar lan Llyn Dinas. Daw'r A498 o fewn llathenni i'w godre wrth ymlwybro o Feddgelert i Gapel Curig.

CYFEIRNOD

SH620498   G 53° 02.8194 Gn 004° 05.7742

Ceir ffurf gynnar iawn ar hen chwedl am Ddinas Emrys yn y gwaith Lladin o ddechrau'r nawfed ganrif, *Historia Brittonum* (Hanes y Brytaniaid), a dadogwyd ar Nennius, sef mynach o Gymro, er bod dadlau am hyn ers tro bellach. Fe gasglodd ynghyd, meddai, y cyfan y gallai gael gafael arno am y Brytaniaid o 'gofnodion' y Rhufeiniaid, y Tadau Eglwysig, a'r Gwyddelod a'r Saeson, ac o 'draddodiad' ein 'hynafiaid ni', sef y Cymry. Un o'r 'traddodiadau' oedd hanes Ambrosius, neu Emrys yn Gymraeg. Fe gafwyd fersiwn ddiweddarach gan Sieffre o Fynwy.

Un o arch-fradwyr Prydain oedd Gwrtheyrn (er gwaethaf y ganolfan dysgu Cymraeg sydd yn y lle sydd yn dwyn ei enw). Ystyr ei enw ydi 'y gor-frenin' neu'r 'arch-frenin'. Y mae ei enw-deitl yn awgrymu ei fod yn frenin goruwch brenhinoedd eraill Prydain, mewn cyfnod ar ôl teyrnasiad y Rhufeiniaid yma, dyweder tua 400 oc. Yn ystod ei deyrnasiad fe ddaeth Saeson drosodd o'r cyfandir gyda'u harweinwyr Hors a Hengist. Ow! ac alaeth! fe gawsant groeso gan Gwrtheyrn yn ne-ddwyrain Prydain, a rhoddodd Ynys Thanet iddyn nhw. Yno fe amlhasant, nes dechrau peri pryder i'r brodorion. Anfonodd Hengist am ychwaneg o Saeson o dros y môr, a chyda hwy daeth ei ferch dlos o'i hun. Yna fe drefnodd Hengist wledd i Gwrtheyrn a'i filwyr – a'i ladmerydd, Ceredig. Cyn pen fawr o dro roedd Gwrtheyrn a'i griw'n feddw gaib. Fe ffansïodd Gwrtheyrn ferch Hengist, gan addo i'w thad hyd at hanner ei deyrnas amdani. Ac fe'i priododd hi, a rhoi cyfran o'i deyrnas i'r Saeson. "Gan fy mod i'n dad [h.y. yng nghyfraith] iti," meddai Hengist, "beth am inni wahodd mwy o 'mhobol i drosodd i dy helpu di yn erbyn y Pictiaid a'r Sgotiaid?" "Iawn," meddai Gwrtheyrn.

Yn y cyfamser, fel yr oedd o'n colli gafael ar ei deyrnas, dyma Gwrtheyrn yn mynd o'i chwmpas hi i ychwanegu'n sylweddol at ei bechodau trwy briodi ei ferch ei hun – a chael mab ganddi. Am hyn bu'n rhaid iddo encilio i Wynedd, i Eryri.

Yno roedd o â'i fryd ar godi caer gadarn i'w gadw'n ddiogel rhag ei elynion. Dechreuwyd ar y gwaith. Ond beth bynnag yr oedd y gweithwyr yn ei godi mewn diwrnod, roedd o'n diflannu'n ystod y nos. Pan fydd pethau fel hyn yn digwydd, dyna'r amser i gael gair â'ch dewiniaid (Ll. y gair unigol *magos*) neu, yn fwy cywir yn yr achos hwn, eich derwyddon. A dyma hwythau, fel pobol ddoeth, yn awgrymu wrth Gwrtheyrn fod yn rhaid taenu gwaed plentyn heb dad ar y seiliau – gan deimlo'n ddiogel nad oedd y fath beth yn bod.

Ond dyma Gwrtheyrn yn eu cymryd ar eu gair ac yn anfon cenhadau i chwilio am blentyn heb dad. Ac, yn wir i chi, fe ddaethon nhw o hyd i un yng Nglywysing, sef de-ddwyrain Cymru. Bachgen oedd o. A dyma'r cenhadau'n mynd ag o at Gwrtheyrn. Pan esboniwyd iddo beth oedd ei ran, dyma'r bachgen yn gofyn – yn ddigon naturiol – "Pwy ddywedodd hyn?" "Fy nerwyddon," meddai Gwrtheyrn. "Tyrd â nhw yma," meddai'r bachgen. A phan ddaethon nhw, "Pwy ddatguddiodd ichi'r ffordd o godi'r gaer?" gofynnodd y bachgen. Dim ateb. "Beth sydd o dan y palmant yma?" gofynnodd y bachgen. "Dydym ni ddim yn gwybod," meddai'r derwyddon – does yna ddim i'n synnu ni yn yr ateb yna. "Yn y palmant yma y mae yna lyn," meddai'r bachgen. "Cloddiwch." Dyma gloddio, a darganfod y llyn. "Beth sydd yn y llyn?" gofynnodd i'r derwyddon. Distawrwydd llethol. "Mi ddweda i wrthych chi," meddai'r bachgen, "dau lestr." A dyna oedd yna. "Beth sydd rhwng y llestri hyn?" gofynnodd eto. Distawrwydd. "Y mae yna len," meddai yntau. Ac felly yr oedd. "A beth sydd yn y llen?" Mwy o ddistawrwydd. "Y mae yna ddau bryf [creadur]," meddai'r bachgen, "a'r rheini'n ymladd â'i gilydd, un coch ac un gwyn. Gwyliwch." Y maen nhw'n gweld yr un gwyn yn ennill am ysbaid, ond yna'r un coch yn bwrw iddi ac yn trechu gan daflu'r un gwyn dros erchwyn y llen, a'i erlid ar draws y llyn. Yna diflannodd y llen. "Beth ydi ystyr hyn?" gofynnodd y bachgen. O'r distawrwydd disgwyliedig daeth ateb y derwyddon, "Wyddom ni ddim."

"Dyma ystyr y cyfan," meddai'r bachgen. "Y mae'r llen yn cynrychioli dy deyrnas di, Gwrtheyrn. Y llyn – llun o'r byd ydi o. Y mae'r pryf coch yn cynrychioli dy ddraig di, yr un gwyn yn cynrychioli draig y rhai sydd wedi cipio bron y cyfan o Brydain. Ond yn y man fe gwyd ein cenedl ni a gyrru'r Saeson dros y môr." Dyma un o'r proffwydoliaethau cyntaf (o amryw) am ddyfodol cenedl y Cymry. Yna, meddai'r bachgen wrth Gwrtheyrn, "Rhaid i ti adael y gaer hon, ac adeiladu un yn rhywle arall." "Beth ydi d'enw di?" gofynnodd Gwrtheyrn. Atebodd y bachgen, "Ambrosius [Emrys] ydw i" – Emrys Wledig wedyn. "O ba dylwyth wyt ti?" Yna, dyma'r mab heb dad yn dweud, "Un o gonswliaid cenedl y Rhufeiniaid oedd fy nhad."

Yna, dyma Gwrtheyrn a'i dderwyddon yn pacio'u bagiau ac yn mynd, ac Emrys yn meddiannu Dinas Emrys, a rhannau eraill o Brydain. A dyna inni ddiwedd hapus i'r stori. A hyd yn hyn, stori goruchafiaeth Emrys – trwy groen ei ddannedd – ydi hi. Am ba hyd sydd gwestiwn arall.

Ifor Williams, *Hen Chwedlau* (GPC, 1949)

LLYN Y FAN FACH

Y llyn ym mhlwyf Llanddeusant, Sir Gaerfyrddin, a gysylltir â'r chwedl enwog am fab o'r byd hwn yn cael merch o fyd y tylwyth teg yn wraig, ac yna'n ei cholli.

LLEOLIAD

Y mae Llyn y Fan Fach yng ngodre dwyreiniol y Mynydd Du yn Sir Gaerfyrddin.

CYFEIRNOD

SN802219   G 51° 88.2214 Gn 003° 74.0593

Un tro, mewn lle o'r enw Blaen Sawdde ym mhlwyf Llanddeusant, Sir Gaerfyrddin, roedd yna wraig weddw a'i mab yn byw. Un diwrnod dyma'r mab hwn yn gweld peth na welsai erioed o'r blaen – na neb arall ychwaith, o ran hynny – sef merch arallfydol o brydferth yn eistedd ar wyneb Llyn y Fan Fach, yn cribo ei gwallt. Y cwbwl oedd ganddo oedd tipyn o fara haidd a chwlffyn o gaws, felly dyma fo'n cynnig y rheini iddi. Daeth hi'n ddigon agos i weld y cynnig, ac i ddweud:

"Cras dy fara
   Nid hawdd fy nala,"

cyn suddo o dan y dŵr.

Dyma'r llanc yn mynd adref a dweud wrth ei fam beth oedd wedi digwydd. "Dos â bara mwy gwlyddaidd gyda thi," oedd ei chyngor hi. A dyna a wnaeth o. Bu wrth y llyn am hydion cyn i'r ferch ymddangos. Cynigiodd yntau'r bara gwlyddaidd iddi, ond doedd o ddim yn ddigon da.

"Llaith dy fara,
   Ti ni chara,"

meddai hi y tro hwn, a suddo eto – ond gan wenu.

Adref â'r mab eto. Awgrymodd y fam – gan feddwl fod hon yn ferch go barticlar – fod ei mab yn mynd â bara wedi'i led-grasu y tro hwn. At y llyn ag o, ac aros am hir. Yna gwelodd rywbeth arall na welodd o erioed ynghynt, sef gwartheg yn cerdded ar wyneb y dŵr. Yna ymddangosodd y ferch, gwenu, gadael iddo afael yn ei llaw a derbyn y bara. Achubodd yntau ar ei gyfle i ofyn iddi fod yn wraig iddo. Er bod hyn braidd yn sydyn, cytunodd; ond gan ychwanegu amod, digon rhesymol, sef y byddai'n ei adael petai'n rhoi tair ergyd iddi heb achos. I lawr â hi eto.

Ond cyn pen dim wele anferth o henwr, llwyd ei

gudynnau, yn ymddangos o'r dŵr, gyda'r ferch, a chydag un arall yn union yr un fath â hi. P'run oedd p'run? Fyddai'r llanc byth wedi medru dweud heb i un o'r ddwy wthio'i throed ymlaen rhyw fymryn.

"Hon'na," meddai'r mab.

"Iawn," meddai'r tad. "Ac fe rof i, fel gwaddol priodas iddi, gymaint o ddefaid a gwartheg a moch ag y gall hi eu cyfrif ar un gwynt. Ond," meddai, "os trewi di hi dair gwaith, heb achos, yna fe ddychwelith hi i'r llyn."

Yna dechreuodd hi gyfrif ar garlam, fesul pump, "Undautripedwarpump, undautripedwarpump," ac ymlaen, a dechreuodd gorymdaith o ddefaid a gwartheg a moch ddyrchafu o'r llyn. Fe aeth y pâr priod i fyw i le o'r enw Esgair Llaethdy, ger pentref Myddfai, ac yno y buon nhw'n hapus am sbelan go hir, a chael tri o fechgyn.

Yna, un dydd, roedd y ddau ohonyn nhw i fod i fynd i fedydd, a hithau'n anfodlon iawn i fynd. "Dos i mo'yn y merlyn," meddai'r gŵr wrthi, tra oedd o'n mynd i'r tŷ. Pan ddaeth allan, doedd hi ddim wedi mynd. Dyma yntau ati a rhoi ei law'n ysgafn ar ei hysgwydd a dweud, "Dos, dos." Er mawr syndod iddo dyma hi'n dweud, "Dyna un ergyd ddiachos. Bydd yn ofalus."

Dro arall, roedden nhw mewn priodas, a dyma hi'n dechrau beichio crio. Dyma yntau'n rhoi ei law'n ysgafn ar ei hysgwydd, ac yn gofyn iddi pam yr oedd hi'n crio. "Am fod y cwpwl ifanc yn mynd i wynebu trwbwl mawr. Ac fe fyddi dithau mewn trwbwl hefyd, os gwnei di fy nharo i eto. Dyma ti'n awr wedi fy nharo i ddwywaith heb achos." Roedd y cyffyrddiadau ysgafnaf hyn yn cyfrif fel 'trawiadau' iddi hi.

Bu'r gŵr yn ofalus am rai blynyddoedd, ac roedd y bechgyn wedi tyfu'n ddynion, pan gafodd y pâr eu hunain mewn angladd. Er mawr syndod i bawb dyma hi'n dechrau chwerthin. Cyffyrddodd yntau hi a gofyn pam yr oedd hi'n chwerthin. "Pan fydd pobol yn marw maen nhw'n gadael eu

pryderon," meddai hithau. "A dyna'r trydydd trawiad heb achos. Ffarwél."

Ac i ffwrdd â hi. Ond, hefyd, i ffwrdd â'r anifeiliaid, a hithau'n eu galw gerfydd eu henwau. Dyma fel y galwodd – a chryn gamp oedd hynny – ar y gwartheg:

"Mu wlfrech, Moelfrech,
 Mu olfrech, Gwynfrech,
 Pedair cae tonfrech,
 Yr hen Wynebwen,
 A'r las Geigen,
 Gyda'r tarw gwyn
 O lys y Brenin,
 A'r llo du bach
 Sydd ar y bach,
 Dere dithe yn iach adre!"

A dyna hi'n *exit* cyffredinol – gan gynnwys y llo oedd wedi'i ladd ac yn hongian ar fachyn, a chan gynnwys yr ychen oedd yn aredig. I mewn â'r cyfan i'r llyn, gyda'r aradr yn gadael rhych ar ei hôl sydd i'w gweld yn y lle hyd heddiw, meddir.

Ond fe ddywedir fod y fam yn ymddangos i'w meibion o bryd i'w gilydd, gan roddi iddyn nhw wybodaeth am feddygaeth a meddyginiaethau, a rhoi bod i Feddygon Myddfai.

Fel sylw ar y stori, gallwn ddweud fod y tri achlysur lle y 'trawyd' y wraig yn rhai'n ymwneud ag amgylchiadau Cristnogol: bedydd, priodas ac angladd. Y mae ymateb y wraig yn groes i'r disgwyl, neu'n groes i 'reswm', a dyna inni un o nodweddion Annwn, y Byd Arall. Ac y mae Llyn y Fan Fach yn lle y gellir teimlo ynddo agosrwydd y byd rhyfedd hwnnw.

SYCHARTH

Ceir olion llys Owain Glyn Dŵr (c.1359–c.1415) yn Sycharth ym Mhowys. Ceir cofnod amdano yng ngwaith y bardd Iolo Goch (c.1320–c.1398).

LLEOLIAD

Y mae Sycharth ar lôn gul sydd yn mynd o'r B4580 ger Llansilin am y B4396 sydd yn mynd i Langedwyn.

CYFEIRNOD

SJ205259   G 52° 82.4793   Gn 003° 18.0641

Gair yn ei Le

Yng Nglyndyfrdwy ar 16 Medi 1400 cyhoeddwyd fod Owain Glyn Dŵr yn Dywysog Cymru, a dyma ddechrau'r gwrthryfel mwyaf cyffrous yn hanes ein gwlad. Ganwyd Owain tua 1359; y mae'n cael ei grybwyll yn nogfennau llywodraeth Lloegr am y tro olaf ar 24 Chwefror 1415, ond efallai ei fod wedi marw cyn hynny. Roedd yn ddisgynnydd o dywysogion Cymreig Powys o du Gruffudd, ei dad, ac o dywysogion y Deheubarth o du Elen, ei fam, ac yr oedd wedi ei drwytho yn hen hanes a hen broffwydoliaethau gwleidyddol ei genedl. Tua 1383 priododd Margaret, merch Syr David Hanmer, o deulu dylanwadol marchogion a oedd wedi ymsefydlu ym Maelor Saesneg ar ororau Cymru – yr oedd Syr David yn un o gyfreithwyr nodedig ei gyfnod. Yn llanc, fe dreuliodd Owain gyfnod yn Ysbytai'r Frawdlys, canolfan y gyfraith, yn Llundain, a gwasanaethodd ym myddin Brenin Lloegr.

Achos amlycaf gwrthryfel Glyn Dŵr oedd ffrae a fu rhyngddo a'i gymydog, yr Arglwydd Grey o Ruthun, am ffiniau tiroedd, ac agwedd drahaus ac anonest Senedd Lloegr at y ffrae. Yr oedd amryfal achosion eraill yn corddi yn y buddai hefyd. Bu gwrthryfel Glyn Dŵr yn llwyddiannus iawn am gyfnod, ac enillodd y Cymry frwydrau trawiadol, cyn i'r cyfan ddirwyn i ben (mewn un ffordd) erbyn 1410. Ymysg dyheadau cenedlaethol Owain yr oedd sefydlu senedd i Gymru, ym Machynlleth, a phrifysgol i Gymru.

Owain Glyn Dŵr ydi prif arwr cenedlaethol y Cymry, y mae ei fri'n mynd y tu hwnt i lyfrau hanes, fel y pwysleisiodd Rees Davies. Fel arwr o'r fath y mae wedi mynd yn rhan nid yn unig o'n hanes, ond o'n mytholeg. Fel y nodir yn ffilm y cyfarwyddwr John Ford, *The Man Who Shot Liberty Valance*, lle y mae hi'n ddewis rhwng gwir llythrennol a myth, 'cyhoeddwch y myth'.

Y llys a gysylltir amlaf ag Owain Glyn Dŵr ydi ei lys yn Sycharth, Llansilin, lle – fel y mae'n gywilydd inni – nad yw wedi ei nodi'n eglur i ymwelwyr. Yno y mae olion llys ein harwr. Yn ffodus iawn y mae gennym ddisgrifiad o'r lle

gan Iolo Goch. Sonia'r bardd ei fod wedi darofyn mynd yno ddwywaith, ac yn awr y mae'n mynd:

I'w lys ar ddyfrys ydd af, [ydd af = yr af]
O'r deucant odidocaf.
Llys barwn, lle syberwyd, [syberwyd = uchelwriaeth, cwrteisi]
Lle daw beirdd aml, lle da byd...

Dyma sut le oedd Sycharth:

Mewn eurgylch dwfr mewn argae...
        ... pont ar y llyn,
Ac unporth lle'r âi ganpyn.

Y mae dŵr o'i gwmpas, a phont i fynd at y porth, trwy ba un yr âi 'can pwn', sef llawer iawn o nwyddau. Sonnir am adeiladwaith y llys gan ddefnyddio'r gair 'cyplau' am gyswllt y trawstiau a'r gwaith coed. Y mae'r lle, meddai Iolo, fel Eglwys Gadeiriol Sant Patrick yn Nulyn, neu Gloister Westminster. Cyfeiria at adeiladau ('tai') y llys, at y platiau ('plad') o goed oedd yno, ac at ei leoliad ar ben bryn:

Tai nawplad fold deunawplas,
Tai pren glân mewn top bryn glas.

Wrth sôn am 'lofftydd' y llys, noda un fel man 'lle cwsg clêr', sef y beirdd a ymwelai â Sycharth. Yna cyfeiria at nodweddion 'ffasiwn-newydd' y lle:

To teils ar bob tŷ talwg
        [llechi tŷ â'i dalcen yn gwgu neu ogwyddo]
A simnai ni fagai fwg.
        [lle nad oedd mwg yn taro i'r ystafell]

Cyfeiria at y wardrob oedd yn y llys, sef man i gadw

amrywiaeth o bethau, nid dillad yn unig, un a fyddai'n atgoffa rhywun o siopau Cheapside yn Llundain. Yr oedd ffurf y lle'n debyg i ffurf eglwys, eglwys wedi ei gwyngalchu, ac yr oedd yno ffenestri gwydr lliw. Roedd yno bopty (y tu allan, o bosib); perllan; gwinllan; 'Melin deg ar ddifreg ddŵr' (dŵr llyfn); colomendy (i fagu colomennod i'w bwyta); pysgodlyn, lle'r oedd yna 'benhwyaid' (*pike*) a 'gwyniaid' (*whiting*); tir bwrdd – ar gyfer rhai o anghenion y gegin a'r ford, megis crehyrod, peunod ac adar bwytadwy eraill; dolydd dymunol i dyfu gwair a grawn; parc cwningod; tir âr lle'r oedd yna aredig efo ceffylau; a pharc ceirw. Yma y byddai 'caith' neu daeogion Owain yn gweithio.

Yna daw'r bardd yn ei ôl i'r tŷ, gan sôn am ddiodydd oedd yno, megis cwrw Amwythig a 'bragodau brig', sef diodydd efo 'wyneb' arnyn nhw, fel Guinness, a:

> Pob llyn, bara gwyn a gwin, [llyn = diod]
> A'i gig a'i dân i'w gegin...
> A gwraig orau o'r gwragedd,
> Gwyn fy myd o'i gwin a'i medd!

Molir Margaret, gwraig Owain, a dywedir am ei blant eu bod yn 'Nythaid teg o benaethau'. Yna fe ddown at linellau mwyaf adnabyddus y gerdd:

> Anfynych iawn fai yno
> Weled na chlicied na chlo... [h.y. roedd yno groeso]
> Na gwall na newyn na gwarth,
> Na syched fyth yn Sycharth.

Yna sonnir am Owain ei hun – ac yma ceir un o'r cyfeiriadau prin at sut un oedd o – a chloir y gerdd gan sôn eto am y llys:

> Gŵr meingryf gorau mangre,
> A phiau'r llys, hoff yw'r lle.

Ym Mai 1403, llosgwyd Sycharth gan y Saeson.

Beth am yr arwr na fu farw? Yr oedd Owain yn rhan o hen sôn y Cymry am 'fab darogan', yr arwr Meseianaidd a achubai'r genedl o law'r Saeson. Erbyn amser Shakespeare yr oedd y myth ar gerdded (hyd yn oed os nad oedd rhai'n ei gymeradwyo) ei fod yn fwy na dynol.

Yn ein hamser ni y mae cân Dafydd Iwan, 'Ymhle mae Owain yn awr?', yn rhan o fyth Owain Glyn Dŵr.

Y mae'r ffaith na wyddom pryd na lle y bu farw a wnelo â hyn. Y cofnod nesaf o ran amser at gyfnod Glyn Dŵr ynghylch ei farwolaeth ydi un Adam o Frynbuga:

> Claddwyd ef yn y nos gan ei ddilynwyr. Ond darganfuwyd ei gladdedigaeth gan ei wrthwynebwyr; felly fe'i claddwyd drachefn. Ond y mae'r man y gorwedd ei gorff yn anhysbys.

Un o'r chwedlau mwyaf deniadol amdano ydi'r un lle y mae Owain, yn gynnar iawn un bore, yn cyfarfod Abad Glyn y Groes. "Rydych chi allan yn rhy fore, Abad," meddai Owain. "Na," oedd yr ateb, "chwi sydd yn rhy fore, o gan mlynedd." Dyna inni, wedyn, y darogan a geir mewn cerdd, i Ddafydd Goch, gan Lewys Glyn Cothi:

> Rhan dwy flynedd a hanner
> Darogan y berllan bêr:
> Fo gyfyd i'r byd o'r bedd
> Cnawd Owain cyn y diwedd.

Y mae'r Owain hwn yn anfarwol yn rhywle diamser, gydag Arthur, yn disgwyl y dydd pan fydd arnom ni ddigon o'u heisio nhw iddyn nhw ddod yn ôl.

Ceir testun hwylus o'r gerdd yn Thomas Parry (gol.), *The Oxford Book of Welsh Verse* (OUP, 1962), ac yn D. R. Johnston, *Gwaith Iolo Goch* (GPC, 1988).

29

PORTH CLAIS

Y man ar lan y dŵr yn Nyfed lle mae'r Twrch Trwyth yn glanio wedi iddo gael ei ymlid ar draws Môr Iwerddon gan y Brenin Arthur yn chwedl Culhwch ac Olwen.

LLEOLIAD

Prin y gallwch deithio ymhellach i'r de-orllewin yng Nghymru na Phorth Clais heb wlychu eich traed. Rhaid dilyn ffordd fechan am tua milltir o Dyddewi i'r gorllewin, gan aros wrth faes parcio lle y mae hafn ddofn yn y creigiau yn hafan i'r cychod bach i gyd – dyma Borth Clais.

CYFEIRNOD

SM741240   G 51° 86.9022 Gn 005° 28.1445   ☞

Un o chwedlau Cymraeg enwog yr Oesoedd Canol ydi chwedl 'Culhwch ac Olwen', a gyfansoddwyd, efallai, tua 1100, ac a gadwyd mewn llawysgrifau o gyfnod diweddarach a elwir yn *Llyfr Gwyn Rhydderch* a *Llyfr Coch Hergest.* Y mae hon yn llond sach o chwedl, ond y mae ei chynllun canolog yn eglur: y mae mam Culhwch yn marw; y mae ei dad, Cilydd, yn ailbriodi; y mae'r ail wraig hon, sef mam wen Culhwch, am iddo fo briodi ei merch hi. "Mae'n well gen i beidio," meddai yntau. "Os felly," meddai hithau, "chei di briodi neb ond Olwen, merch y Pencawr Ysbaddaden." Y munud y mae o'n clywed hyn, 'myned a wnaeth serch y forwyn ym mhob aelod iddo, er nas gwelsai erioed', meddai'r stori – roedd y math hyn o beth yn digwydd o bryd i'w gilydd yn yr Oesoedd Canol. "Pwy ydi o, pan mae o adre?" ydi swm a sylwedd cwestiwn Culhwch am yr Ysbaddaden yma. Does neb yn gwybod. Y mae hyn yn anfantais i un sydd wedi ymserchu. "Na phoena," meddai ei dad wrtho, "dos at dy gefnder y Brenin Arthur am gymorth – a thra rwyt ti yno, gofynna iddo fo dorri dy wallt di." Yr oedd mwy i hyn yn yr hen amser nag sydd yna heddiw, oherwydd roedd y torri gwallt yma'n dynodi fod bachgen wedi dod i oed. A dyna fu.

Ond, ysywaeth, doedd gan y Brenin Arthur ddim mwy o syniad am y forwyn a'i thad na neb arall; eithr dyma fo'n anfon rhai o'i farchogion i chwilio amdanyn nhw. I ffwrdd â nhw, a dod yn ôl ymhen blwyddyn mor ddi-glem â phan aethon nhw allan. Ond dyma yrru marchogion eto – a Chulhwch – i chwilio ymhellach. Ymhen hir a hwyr daethant i dŷ bugail o'r enw Custennin, lle'r oedd Olwen yn arfer dod i olchi ei phen bob dydd Sadwrn. Y mae'n amlwg fod Olwen yn werth y drafferth achos y mae'r chwedleuwr yn mynd i hwyl wrth ei disgrifio:

Daeth efo mantell sidan fflamgoch amdani, a gordorch o aur rhudd [coch] am ei mwnwgl, a pherlau gwerthfawr ynddi, a gemau rhudd. Roedd ei phen hi'n felynach na blodau'r banadl. Roedd ei chroen hi'n wynnach nag ewyn y don. Roedd ei phalfau [dwylo] a'i bysedd yn wynnach na phlanhigion ffa'r gors ymhlith mân raean ffynnon fyrlymus. Na golwg [llygaid] hebog efo'i blu newydd, na golwg gwalch yn ei drydydd plu newydd [= ar ei orau], nid oedd olwg tecach [na golwg Olwen]. Roedd ei dwyfron yn wynnach na bron alarch gwyn. Roedd ei deurudd yn gochach na blodau bysedd y cŵn [neu rosynnau]. Pwy bynnag a'i gwelai fe fyddai'n llawn o gariad ati. Pedair meillionen wen a dyfai yn y mannau lle'r elai. Ac am hynny y gelwid hi'n 'Olwen'.

Y mae Culhwch, fel y byddai rhywun yn disgwyl, yn datgan ei serch. Ond, "Mynnodd fy nhad na fydda i'n mynd efo gŵr heb ei ganiatâd o," meddai Olwen. Y mae hyn yn dod yn ddealladwy pan esbonia, "Achos fydd o ddim byw ond hyd nes i mi fynd efo gŵr." Ychwanega gyngor i Culhwch, "Os wyt ti'n mynd i ofyn i 'nhad amdana i, beth bynnag a ofynnith o iti ei gael, dywed y cei di o."

Dyma Culhwch i weld y cawr mawr Ysbaddaden (ystyr yr enw ydi 'draenen bigog'). Y mae Ysbaddaden yn cyflwyno Culhwch efo catalog o dasgau y bydd yn rhaid iddo eu cyflawni cyn cael priodi Olwen. Er bod y tasgau'n rhai anhraethol o anodd, "Mae hynny'n hawdd i mi," ydi ateb talog Culhwch bob tro. Un o'r tasgau ydi cael yr offer i dacluso Ysbaddaden erbyn y briodas, sef crib a siswrn i drin ei wallt. Ymhle y mae'r rhain i'w cael? Rhwng dwy glust y Twrch Trwyth, baedd eithriadol o anghymdeithasol a ffyrnig – a pha ryfedd, achos fe fu'n frenin unwaith nes i Dduw ei droi'n fochyn 'am ei bechod'. Yna ceir catalog arall o rai y mae'n rhaid eu cael i hela'r Twrch.

Pan ddaw hi'n amser i'w hela, y mae'n rhaid i Arthur a milwyr lawer fynd i Iwerddon i geisio cael gafael arno fo a'i epil o saith, a chael gafael – erbyn hyn – ar y 'grib, a'r ellyn [rasal], a'r gwellau [siswrn]' sydd rhwng ei glustiau. Fel dyn doeth, y mae Arthur yn anfon i holi a oes modd cael y pethau hyn heb ymladd. Negyddol – iawn – ydi'r ateb.

Yna, dyma'r Twrch a'i epil yn ei gwneud hi am Gymru, gan nofio, ac Arthur a'i wŷr ar eu holau mewn llong. 'Glanio a wnaeth y Twrch Trwyth ym Mhorth Clais, yn Nyfed.' A glanio a wnaeth Arthur a'i wŷr ym Mynyw (Tyddewi). Yma y mae'r helfa'n cychwyn go-iawn, efo Arthur a'i wŷr yn ymlid y Twrch a'i foch trwy amryw byd o lefydd, hyd at Gernyw. Yn yr helfa lladdwyd epil y Twrch a llawer o filwyr Arthur ond, yn y diwedd, gyrrwyd y Twrch i'r môr, yng Nghernyw: 'Ni wybuwyd fyth, o hynny allan, pa le yr aeth.' Eithr llwyddwyd i gael y grib, yr ellyn a'r gwellau.

Wrth gael ei dacluso efo'r offer hyn fe grafwyd Ysbaddaden i farwolaeth, llusgwyd ei gorff i'r dom a rhoddwyd ei ben ar bolyn y gadlys (buarth a llys). Ond – y mae'n dda gennym ddweud – dydi hyn yn tarfu dim ar y briodas nac ar hapusrwydd y pâr ifanc.

Gallwn nodi ei bod yn debyg fod elfennau hen iawn yn y chwedl hon. Un ohonyn nhw ydi'r Twrch a fu'n frenin. Y tebyg ydi mai baedd-dduw Celtaidd oedd y Twrch i ddechrau, ac fe gawn, yn y stori, esboniad Cristnogol am ei fodolaeth fel baedd. Wedyn, y mae yma sôn am grib ac ellyn a gwellau. Yn *Hanes y Brytaniaid* Nennius, ceir sôn am Gwrtheyrn yn priodi ei ferch ei hun, a mab yn cael ei eni iddyn nhw. Dywedodd Gwrtheyrn wrth ei ferch am fynd â'r plentyn at Garmon Sant, mewn synod, a dweud wrtho mai fo oedd y tad. Y mae Garmon yn dweud y byddai'n dad iddo ac na adawai iddo fynd "nes imi gael ellyn a gwellau a chrib, ac i ti gael eu rhoi i dy dad iawn". Â'r mab at Gwrtheyrn a dweud wrtho, "Ti ydi fy nhad, eillia fy mhen a chriba fy mhen." Y mae Gwrtheyrn yn gwylltio a mynd allan. Y peth arwyddocaol i ni ydi fod yr offer yn ymwneud â sefydlu perthynas yn y chwedl yna, ac felly hefyd yn chwedl *Culhwch*.

Yma, fel mewn mannau eraill yn yr hen Sir Benfro, y mae'n hawdd credu y gallwch chwi, oni fyddwch chwi'n ofalus, ddod wyneb yn wyneb â hen rymoedd megis, er enghraifft, y Twrch Trwyth.

Ceir fersiwn o'r testun gwreiddiol yn Rachel Bromwich a D. Simon Evans, *Culhwch ac Olwen* (GPC, 1988).
Gwyn Thomas, *Culhwch ac Olwen* (GPC, 1992)

Prynu ffarm yw prynu ffwdan,
Prynu gwaith yw benthyg arian.
Prynu gwael yw prynu o gwbwl,
Prynu dim yw prynu trwbwl.

YR HENDRE

Y fferm ym Mlaenannerch, Sir Aberteifi lle treuliodd y bardd Dic Jones (1934–2009) ei oes.

LLEOLIAD

Er nad yw'r Hendre ond tafliad carreg o'r A487 brysur ychydig i'r gogledd o Aberteifi, y mae'n dawel yno. Llecyn ydyw sydd wedi ei ddal rhwng y ffordd fawr a'r môr, i lawr ffordd fechan ger pentref Blaenannerch, lle y mae'r niwl yn aml yn llithro'n fud o'r heli.

CYFEIRNOD

SN260495   G 52° 11.6922 Gn 004° 54.1561

Gair yn ei Le

Sawl un, os gwn i, sydd yn gwybod enw llawn Dic Jones? Richard Lewis Jones oedd o, a theyrnged i'r bardd ydi mai fel 'Dic' y gwyddai pobol amdano. Y mae'r enw'n rhoi gwedd gartrefol i'w bersonoliaeth. Mewn ardal ac mewn cymdogaeth y mae enw anwes yn dechrau ei daith. Ardal Dic oedd gwaelod Sir Aberteifi, er mai ar ddyddyn bach o'r enw Pen-y-graig yn Nhre'r-ddôl y ganwyd o, a threuliodd ei oes fel amaethwr yn ffermio tir yr Hendre, Blaenannerch.

Y ffordd iawn o ddysgu cyfrinion cerdd dafod ydi ar lafar, yng nghwmni bardd neu feirdd eraill. Dyna oedd y drefn yng nghyfnod Beirdd yr Uchelwyr: athro a disgybl; a dyna oedd y drefn yng nghynefin Dic. Dysgodd ei grefft gyda beirdd y Cilie a'u cylch. Dyna inni farddoniaeth gymdeithasol – cymdeithasol o ran hyfforddiant ac o ran pynciau, i raddau helaeth. Y mae Dic yn enghraifft, fel y dywedir, o Fardd Gwlad. Y mae llawer o ganu Dic yn ganu i gydnabod yn y gymdeithas o'i gwmpas, ac amgylchiadau oedd o ddiddordeb i'r gymdeithas honno: fe gawn gerddi fel 'Ar Ymddeoliad y Parch. Rhys Thomas, Llechryd', 'I Mrs Tegryn Davies (Ar dderbyn ohoni fedal Syr T. H. Parry-Williams)' neu 'Cywydd Croeso i Sasiwn y De i Flaenannerch'. Oherwydd rhagoriaeth eu crefft y mae cerddi lleol fel hyn yn gallu bod yn gerddi eang eu hapêl. Wedyn, dyna inni gerddi o ddiddordeb cenedlaethol fel 'Baled y Llewod, 1971' neu 'Gywydd Marwnad "Lol"', ac amryw o'r cerddi wythnosol a ganai Dic ar bynciau amrywiol yn *Golwg*. Y mae amryw o'r cerddi hyn yn hwyliog iawn, a rhai'n wirioneddol ddigrif. Dyma bytiau o'r cywydd i *Lol*:

Aeth yn rhacs bethau'n Wrecsam
A gŵyr pawb o'r gorau pam, –
Y mae y wlad heb ddim "Lol"
Yn rhyfedd o ddifrifol...

Ar wedd yr Orsedd, ers tro,
Mae galar am ei gilio,
Yn afon hallt llifo wnaeth
Ar ruddiau'r archdderwyddiaeth...

Gall 'gŵr wrth grefft' – fel y dywedai'r hen feirdd – ganu i amryfal bynciau, a chanu'n gymen a chaboledig. Hynny ydi, y mae yna amryw o nodweddion Beirdd Gwlad medrus yn nodweddion, hefyd, o waith Beirdd yr Uchelwyr.

Yn y cyswllt hwn, diddorol oedd clywed am ddull Dic o gyfansoddi: ar y tractor, wrth ei waith, gan gofio'r union fannau hynny lle y daeth ambell linell iddo. Dyma'r dull llafar o gyfansoddi, a dull Beirdd yr Uchelwyr, yn ôl pob tebyg – dyna ichwi'r bardd Siôn Phylip o Fochras, ger Llandanwg, a allai fynd i orwedd ar ei wely a chodi oddi yno wedi cyfansoddi cywydd.

Fe ganodd Dic gerddi eraill ar amryfal bynciau, llawer ohonyn nhw'n rhai oedd at ddant y 'talyrnau' barddol. Yma eto, fe gawn arfer Beirdd Gwlad yn debyg i rai o arferion Beirdd yr Uchelwyr: y mae llawer o englynion y beirdd hynny – ar bynciau gwamal, ar bynciau go goch, a rhai wedi eu bwriadu i dynnu coes – yn y llawysgrifau sydd, yn ddi-os, yn englynion a gyfansoddwyd wrth i gwmni o feirdd rannu bwrdd ar wledd.

Y mae dwy awdl enwog Dic yn awdlau amaethwr, ac y mae grym yr elfennau naturiol sydd ar erwau'r Hendre – a grym pethau sylfaenol bywyd – ynddyn nhw, wedi eu mynegi gan grefftwr gyda'r medrusaf, un y mae ei gynghanedd yn 'canu', a chyda'r awen wir dan ei adenydd. Fe ddigwydd hynny yn yr awdlau ac mewn cerddi eraill hefyd, a dyma'r nodwedd sy'n gwneud y gŵr hwn, a'i galwai ei hun yn 'brydydd', yn wir 'awenydd'. Tra pery hen dylwyth y ddaear i hau a chynaeafu, a thra pery anifeiliaid a chenhedlu:

Bydd gwanwyn y gwanwynau – yn agor
Ystôr ei drysor ar hyd yr oesau.

Ond y mae ambell beth 'personol' gan y bardd, pynciau
o'i gartref, o'r Hendre ei hun, yn rhagori hyd yn oed ar
folawd ysbrydoledig fel yna. Er enghraifft, dyna'i gerdd i
'Delyth (fy merch) yn Ddeunaw Oed':

Deunaw oed yn dynodi
Deunaw oed fy henoed i.

Y mae un o uchafbwyntiau ei awen yn y dathliad dwys
yna; fel y mae yna uchafbwynt arall yn y galar cymhleth
a iasol-onest sydd yn ei 'Alarnad' i'w ferch fach Esyllt, a fu
farw'n bedwar mis oed:

Nid yw yfory yn difa hiraeth,
Nac ymwroli'n nacáu marwolaeth;
Fe ddeil pangfeydd ei alaeth – tra bo co',
Ei dawn i wylo yw gwerth dynoliaeth.

Bu farw'r bardd yn 2009.

Dic Jones, *Sgubo'r Storws* (Gomer, 1986); Dic Jones, *Os Hoffech
Wybod* (Gwasg Gwynedd, 1989)
Hefyd, *Cerddi Dic Jones yr Hendre* (Gomer, 2010).

31

6 WILTON STREET

Ganwyd y llenor a'r gwleidydd Saunders Lewis (1893–1985) yn Liscard, Wallasey ger Lerpwl. Symudodd i'r tŷ hwn pan oedd yn ddeg oed, a cheir arno blac yn dwyn ei enw.

LLEOLIAD

Stryd fechan yw Wilton Street, dafliad carreg o ganol pentref Liscard, sydd yn rhan o dref Wallasey ar benrhyn Cilgwri. O'r B5142 cymerwch Stryd Grosvenor, ac yna Ffordd Westminster. Y mae Wilton Street i'w chanfod hanner y ffordd i lawr y ffordd yma.

CYFEIRNOD

SJ308919   G 53° 41.9774 Gn 003° 04.1790

Yn 1 Falkland Road, Bolton-cum-Seacombe, Wallasey, y ganwyd Saunders Lewis yn 1893. Yr oedd yr un a ddeuai, yn y man, yn Babydd amlycaf Cymru yn hanfod o deulu o Fethodistiaid Calfinaidd dilychwin. Y Parchedig Lodwig Lewis oedd ei dad. Ei fam oedd Mary Margaret, merch i'r Dr Owen Thomas, awdur *Cofiant John Jones, Talysarn*. Bu mam Saunders farw yn 1900, a daeth ei chwaer, 'Auntie' Ellen Elizabeth, i ofalu amdano fo a'i ddau frawd, Owen a Ludwig. Y mae i'w fam a'i fodryb – fel ei wraig, wedyn – eu lle wrth greu ei agwedd gydymdeimladol at ferched.

Ymfudodd Owen i Ganada, a lladdwyd Ludwig yn y Rhyfel Mawr. Mynnodd Saunders Lewis ei hun fod cymdeithas ei fagwraeth yn gymdeithas 'uniaith Gymraeg, megis mewn pentref yn Sir Fôn', a daliai mai testun gwawd i Saeson oedd Saesneg Cymro Cymraeg. Un peth sy'n sicir, sef bod ei Suliau a'u pregethau'n gyfrwng i'w 'addysg yn y diwylliant Cymraeg' – er bod yr Ymneilltuaeth honno'n gallu bod yn ddigon diflas iddo. Un peth a ddywedodd ei dad wrtho oedd: "Ddaw dim ohonoch chi ['chi', sylwer], Saunders, nes y dowch chi at eich gwreiddiau." Hynny ydi, ei wreiddiau Cymraeg.

Yn chwech oed aeth i'r unig ysgol iddo ei mynychu, sef Liscard High School, ysgol a fynychid gan feibion dosbarth masnachol Lerpwl. Rhoddodd yr ysgol iddo hyder, y math o hyder sy'n creu arweinwyr – ystyrier, er enghraifft, gymaint o wleidyddion amlwg a addysgwyd mewn ysgolion preifat. Yn 1911 aeth i Brifysgol Lerpwl i astudio Saesneg (gyda pheth Ffrangeg). Yr oedd yn fynychwr y theatr ac yn ysgrifennu adolygiadau o ddramâu ar gyfer cylchgronau yng nghylch Lerpwl. Torrwyd ar ei yrfa yn y brifysgol gan y Rhyfel Mawr, lle bu'n swyddog gyda'r South Wales Borderers. Fe gafodd ei glwyfo. Un o'r hanesion y mae'n ei adrodd amdano'i hun yn y fyddin ydi hwnnw amdano'n mentro allan, ar ei ben ei hun, i Dir Neb, ac yn dod yn ddigon agos i weld Almaenwr ar ei ben ei hun: tynnodd ei wn, anelu ato, ac yna penderfynu peidio â saethu a mynd yn ei ôl i'w wâl. Ar ôl y rhyfel cwblhaodd ei gwrs B.A. yn ddisglair yn y brifysgol (1920), ac aeth yn ei flaen i wneud gradd ymchwil, M.A. O ran galwedigaeth, bu'n Llyfrgellydd Morgannwg ac yn Ddarlithydd yn Adran Gymraeg Prifysgol Cymru, Abertawe (1922), nes iddo gael ei ddiswyddo oherwydd ei ran, gyda D. J. Williams a Lewis Valentine, yn llosgi Ysgol Fomio Penyberth yn 1936: dyma un o'i dair gorchest wleidyddol ar ran Cymru. Am y weithred honno fe garcharwyd y tri yn Wormwood Scrubs. Saunders Lewis oedd yr unig un o'r tri i golli ei swydd oherwydd ei weithred. Ar ôl dod o'r carchar bu'n ei gynnal ei hun drwy newyddiadura, ffermio rhyw ychydig yn Llanfarian a dysgu mewn seminari Gatholig. Yn 1952 fe'i penodwyd yn Ddarlithydd yn Adran Gymraeg Prifysgol Cymru, Caerdydd, ac yno y bu nes iddo ymddeol.

Yr oedd yn un o'r rhai a sefydlodd Blaid Genedlaethol Cymru yn 1925, plaid y bu'n Llywydd arni o 1926 hyd 1945: dyma un arall o'i orchestion gwleidyddol.

Y drydedd orchest oedd ei ddarlith *Tynged yr Iaith* (1962).

Fe drodd at Eglwys Rufain yn 1932; ond, fel y dywedodd ei hun, ni fu 'credu' yn fater hawdd iddo; bu, fel y dywedodd, yn 'cario baich o amheuaeth ac o dywyllwch drwy fy oes, yn rhan annatod o'm ffydd a'm gobaith'. Yn 1924 priododd Margaret Gilcriest, Gwyddeles Brotestannaidd, rymus o genedlaethol.

Y mae un peth yn amlwg yng ngyrfa Saunders Lewis o'r dechrau, sef ei fod o'n rhywun penderfynol nad oedd wedi'i andwyo gan yr israddoldeb yr oedd magwraeth yng Nghymru yng nghyfnod ei ieuenctid o'n tueddu i'w fagu, israddoldeb a'r agwedd eithaf cyffredin a geid mewn llawer o ardaloedd Cymraeg nad oedd yr iaith yn da i ddim dros grib y mynydd agosaf. Efallai, o'r ochor arall, nad oedd ganddo yntau fawr o deimlad o beth oedd bod yn weithiwr digon tlodaidd ei fyd a sosialaidd ei fryd. Yr oedd ynddo ef (a'i ddau gyd-weithredwr ym Mhenyberth, nad oedden nhw o gefndir tebyg i un Lewis) y cadernid i ddewis cyflawni gweithred a oedd, yn 1936 dan y drefn Brydeinig, yn weithred 'feiddgar' (dyma un o'r geiriau allweddol wrth ystyried Saunders Lewis) o deyrnfradwriaeth, gan wybod beth fyddai canlyniadau'r fath weithred. Gyda phrofiad o wneud dewis mor dyngedfennol, dydi hi ddim yn syndod fod i 'ddewis' le mor ganolog yn amryw o'i ddramâu. Does fawr ryfedd fod Dirfodaeth rhai o lenorion Ffrainc wedi apelio ato – 'Ein dewisiadau yw ein bywyd'.

Yn y ddrama *Blodeuwedd* y mae Blodeuwedd ei hun yn ferch a wnaed o flodau, yn rym rhywiol, naturiol a greddfol. Meddai wrth ei gŵr, Llew Llaw Gyffes – ar ôl iddi fod yng ngwely Gronw Befr:

Fe'm rhoddwyd i iti, Arglwydd, megis ysbail
Ac megis caethferch, heb ddewis ac yn fud...

Yn nes ymlaen dywed wrth y Gronw hwnnw, wrth iddo ystyried lladd Llew er ei mwyn hi, fod ganddo ddewis:

'Dyw tynged dyn ddim megis unffordd afon
Neu ferch a wnaed o flodau. Gelli ddewis.

Erbyn y diwedd, y mae ei Llew dioddefus wedi deall hyn, ac ni all o ddial arni: 'Cei fynd yn rhydd gennyf i.'

Y mae merched amryw o'r dramâu eraill yn ferched o egwyddor ac anrhydedd, rhai sy'n dewis wynebu anawsterau, ac angau os oes raid. Dyna inni Iris yn 'Gymerwch chi Sigarét?, neu Esther yn y ddrama o'r un enw. Y mae yna gryfder haearnaidd o ddigymrodedd yn amryw o gymeriadau Saunders Lewis, sef ei gryfder digymrodedd o'i hun, oedd wedi ei seilio ar y gwarineb oedd yna yng ngorau diwylliant y Gorllewin, ac mewn Cristnogaeth. Yn '*Gymerwch chi Sigarét?* y mae Phugas, sydd yn Gristion ac yn gweithio yn erbyn gwaethaf Comiwnyddiaeth, yn mynegi ei ofn ynghylch methiant y gwerthoedd oedd yn y diwylliant hwnnw, a'r grefydd honno:

Mae rhywbeth dyfnach na hynny'n fy mhoeni i, yr ofn
fod bradychu a gwerthu cyfeillion wedi mynd yn beth
normal a naturiol ymhlith pobl ifainc fy ngwlad
i, ofn fod cywirdeb ac anwyldeb a haelioni a hunan-
aberth a chadw ffydd wedi darfod...

Mae Iris yn dangos nad oedd y rhinweddau hynny wedi darfod. Ond y mae'r cwestiynau'n sefyll, gan ddramodydd oedd wedi ennill yr hawl i'w gofyn.

Y mae Saunders Lewis yn nodedig am ei wleidyddiaeth ddigymrodedd, a'i ddramâu a'i feirniadaeth lenyddol gyffrous, ond – o bob peth – efallai mai ei farddoniaeth ydi uchafbwynt ei gynnyrch llenyddol. Yn ei gerddi y mae cymendod ei iaith yn fwyaf naturiol, a'i synwyrusrwydd eirias yn cael ei fynegiant cyflawnaf.

Beth sydd ymlaen fore o Fai ar y bronnydd?
Edrychwch arnynt, ar aur y banadl a'r euron
A'r wenwisg loyw ar ysgwyddau'r ddraenen
Ac emrallt astud y gwellt a'r lloi llonydd...

meddai yn 'Difiau Dyrchafael'. Beirniadwyd darn o'r gerdd hon am i Saunders Lewis ddweud:

Dowch allan, ddynion, o'r tai cyngor cyn
Gwasgar y cwning...

Gair yn ei Le

Dyma, meddir, enghraifft o'i snobeiddrwydd. Gwelir yr un math o agwedd mewn sylwadau a wnaeth am yr hyn a welai pan oedd yn teithio'n rheolaidd rhwng Llanfarian a Chastell-nedd, sef ffatrïoedd ac ystadau o dai:

Deillion yn unig a fedrai fyw yma, y milltiroedd hyn o flew llwydwyn, di-borfa, fel chwydfa wedi sychu yn yr haul.

Disgwyliai weld y bobol oedd yn byw yno:

yn baglu allan o'u tai bach a'u hwynebau'n glawr a'u dwylo'n estyn tua'r nefoedd mewn ystum anweddaidd megis lladron Malebolge yn Uffern Dante.

Nid snobeiddrwydd sydd yma, ond condemniad o'r 'gwareiddiad' a greodd y fath hagrwch sy'n 'sgrechian ei gabledd wrth y Creawdwr'. Dyma'r un math o gondemniad ar hagrwch diwydiannol a geir gan William Blake a D. H. Lawrence. Y mae rhyfeddu Saunders Lewis at natur yn llawn o lendid cwbl groes i'r aflendid a greodd dyn:

Gweld cyw aderyn y to
Yn ymdrochi'r tro cynta' mewn dŵr
A'i esgyll yn tasgu'r clychau
Fel trochion leilac.

Ond o'i holl gerddi, yr un fwyaf cyrhaeddgar, o safbwynt bywyd Saunders Lewis, ydi 'Caer Arianrhod', sef 'Ymson Owain [Glyn Dŵr] cyn cyfarfod â'r Abad' (gweler dan 'Sycharth'), oherwydd mai cerdd am sut y gwelai o'i yrfa ei hun ydi hi:

Caer Arianrhod [= galaeth y Llwybr Llaethog]

Gwelais y nos yn cau ei haden dros y waun,
Dros brin fythynnod brau, braenar, anfynych gŵys,
A daeth y sêr a Chaer Arianrhod, firagl dwys,
I dasgu plu'r ffurfafen â'u mil llygaid paun.

Taenais aden fy mreuddwyd drosot ti, fy ngwlad;
Codaswn it – O, pes mynasit – gaer fai bêr;
Ond un â'r seren wib, deflir o blith y sêr
I staenio'r gwyll â'i gwawr a diffodd, yw fy stad.

Saunders Lewis, *Blodeuwedd* (Gee, 1948); *'Gymerwch chi Sigarét?* (Llyfrau'r Dryw, 1956); *Siwan a Cherddi Eraill* (Llyfrau'r Dryw, 1956); *Byd a Betws* (Aberystwyth, 1941). Ceir 'Caer Arianrhod' yn *Y Ddraig Goch*, Mawrth 1947.

Ailgyhoeddwyd ei waith gan GPC.

32

PENRHIW

Man geni D. J. Williams (1885–1970),
y llenor a'r cenedlaetholwr, yn
Llansawel, Sir Gaerfyrddin.

LLEOLIAD

Y mae dau Benrhiw yn Llansawel – un sy'n fwrlwm o
amaethyddiaeth, a'r llall sydd bron yn gwbwl angof.
Rhaid dilyn hen ffordd goedwig am tua dwy filltir o fferm
Glynmarch, ar ôl troi yn fferm Sunnyside ar y B4337 tuag
at Rydcymerau. Wedi dilyn y lôn drol trwy'r goedwig ar
draws croesffordd y mae tro pedol i'r chwith yn y ffordd.
Ar y dde y mae adwy, a thua dau gan llath i lawr y llwybr
ar ôl yr adwy y mae olion dwy wal ac un olwyn ddŵr yn
dal i sefyll – dyma Benrhiw D.J.

CYFEIRNOD

SN600387   G 52° 02.9396 Gn 004° 04.2240   ☞

Gair yn ei Le

Rhag ofn i ambell beth gwerth ei gadw fynd yn ddigofnod, mi soniaf am yr hyn a ddywedodd y Canghellor J. W. James, clerigwr a hanesydd, wrthyf am David John Williams pan oeddwn i'n fyfyriwr ym Mangor. Sôn yr oedd o am D.J. yn fyfyriwr yn Aberystwyth – Saesneg a siaradai'r Canghellor. "Quite a ladies' man, you know," meddai, a mynd rhagddo i ddweud fel y byddai'r 'ladies' man' hwn yn creu argraff ar y rhyw deg trwy ei gynnal ei hun â'i freichiau, ben i waered, ar ganllaw carreg ferandaidd uchel, uchel yn un o hosteli'r merched. Yr ail hanes am D.J. ydi'r un a glywais gan Dafydd Orwig, am un o'r digwyddiadau yn ystod cyfarfod cyhoeddus ym Mhwllheli ar 23 Mai 1936 i fynegi gwrthwynebiad i Ysgol Fomio Penyberth. Roedd amryw lafnau meddw wedi dod yno i godi helynt, ac fe aeth pethau'n o flêr, a'r plismyn yn swrth i ymateb. Un o'r golygfeydd a welwyd yn ystod y blerwch oedd y D.J. nerthol yn llusgo dau o'r crymffast-lowtiau yn y maes, pen un o dan ei gesail dde a phen y llall o dan ei gesail chwith! Un arall a wynebodd yr hwliganiaid yn ddewr ym Mhwllheli oedd yr Athro W. J. Gruffydd, un y torrwyd ei ffon mewn ysgarmes. Fe gytuna pawb a gafodd y fraint o ysgwyd llaw D.J., hyd yn oed yn ei henaint, am gadernid ei afael, er ei fod yn edrych mor fwynaidd â Mr Mole, y cymeriad rhadlon hwnnw o *The Wind in the Willows*.

Fe anwyd y gŵr grymus hwn ym Mhenrhiw, plwyf Llansawel, Sir Gaerfyrddin, yn 1885; bu farw mewn cyfarfod cyhoeddus yn Rhydcymerau, yn yr un ardal, yn 1970. Y toriad clir cyntaf yr oedd yn ei gofio, meddai, oedd mudo o Benrhiw i Abernant pan oedd yn 'chwech a chwarter'. Pan oedd yn bymtheg oed aeth i weithio mewn pwll glo yng Nghwm Rhondda. Yna ailafaelodd yn ei addysg ac, yn y man, aeth yn fyfyriwr i Goleg y Brifysgol, Aberystwyth, ac yna i Goleg Iesu, Rhydychen. Bu'n athro ysgol nes iddo ymddeol yn 1945. Yr oedd yn un o

sefydlwyr brwd y Blaid Genedlaethol Gymreig, ac yr oedd yn un o'r tri Phleidiwr a losgodd Ysgol Fomio Penyberth yn Llŷn.

'Tipyn o hwch fud oeddwn i y tu allan i gylch cyfrin y teulu,' meddai amdano'i hun yn fach; "plentyn diddig a chontented iawn" oedd o yng ngeiriau ei fam. Yn ei lyfr *Hen Dŷ Ffarm*, y mae'n sôn am bobol – ac am anifeiliaid – ac ardal bore oes, y pethau a luniodd ei gymeriad. Dyma un o'i luniau o geffylau:

Mae'r slafdod a'r straen a welais i'n grwt bach ar geffylau glew gan ddynion glew wrth drafod coed trymion mewn mannau diffaith wedi aros yn fy ngwaed i hyd heddiw. 'R oedd Blac a Dic a Bess, hen boni Nwncwl Jâms, bob amser yn ei chanol hi, ac mor sownd â'r farn ar eu carnau, boed lethr gwyllt neu fawnog sigledig. Os mawnog, cerddent ei hwyneb yn gynnil-fonheddig fel cathod, rhag i'w pedolau dorri'r croen ac iddynt ddechrau suddo...

A dyma un o'i gofion am wartheg:

Ond fel y mae'n digwydd, nid yn y beudy yn nhywyllwch y gaeaf, ond ar y caeau, neu ar y clôs yn cnoi eu cil yn hamddenol ar brynhawn teg o haf a dwy neu dair god'raig yn dyfal dynnu wrth eu cadeiriau y daw'r gwartheg hyn fynychaf i'm cof, a cherllaw iddynt, ond ychydig ar wahân, y tarw, fel delw Roegaidd o eidion, a'i ddrefl myfyrgar yn disgyn yn edau arian i'r llawr.

Fe fu'n darlunio cymeriadau ei febyd yn *Hen Wynebau* hefyd, rhai fel John Thomas, ynghanol ei gydnabod:

... a'i gefn llydan yn pwyso ar lidiard y clôs, – ei fodiau

yng ngheseiliau ei wasgod, fel arfer. Yno y mae, fel y mwyafrif o'r ardalwyr, yn ei drowser gwaith o rib gwyn, a'i got a'i wasgod barch amdano. Esgidiau iraid trymion, a dduwyd y bore hwnnw, a'r droed dde yn croesi'r chwith yn union uwchlaw'r migwrn. Y mae ei het Jim Crow, ag arni ôl y tywydd, ryw gymaint yn ôl ar ei wegil, gan ddangos o dan ei chantel rimyn gwyn, cul, o'i dalcen, nad arferai fod yn yr haul.

Byd gwahanol oedd hi ar ôl i D.J. fynd i weithio fel glöwr yn Ferndale. Ceir ei hanes yno yn y llyfr *Yn Chwech ar Hugain Oed.* Yn y llyfr hwnnw, hefyd, y ceir hanes tro trwstan iawn, wedi ei adrodd yn ymddiheurol – un rheswm am ei bresenoldeb, yn ôl yr awdur, ydi ei ystyriaeth o'r cyfeillion hynny y dechreuodd ei ddweud wrthyn nhw, a methu 'o dan y straen'. Ar noson arbennig yr oedd o wedi cyfarfod â chenfaint o fechgyn topiau Tylorstown a fwriodd sen arno. Yn y cwffas a ddilynodd cafodd lygad du. Aeth yn ei ôl i'w lety, ac i'w wely – mewn llofft lle'r oedd mwy o welyau, am ei fod yn rhannu ei lety gydag eraill:

Sylwais fod yr articlyn hwnnw, tra defnyddiol mewn ystafell wely, yn hanner llawn pan ddeuthum i mewn...

Daeth un arall o'r lletywyr i mewn 'gan ychwanegu'n sylweddol at y cynnwys'. Yr oedd bron â chysgu pan ddaeth Bili Bach Crwmyn i mewn yn sigledig, a chydag o, gawr – cyfaill bore oes – oedd wedi'i dal hi'n drymach na Bili hyd yn oed. Roedd Bili, 'fel gwas lifrai o'r Canol Oesoedd yn gweini ar ei farchog, heb ddim yn ormod ganddo i'w wneud dros ei gyfaill'.

Cyn diosg eu dillad yr oedd yn rhaid i'r ddau gyfaill mynwesol hyn gyflawni'r weithred o ymwacâd. A'r

articlyn crybwylledig hwnnw at y gwaith eisoes mor llawn bron â'r ddau a'i triniai yn awr, nid bychan o gamp ydoedd hynny.

Ond fel macwy parod at wasanaeth ei arglwydd aeth Bili Bach ati'n ddewr gan benlinio o'i flaen a dal y dwfrlestr yn ddefosiynol yn ei ddwylo crynedig, ag un llaw ar ystlysbost y gwely, yn tafoli'n ôl a blaen yn beryglus o ansicr...

Ac yntau'n 'dyst unllygeidiog' o'r cyfan, digwyddodd yr hyn a fawr ofnai D.J.:

... dyma'r Northman Mowr yn sydyn yn colli ei falans ac yn syrthio bendramwnwgl tuag ymlaen, gan ddisgyn gyda'i bwysau enfawr yn garlibwns ar ben Bili Bach, a hwnnw â'r pot yn ei fynwes ar wastad ei gefn ar y llawr odano, – a'r culfor rhwng y ddau wely gyda hyn yn un Morfa Rhuddlan. A dyna'r lleferydd mwyaf ofnadwy yn dilyn – y naill yn bwrw sen ar y llall am ei letchwithdod – wrth iddynt geisio datgymalu a chodi eilwaith.

Ond nid dyna'i diwedd hi. Wrth glywed y trwst roedd Mrs Martin (eu Fictoria o landledi) a'i merch wedi mynd i'r siop oedd o dan y llofft, gan feddwl fod rhywbeth wedi digwydd yno:

Ond yr hyn a welsant ac a glywsant ydoedd y mân ddefnynnau yn dechrau dihidlo drwy'r byrddau tenau uwchben, gan ddisgyn yn ddyfal ar y bocsys mint a'r loshin a'r poteli candis dros y lle. Daeth y ddwy i fyny'r grisiau yn bengrych fflamgoch, ac i mewn i'n hystafell ni fel dwy daranfollt o Fynydd Sinai... Wele! nid oes iaith nac ymadrodd o'r eiddof i a all fynd gam ymhellach i ddisgrifio'r olygfa, o'r ddau tu. Digon yw

Gair yn ei Le

dweud i'r Northman Mowr ymadael â'n tŷ ni yn fore,
drannoeth a hynny heb damaid o fwyd, a Bili Bach ar
ôl te y prynhawn Sadwrn dilynol.

Dyna inni gyfarwydd go-iawn yn dweud ei chwedl. Ond
ymysg pethau a fu y mae hyn, a phethau a fu ydi'r hen dŷ
ffarm hefyd. Ond nid chwithdod am amser sydd wedi bod
ydi'r hyn a gawn ni gan D.J., ond galar am fod darnau o
Gymru ac o Gymreictod wedi peidio â bod. Wrth gyfeirio
at ei hen gynefin, y mae yna ddicter a thristwch yn ei
eiriau:

Heddiw, cwat y gwdihŵ yr ystlum a'r cadno yw'r hendre
hon a fu unwaith yn llety fforddolion i Seion, mewn
gweddi a mawl, – a'i thir yn tyfu coed ar gyfer rhyfel
nesaf y Sais.

D. J. Williams, *Hen Dŷ Ffarm* (Gwasg Aberystwyth, 1953); *Hen
Wynebau* (Gwasg Aberystwyth, 1934); *Yn Chwech ar Hugain Oed*
(Gwasg Aberystwyth, 1959)

Waldo

1904~1971

MUR FY MEBYD.
FOEL DRIGARN, CARN GYFRWY, TAL MYNYDD.
WRTH FY NGHEFN
YM MHOB ANNIBYNIAETH BARN.

33

COFEB WALDO WILLIAMS

Ym Mynachlog-ddu, Sir Benfro, y magwyd Waldo Williams (1904–1971): heddychwr, cenedlaetholwr ac un o feirdd mwyaf yr ugeinfed ganrif.

LLEOLIAD

Ar yr A478 rhwng Aberteifi a Dinbych-y-pysgod y mae troad i'r dde ar ôl pentref Crymych yn arwain y ffordd dros fynyddoedd y Preselau. Yma y mae pentref Mynachlog-ddu ac wedi dilyn y ffordd drwy'r pentref i gyfeiriad Rosebush y mae cofeb Waldo Williams i'w gweld yn amlwg, gydag ehangder o rostir i barcio'r car.

CYFEIRNOD

SN135303   G 51° 93.9986 Gn 004° 71.4284

Gair yn ei Le

Ganwyd Waldo Goronwy Williams ar 30 Medi 1904 yn Nhŷ Ysgol y Bechgyn, Hwlffordd. Yn 1911 mudodd y teulu i Fynachlog-ddu, cyn mudo wedyn i Landysilio. Saesneg oedd iaith yr aelwyd, am mai Saesneg oedd iaith ei fam – fe roddodd hi'r gorau i ymdrechu i siarad yr iaith ar ôl i gymydog sôn am ei 'Jobsgows' o Gymraeg. Aeth Waldo i Ysgol Arberth yn 1917, ac i Goleg y Brifysgol, Aberystwyth yn 1924. Bu'n athro ysgol mewn amryw fannau, gan gynnwys Ysgol Botwnnog, Llŷn, ac ysgolion Kimbolton a Chippenham yn Lloegr. Yn 1941 priododd Linda Llywelyn, ond bu hi farw ym Mai 1943. Yn 1950 ymddeolodd. Fe gafodd strôc a effeithiodd ar ei leferydd, a bu farw ar 20 Mai 1971. Yr oedd yn Grynwr, yn heddychwr ac yn genedlaetholwr.

Dwy gyfrol o farddoniaeth a gyhoeddodd Waldo, sef *Dail Pren* (1956) a *Cerddi'r Plant* (1971) – ar y cyd ag E. Llwyd Williams. Ond er prinned y gwaith y mae llawer o'i gerddi – fel ei bersonoliaeth a'i fywyd – wedi cael effaith syfrdanol ar lawer iawn o Gymry.

Er ei fod yn fardd y genedl y mae, hefyd, yn fardd Sir Benfro. Y mae ei gyffes, sy'n dechrau gyda'i sir, yn enwog:

> Mur fy mebyd, Foel Drigarn, Carn Gyfrwy, Tal Mynydd,
> Wrth fy nghefn ym mhob annibyniaeth barn.
> A'm llawr o'r Witwg i'r Wern ac i lawr i'r Efail
> Lle tasgodd y gwreichion sydd yn hŷn na harn...

> Fy Nghymru, a bro brawdoliaeth, fy nghri, fy nghrefydd,
> Unig falm i fyd, ei chenhadaeth, ei her,
> Perl yr anfeidrol awr yn wystl gan amser,
> Gobaith yr yrfa faith ar y drofa fer.
>   ('Preseli')

Mewn cerdd arall, 'Cymru a Chymraeg', y mae'n dal fod ei iaith yn un â daearyddiaeth ei fro:

> Dyma'r mynyddoedd. Ni fedr ond un iaith eu codi
> A'u rhoi yn eu rhyddid yn erbyn wybren cân.

Ac yn ei gerdd 'Yr Heniaith' y mae hi'n gymysg ag elfennau naturiol y wlad:

> Ni sylwem arni. Hi oedd y goleuni, heb liw.
> Ni sylwem arni, yr awyr a ddaliai'r arogl
> I'n ffroenau. Dwfr ein genau, goleuni blas.

Ynghyd â daearyddiaeth ei fro a'i wlad y mae ei hanes hen, a hen bethau y mae meddwl amdanyn nhw'n cyffroi dyn:

> Un funud fach cyn elo'r haul o'r wybren,
>   Un funud fwyn cyn delo'r hwyr i'w hynt,
> I gofio am y pethau anghofiedig
>   Ar goll yn awr yn llwch yr amser gynt.
>   ('Cofio')

Y mae pethau fel 'brawdoliaeth' ac 'adnabod' yn rymusterau ystyrlon yn ei amgyffred o fywyd:

> Mae rhwydwaith dirgel Duw
> Yn cydio pob dyn byw;
> Cymod a chyflawn we
> Myfi, Tydi, Efe.
>   ('Brawdoliaeth')

Y mae'r pethau hyn yn perthyn i le ac amser a daear, yn enwedig daear Sir Benfro. Ac y mae yna amserau cyfrin pan fydd y nefoedd fel pe'n gafael mewn pobol gyffredin a phethau cyffredin, fel sy'n digwydd yn y weledigaeth o gerdd a ddaeth i Waldo ar Weun Parc y Blawd a Pharc y Blawd, dau gae ar Fferm y Cross, Llandysilio. Dyma fel y soniodd Vernon Beynon am y lle, yn nhafodiaith Sir Benfro:

A ma'r ddou barc sy da ni wedyn... synno nhw wedi newid fawr ers dyddie Waldo. Fe fydde ei dad a'i fam yn hala orie yn ishte o dan y goeden gefen wrth gefen yn yr haf yn darllen llyfre. Bydde Waldo wedyn yn crwydro rownd y parc i'r weun. Fel na wên nhw'n mwynhau. Sdim dowt fod Waldo wedi cael lot o'i farddoniaeth o'r cyfnod hwnnw yn y ddou barc.

Yr oedd ei weledigaeth yn un oedd yn treiddio i hanfod bywyd daionus, sef bod Duw yno trwy'r cyfan, ac yn hel y cyfan i'w rwyd:

Nes dyfod o'r hollfyd weithiau i'r tawelwch
Ac ar y ddau barc fe gerddai ei bobl,
A thrwyddynt, rhyngddynt, amdanynt ymdaenai
Awen yn codi o'r cudd, yn cydio'r cwbl,
Fel gyda ni'r ychydig pan fyddai'r cyrch picwerchi
Neu'r tynnu to deir [cau'r das yn ddygn] draw ar y weun drom.
Mor agos at ei gilydd y deuem –
Yr oedd yr heliwr distaw yn bwrw ei rwyd amdanom.
                                            ('Mewn Dau Gae')

Ond er mor ddwys oedd gweledigaeth Waldo, yr oedd direidi a digrifwch a thynnu coes yn rhan o'r dyn cyfan, fel y tystia rhai fel W. R. Evans, oedd yn ei adnabod yn dda. Gallai Waldo weld y digrif hyd yn oed yn y sefyllfa pan ddaeth y beilis i fynd â'i eiddo – gwerth cannoedd o bunnau – am iddo wrthod talu'r dreth incwm ar egwyddor, ac un ohonyn nhw'n gofyn iddo am ddarn o gordyn i glymu'r leino! Yn fyfyriwr yn Aberystwyth fe ymgeisiodd am swydd Prifathro'r Coleg – gyda chefnogaeth selog ei gyfaill Idwal Jones. Neu beth am y ffug-adolygiad o *Gyda'r Hwyr* gan Gwilym Deudrwyn a anfonodd i'r *Narberth, Whitland and Clynderwen Weekly News* ym Mawrth 1926:

But reaching the Bard's maturity we are struck at once by the richness of diction and keen aesthetic sensitiveness of the sonnet 'Y Scadenyn' ('The Skylark'). It is a bitter comment upon the opaqueness of vision which has been the bane of Eisteddfodic criticism in the past that this truly remarkable poem was rejected as 'unduly fanciful'. In the opening lines the poet at once shakes off the trammels of materialism:

Rho imi fforch i'th fwyta, O Scadenyn,
Nes cwyd o'r plat a llama lawr fy ngwddf!

and this sense of the ethereal, once captured, holds us to the end.

Ar faes un Eisteddfod, gan ddal tun baco Three Nuns, gofynnodd i mi faint o leianod y cyfeirid atyn nhw ar y caead. "Tair," meddwn innau, wrth reswm. "Anghywir," meddai gyda gwên. "Mae yna un arall – 'none better'."

Y mae pawb a'i hadnabu'n sôn mor eithriadol oedd Waldo, a bod ynddo ryw ddiniweidrwydd 'santaidd'. Y mae un hanesyn sy'n cyfleu hynny i mi mewn ffordd ddigrif. Roedd Waldo'n gwarchod geneth fach cyfaill iddo, a dyma hi'n dod yn wyth o'r gloch, yn naw o'r gloch ac yn ddeg o'r gloch; a dyma hithau'n gofyn iddo fo, o'r diwedd, onid oedd hi, mewn gwirionedd, yn bryd iddo fo ddweud ei bod hi'n amser gwely!

Does yna'r un gerdd yn dangos ei ddwyster ysgytwol yn well, am wn i, na'r gerdd a anfonodd i'w ffrindiau ym Mehefin 1943, ar ôl marwolaeth Linda:

Hi fu fy nyth, hi fy nef,
Fy nawdd yn fy nau addef...
Fy nglangyrch, fy nghalongref,
Tragyfyth fy nyth, fy nef.

Waldo Williams, *Dail Pren* (Gwasg Aberystwyth, 1956)
Waldo Williams ac E. Llwyd Williams, *Cerddi'r Plant* (Gomer, 1971)

34

ARBERTH

Tref hynafol yn Sir Benfro a lleoliad prif lys Pwyll Pendefig Dyfed yn ôl Cainc Gyntaf y Mabinogi.

LLEOLIAD

Saif Arberth ar groesffordd bwysig ynghanol de Sir Benfro. Gellir cyrraedd y dref ar hyd yr A40 o Hwlffordd a Sanclêr, yn ogystal â'r A478 o Ddinbych-y-pysgod ac Aberteifi. Y mae canol y dref yn ddifyr, yn llawn adeiladau lliwgar a siopau hyfryd.

CYFEIRNOD

SN109145   G 51° 79.7933 Gn 004° 74.2664

Roedd Pwyll yn Bendefig Dyfed, ac wedi treulio peth amser yn Annwn, sef y Byd Arall, gan ddod yn gyfaill i Arawn, Brenin o Annwn. Ac un tro roedd o yn Arberth, lle'r oedd prif lys iddo, mewn gwledd. Ar ôl i'r byrddaid cyntaf fwyta, dyma Pwyll a chymdeithion iddo yn mynd am dro i ben Gorsedd Arberth, a oedd uwchlaw'r llys.

"Arglwydd," meddai un o'i wŷr llys wrth Pwyll, "nodwedd arbennig yr orsedd hon yw, pa arglwydd bynnag a eisteddith arni, aiff e' ddim oddi yno heb i un o ddau beth ddigwydd: fe gaiff anaf ac archollion, neu fe welith e' ryfeddod."

"Does gen i ddim ofn cael anaf ymhlith cymaint â hyn o bobol," meddai Pwyll, "ond, am ryfeddod, byddai'n dda gen i petawn i'n ei weld. Mi a' i i ben yr orsedd i eistedd."

A dyna a wnaeth. Ac ar hyn, dyma'r bobol oedd yno'n gweld gwraig ar farch gwelw-wyn mawr, uchel, gyda gwisg euraid, ddisglair o sidan amdani yn dod ar hyd y briffordd oedd yn mynd heibio'r Orsedd. A barnai pawb a'i gwelai fod y march yn symud yn araf a gwastad, a'i fod yn dod gyferbyn â'r Orsedd.

"Ha, wŷr," meddai Pwyll, "oes yna un ohonoch chwi'n adnabod y farchoges?"

"Nac oes, Arglwydd," meddent hwythau.

"Yna, beth am i rywun fynd i'w chyfarfod hi i wybod pwy yw hi," meddai yntau.

A dyma un yn codi a mynd, a phan ddaeth i'w chyfarfod hi ar y ffordd, fe aeth hi heibio iddo. Aeth yntau ar ei hôl hi, gynted ag y gallai rhywun ar droed. A pho fwyaf oedd ei frys, pellaf fyddai hithau oddi wrtho. A phan welodd nad oedd hi ddim yn tycio iddo ei hymlid hi, fe ddychwelodd at Pwyll a dweud wrtho, "Arglwydd, waeth i neb heb ei hymlid hi ar droed."

"Iawn," meddai Pwyll, "dos i'r llys, a chymer y march cyflymaf y gwyddost ti amdano, a dos ar ei hôl hi."

Cymerodd yntau'r march, a mynd ar ei hôl. Daeth i faes gwastad, a dyma ddangos ei sbardunau i'r march. Ond po fwyaf y trawai'r march, pellaf yn y byd fyddai hi oddi wrtho.

Fe flinodd ei farch, a daeth yn ei ôl at Pwyll.

"Arglwydd," meddai, "waeth i neb heb ag ymlid yr uchelwraig acw. Wn i ddim am farch cyflymach na hwn, eto doedd hi'n tycio dim imi ei hymlid hi."

"Ie," meddai Pwyll, "y mae yno ryw ystyr hud. Fe awn ni'n ôl i'r llys."

Ar ôl rhoi cynnig ei dal hi eto, yn ofer, dyma Pwyll yn penderfynu mynd ar ôl y wraig ei hun. Wedi iddo eistedd ar Orsedd Arberth, dyma'r wraig yn ymddangos eto. Dyma Pwyll yn mynd ar gefn ei farch a mynd ar ei hôl hi. Ond nid yw'n llwyddo i'w dal.

Yna, dyma Pwyll yn dweud wrthi, "Ha forwyn, er mwyn y gŵr yr wyt ti'n ei garu fwyaf, arhosa."

"Mi arhosaf yn llawen," meddai hithau, "a byddai wedi bod o fwy o les i'r march petaet ti wedi gofyn yn gynt."

Dyma hi'n sefyll a chael gwared o'r rhan o'i phenwisg oedd am ei hwyneb, ac edrych arno.

"Arglwyddes," meddai Pwyll, "o ble y doi di, ac i ble'r ei di?"

"Mynd ynghylch fy mhethau," meddai hi, "ac y mae'n dda gen i dy weld di."

"Croeso iti," meddai yntau – gan feddwl ei bod hi'r ferch harddaf a welsai erioed. "Beth ydi dy negesau di?"

"Fy mhrif neges," meddai hithau, "yw ceisio dy weld di."

Plesiodd hyn Pwyll yn fawr; yna gofynnodd, "Ac a ddywedi di imi pwy wyt ti?"

"Dywedaf," meddai hithau. "Rhiannon, ferch Hefeydd Hen, wyf fi, ac yr wyf yn cael fy rhoi'n briod i ŵr – yn groes i f'ewyllys. Ni fynnais i'r gŵr hwnnw, a hynny oherwydd cariad atat ti. A fynnaf i mohono ychwaith, os na wnei di fy ngwrthod i. Ac i wybod dy ateb di am hynny y dois i yma."

"Dyma fy ateb i," meddai Pwyll. "Pe cawn i fy newis o holl wragedd a morynion y byd, ti a ddewiswn i."

"Iawn," meddai hithau, "os hynny a fynni di, cyn fy rhoi i ŵr arall, gwna oed â mi. Flwyddyn i heno, yn llys Hefeydd Hen, mi baratoaf wledd ar gyfer dy ddyfod yno."

"Mi ddof yn llawen," meddai yntau.

"Arglwydd," meddai hi, "bydd iach, a chofia gywiro d'addewid, ac fe af i ymaith."

Dyna sut y cyfarfu Pwyll â Rhiannon, a ddaeth – ar ôl cryn drafferth – yn wraig iddo. Gwraig o'r Byd Arall ydi hi, ac am iddi fynnu priodi Pwyll y mae pwerau'r byd hwnnw am ddial arni, yn enwedig trwy geisio cipio'r mab a enir iddi, Pryderi.

Y mae grymoedd hud ar waith yn y darn hwn o'r chwedl. Dyna inni, yn gyntaf, yr hudoliaeth oedd yng Ngorsedd Arberth, fel mewn gorseddau eraill. A dyna inni, wedyn, yr hudoliaeth sydd yna wrth ymlid Rhiannon – po gyflymaf yr eid ar ei hôl hi, yna pellaf yn y byd yr oedd ei hymlidiwr oddi wrthi; po arafaf yr âi, yna nesaf yn y byd oedd o ati. Dyma inni'r 'afreswm' sydd yn un o hen arwyddion Annwn. Y mae'r pethau hyn yn rhan o hen hud Dyfed. Ac i amryw byd ohonom, y mae'r hen hud hwn yn parhau i fod yn Nyfed, ac yn Arberth, heddiw.

Gwyn Thomas, *Y Mabinogi* (addasiad newydd, Y Lolfa, 2006)

35

ABATY CWM HIR

Claddwyd Llywelyn ein Llyw Olaf yn naear yr abaty hwn, ger tref Llandrindod, Powys, wedi iddo gael ei ladd yng Nghilmeri. Y mae'r galar amdano'n gryf yng ngwaith Beirdd y Tywysogion.

LLEOLIAD

Os ewch chi ar hyd yr A483 o Landrindod am y Drenewydd fe welir y ffordd i'r abaty wedi ei harwyddo ar y chwith.

CYFEIRNOD

SO055711   G 52° 32.9902 Gn 003° 38.6952

G er y dŵr, ger afon Irfon
Ar ddydd o Ragfyr oer
Y lladdwyd ein Llywelyn,
Ein llyw, ein llew, ein lloer.

11 Rhagfyr 1282 oedd dyddiad lladd Llywelyn ap Gruffudd, y tywysog a elwir yn 'Llyw Olaf' Cymru. Ystyr lythrennol y gair 'llyw' ydi'r offer yn starn cwch y gellir ei symud i gadw'r cwch ar lwybr priodol; daeth i gael ei ddefnyddio mor aml fel trosiad am 'lywydd' neu 'arweinydd' nes iddo fagu'r ystyr honno. Yn ôl Brut (neu Gronicl) Brenhinedd y Saeson, yr oedd pethau wedi mynd yn ddrwg eto rhwng Llywelyn a brenin Lloegr, Edward I, ar ddydd Sul y Blodau, 1282. Ac yn amser y cynhaeaf, ar ôl hyn, fe ddaeth y brenin i Ruddlan:

Ac yr anfonodd lynges hyd ym Môn, a Hywel ap Gruffudd ap Ednyfed Fychan [Cymro, sylwer] o'i blaen, a goresgyn Môn oll. A hwy a fynasent oresgyn Arfon, ac a wnaethant bont ar Fenai o ysgraffau [cychod bach]. A phan dorrodd honno gan ffrwd y llanw, y boddodd aneirif [cymaint fel na ellid eu rhifo] o'r Saeson.

Ond y ffaith nesaf a gofnodwyd ydi un o ddirgelion mawr hanes Cymru:

A'r amser hwnnw y gwnaethpwyd brad Llywelyn yng nghlochdyau Bangor gan ei wŷr ei hun.

Fe adawodd Llywelyn ei frawd Dafydd i ofalu am Wynedd, ac aeth yntau i lawr i oresgyn Powys a Buellt. Ac yr oedd wedi llwyddo yn hyn o beth hyd nes dod at Langanten.

Ac yna yr anfonodd y tywysog ei ddistain [stiward], a llawer o'i wŷr gydag ef, i gymryd gwrogaeth gwŷr Brycheiniog, gan adael y tywysog ag ychydig wŷr gydag ef. Ac yna y daeth Roger Mortimer a Gruffydd ap Gwenwynwyn, a llu y brenin gyda hwy, yn ddirybudd am ben Llywelyn… a'i ladd, a llawer o'i lu Dydd Gŵyl Damaseus Bab… Ac yna y bwriwyd holl Gymru i'r llawr.

Am fanylion yr hyn a ddigwyddodd rhaid dibynnu ar wahanol adroddiadau, ond y mae yna gryn dipyn o gymysgu a gwahaniaethu yn y rheini. Cyfeiriodd y bardd Gruffudd ab yr Ynad Coch at 'ladd y deunaw'. Efallai i Lywelyn a chriw bach, deunaw, fynd at Langanten, uwchlaw afon Irfon, a dod wyneb yn wyneb â chriw o filwyr Edward. Yn yr ysgarmes fe laddwyd Llywelyn, gan Stephen de Frankton neu Robert Body. Fe dorrwyd ei ben, a'i ddwyn i Ruddlan, yna ducpwyd ef i'w ddangos i'r lluoedd ar Ynys Môn, cyn ei yrru i Lundain a rhoi 'pawl' (polyn) drwyddo a'i hongian ar y Tŵr Gwyn yno. Fe roddwyd coron o eiddew am y pen, o ran gwawd. Un o hen freuddwydion y Cymry oedd gweld Cymro unwaith eto'n frenin ar Brydain i gyd: dyma ffordd y Saeson o falurio'r freuddwyd a gwneud ffars o hen ddyheadau'r genedl. Gallwn eu dychmygu nhw'n mwynhau eu hunain ac yn llafarganu yno:

Louellen dead,
Louellen dead,
Louellen dead, dead, dead.

Corff drylliedig a gludwyd gan fynaich Cwm Hir i'w gladdu yn naear yr abaty.
Y mae canu Beirdd y Tywysogion yn gymhleth, ond y mae loes marwolaeth Llywelyn i'w theimlo'n eglur a grymus mewn cerddi gan Bleddyn Fardd a Gruffudd ab yr Ynad Coch.

Gŵr a las drosom, gŵr oedd drosaf,
Gŵr oedd dros Gymru, hy y'i henwaf,
Gwrawl Lywelyn, gwraf o Gymro,
Gŵr ni garai ffo i'r ffordd nesaf.

[Gŵr a laddwyd drosom, gŵr oedd uwchlaw pawb, /
Gŵr oedd dros Gymru, yn hy yr enwaf fi ef, / Y gwrol
Lywelyn, y Cymro dewraf, / Gŵr na charai ffoi i'r ffordd
nesaf.]

Dyna eiriau Bleddyn Fardd, ond y mae marwnad ab yr
Ynad Coch – fel marwnad Hedd Wyn gan R. Williams Parry
yn yr ugeinfed ganrif – yn gerdd sy'n diffinio'i chyfnod. Y
mae ynddi hi alar fel galar diwedd y byd.

Oer calon dan fron o fraw – allwynin
Am frenin, dderwin ddôr Aberffraw.

[Oer yw calon dan fron o fraw trist / Am frenin, derw
ddôr Aberffraw (sef llys tywysogion Gwynedd).]

Wedyn fe nodir arwyddion tebyg i rai a ddôi cyn Dydd
y Farn:

Poni welwch-chwi hynt y gwynt a'r glaw?
Poni welwch-chwi'r deri'n ymdaraw?
Poni welwch-chwi'r môr yn merwinaw – 'r tir?
   Poni welwch-chwi'r gwir yn ymgyweiriaw?
Poni welwch-chwi'r haul yn hwylaw – 'r awyr?
   Poni welwch-chwi'r sŷr wedi – r'syrthiaw?
Poni chredwch-chwi i Dduw, ddyniadon ynfyd?
   Poni welwch-chwi'r byd wedi r'bydiaw?
Och hyd atat-ti, Dduw, na ddaw – môr dros dir!
   Pa beth y'n gedir i ohiriaw?

[Oni welwch chwi hynt y gwynt a'r glaw? / Oni welwch
chwi'r coed derw yn taro'n erbyn ei gilydd? / Oni
welwch chwi'r môr yn poenydio'r tir? / Oni welwch
chwi'r gwir yn cywilyddio? / Oni welwch chwi'r haul
yn hwylio trwy'r awyr? / Oni welwch chwi'r sêr wedi
syrthio? / Oni chredwch chwi i Dduw, ddynionach
ynfyd? / Oni welwch chwi'r byd mewn peryg enbyd?
/ Och hyd atat ti, Dduw, na ddaw'r môr dros y tir! /
Paham y'n gadewir yn bodoli?]

Ar ôl canu i ben ei dywysog â 'pawl haearn trwyddaw',
y mae'r gerdd fawr hon yn diweddu trwy ddymuno fod
Llywelyn yng 'ngwenwlad nef'.

Thomas Jones (gol.), *Brenhinedd y Saeson* (GPC, 1971)
Gwyn Thomas, *Y Traddodiad Barddol* (GPC, 1977)
Gwyn Thomas, *Llywelyn ein Llyw Olaf* (Y Lolfa, 2009)

36

PONT LLANRWST

Yn y dref hon yn Nyffryn Conwy y ganwyd ac y magwyd T. Glynne Davies (1926–1988) ac y mae ôl cyfoeth ei dylanwad ar ei waith fel bardd a llenor.

LLEOLIAD

Y mae tŷ a chofnod am T. Glynne Davies arno yn y stryd sydd nepell o'r hen ysgol. Y mae pont Llanrwst yn cludo'r B5106 dros afon Conwy.

CYFEIRNOD

SH798615   G 53° 13.7078 Gn 003° 79.7824

Un diwrnod ym mis Awst 1951, fe deithiodd gŵr ifanc pump ar hugain oed o Lanrwst i Gorris, yn cario coron Eisteddfod Genedlaethol y dref honno mewn bag papur llwyd. Y gŵr ifanc hwnnw oedd T. Glynne Davies. Un o Lanrwst oedd o; fe'i ganwyd yno yn Ionawr 1926, ac addysgwyd o yn ysgol ramadeg y dref. Ar ôl mynnu ymadael â'r ysgol bu'n gweithio mewn labordy. Yn ystod yr Ail Ryfel Byd bu'n gweithio mewn pwll glo yn Oakdale, cyn gwasanaethu yn y fyddin. Yna dechreuodd ar ei yrfa fel gohebydd i bapurau Cymraeg, cyn ymuno â staff y BBC yn 1957. Daeth yn un o ohebyddion Cymraeg amlycaf y gorfforaeth – gan gyfrannu yn Saesneg hefyd gyda'r un fedr. Fe briododd Mair yn Ebrill 1950 a chawsant bedwar o fechgyn sydd, eu hunain, yn adnabyddus – Gareth, Geraint, Aled ac Owen.

Y mae tref Llanrwst yn edau gyfrodedd trwy lawer iawn o waith T. Glynne. Tref llawr gwlad yn Nyffryn Conwy ydi hi, a chanddi draddodiad go hen o argraffu, a thref sydd yn hen ganolfan marchnad a ffair i amaethwyr yr ochrau o'i chwmpas. Yr oedd T. Glynne yn gyfarwydd â'r dref, ac â'r ucheldir, ac amaethwyr y topiau.

Yn 1974 y cyhoeddwyd ei nofel fawr, *Marged*, ac ynddi hi y cawn ni'r olwg lawnaf ar Lanrwst a'i phobol gan T. Glynne. Y mae hi'n dechrau yn 1872 ac yn gorffen ynghanol y Rhyfel Mawr. Nid nofel hanesyddol ydi hi, fel y dywedodd yr awdur ei hun, er bod yna lawer o gefndir hanesyddol a manylion hanesyddol, ac ambell gymeriad hanesyddol ynddi hi. Yn 'Llanrwst y nofel' fe gawn ni bobol o dair ardal: yn gyntaf, yr ucheldir amaethyddol – y 'topiau'; yn ail, rhan barchus y dref; ac yn drydydd, yr ardal a elwir yn Sgot, y rhan amharchus ohoni. Y mae yna raniad arall rhwng pobol Llanrwst y nofel hefyd: y mae rhai yn grefyddwyr, yn perthyn i'r Capel Mawr, a rhai sydd yn debycach o'i hanelu hi am y dafarn. Fe all y crefyddwyr ddod o'r ucheldir, rhan barchus y dref a rhan amharchus

y dref. Ac fe ellir cael crefyddwyr nad ydyn nhw ddim yn raslon iawn, a chriw'r dafarn a Sgot a all fod yn ddigon ffeind a dynol. Wrth grybwyll y Capel Mawr, y mae dyfnder amgyffrediad T. Glynne o Feibl William Morgan i'w deimlo trwy'r gwaith hwn – a'i farddoniaeth.

Prif gymeriad y nofel ydi Marged, hogan ffarm o Wytherin. Y mae hi'n priodi Ifan Rowland, mab Barbra Rowland, sydd yn cadw tafarn y George yn Llanrwst. Mwynwr ydi Ifan, yn gweithio ym mhwll yr Hafnau (yn Nant Bwlch yr Heyrn), ond y mae'n ddyn digon deallus ac un â gwaelod da iddo. Y mae'n cymryd peth menter i eneth falch, grefyddol fel Marged briodi rhywun fel Ifan, ond dyna y mae hi'n ei wneud. Dydi ei rhieni hi ddim wedi eu plesio, a chymeriadau yn y cefndir ydyn nhw yn y nofel. Ar un pŵl o genfigen y mae Ifan yn rhoi ei ddwylo am wddw Marged, ac y mae hynny – wrth reswm – yn gadael argraff ddofn arni hi, yn enwedig a hithau'n feichiog am y tro cyntaf. Ond y mae'r ddau'n tynnu trwyddi ac yn cael tri o blant, Gruffudd, Lora a Robat-jon. Pan mae Gruffudd yn ddeunaw, Lora yn naw a Robat-jon yn un oed y mae Ifan yn mynd i America i chwilio am fyd sydd well, ac yn cilio o'r nofel. Gyda marwolaeth ddisymwth Barbra y mae'r teulu'n symud i fyw mewn tŷ yn y dref. Y mae Gruff yn cael ei ladd mewn damwain ym Mhwll Abarllyn, uwch Betws-y-coed ('syrthio fel carrag i lawr un o'r siafftia') ac y mae Lora adref efo'i mam. Y mae Robat-jon yn mynd yn bostman ac yn syrthio mewn cariad efo Megan, Ty'n Bryn, merch ffarm o'r ucheldir, ac un nad oes llawer o obaith y bydd hi'n cael gadael y lle hwnnw gan ei thad gweddw a'i brawd. Ymylu ar fod yn blatonaidd y mae carwriaeth y ddau.

Yna y mae Rhyfel Mawr 1914–18 yn torri ar draws bywyd pawb; a hynny a gawn ni yn nhraean olaf y nofel. Y mae Robat-jon yn mynd yn filwr, ac yn cael ei ladd. Pan ddaeth adref, dros dro, o'r fyddin fe aeth gydag Anna o

Sgot, chwaer i ffrind iddo, Royston Edwards, sydd yntau'n filwr. Dydi'r noson honno ddim yn un blatonaidd, ac yn niwedd y nofel, pan aiff Marged, sydd wedi colli Robat-jon, i gydymdeimlo – yn Sgot – efo mam Royston, pan leddir hwnnw, y mae Anna yno ar yr aelwyd, chwedl ei mam, "yn llawn babi" ac yn gwrthod dweud pwy ydi ei dad o. Fe ŵyr y darllenydd yn amgenach. Y mae yna aelod newydd o deulu Marged ar fin dod i'r byd ar ddiwedd y nofel.

Y mae'r nofel wedi ei hysgrifennu gan *fardd*, un hynod sensitif, mewn iaith eang iawn ei chyraeddiadau. Dyma inni argraff sydyn a synhwyrus o Sgot, er enghraifft:

Yr oedd mymryn o afon yn rhedeg trwy ganol Sgot ei hunan, fel pe bai'n ceisio puro'r lle ar ei thaith i'r afon fawr, ond "fel arall" y mae hi yn yr hen fyd yma, a'r afon ei hunan oedd y peth ffieiddiaf yno, â'i drewdod i'w glywed o bell, erbyn i bob math o garthion y gellid eu dychmygu gael eu taflu yno gan gynnwys y cathod a foddid a hefyd ambell ful a oedd yn rhy lydan neu'n rhy hir i'w gladdu mewn twll pridd.

Y mae 'Adfeilion', y bryddest a enillodd goron Eisteddfod Llanrwst i T. Glynne, ac un o'r pryddestau coronog gorau erioed, yn ymwneud â Llanrwst hefyd. Y mae hi'n fyfyrdod ar bethau sy'n darfod. Sonnir am bethau dymunol ynddi, ond yn y cof y maen nhw. Y mae yma bobol sy'n adfeilion, a mannau a nodir o gwmpas Llanrwst sy'n adfeilion; y mae Cymru'n adfeilion. Fe ddywedodd T. Glynne mai hanes Jo oedd y bryddest i fod, a hwnnw'n oedi wrth furddun ei gariad, Rhiannon, gan geisio dod i delerau â'i drallod. Ond fe ymestynnodd y cyfan y tu hwnt i episod fel yna: un adran o'r gerdd gyfan ydi hanes Jo – ddaw ei gariad o byth yn ôl, y mae'r hyn a fu yn derfynol. Y mae mwy na thinc o eiriau'r Salmydd yma: 'Dyddiau dyn sydd fel glaswelltyn', yn darfod a mynd heibio.

Y mae rhai o eiriau mwyaf cofiadwy'r gerdd yn sôn am 'adfail' o hen wraig, un o ddarnau grymus-drist y bryddest:

Hen chwys, hen wellt,
Hen lygaid barus yn y niwl,
Hen chwerthin llesg yr hen leisiau,
Hen wreigan mewn hen gadlas
Yn crafu'r gramen danllyd
Lle mae'r gwaed yn cronni'n llyn.

Er bod T. Glynne ei hun yn berson chwareus a bywiog iawn, ac yn llawn hiwmor, a bod hynny i'w weld yn ei waith, gweledigaeth sylfaenol drist yw'r un sy'n hydreiddio ei lên. Yn ei gerdd 'Pan Ewch yn Ganol Oed', sy'n cychwyn gyda phont fawr Llanrwst, ac yna'n mynd ymlaen i sôn am y dref, ac am yr ucheldir amaethyddol – yn Nant y Rhiw – y mae'r tristwch hwn yn amlwg. Grymoedd mawr natur sy'n barhaol:

Yr ŷd sydd yno heddiw
   Yw'r ŷd fu yno ddoe
Yn farfog yn ei felyn
   Fel cynffon caseg sioe.

A phobol Llanrwst, a phobol y byd?

A chwithau ar y mynydd
   Â'ch corff yn ddim ond cist
O ddagrau sydd yn caglu,
   O chwerthin sydd mor drist.

T. Glynne Davies, *Llwybrau Pridd* (Llyfrau'r Dryw, 1961); *Hedydd yn yr Haul* (Llyfrau'r Dryw, 1969); *Marged* (Gomer, 1974)

37

ANGORFA

Cartref y dramodydd, y llenor a'r beirniad John Gwilym Jones (1904–1988), a gafodd ei eni ac a fu farw yn y Groeslon, Dyffryn Nantlle.

LLEOLIAD

Os trowch am i fyny o groesffordd y Groeslon, a mynd am ryw dri chan llath, y mae Angorfa ar y dde, wrth ymyl capel. Y mae cofnod am John Gwilym Jones ar wal y tŷ.

CYFEIRNOD

SH475558   G 53° 07.7660 Gn 004° 27.6944

Yn y Groeslon, Gwynedd, y ganwyd John Gwilym Jones, yn 1904. Bu'n fyfyriwr yng Ngholeg y Brifysgol, Bangor, cyn mynd yn athro ysgol i Lundain – a mynd i'r theatr yno mor aml ag y gallai fforddio, a mynd i gyngherddau, hefyd, a gweld Kreisler yn chwarae Chaconne digyfeiliant Bach yn yr Albert Hall; Proms Henry Wood yn yr hen Queen's Hall; Beecham yn carlamu trwy'r Meseia; a Yehudi Menuhin yn feiolinydd ifanc. Daeth yn ei ôl i Gymru yn 1930, a bu'n athro yn Llandudno, Pwllheli a Phen-y-groes, cyn ymuno â'r BBC fel cynhyrchydd dramâu. Yn 1953 penodwyd ef yn ddarlithydd yn Adran y Gymraeg ym Mangor, a bu yno nes iddo ymddeol yn 1971. Cyn iddo gael ei benodi'n ddarlithydd, ac wedyn, bu'n cyfarwyddo dramâu yn y coleg, a chyfarwyddo dramâu i amryw gwmnïau eraill hefyd. Dyn y Groeslon oedd o, er ei fod wedi teithio a chrwydro'n helaeth. Wrth ddod yn ei ôl o unrhyw wyliau, "Groeslon bach!" fyddai ei gyfarchiad annwyl i'r lle unwaith y byddai yn y cyffiniau. Yn y Groeslon y bu farw, yn 1988, wrth ddweud gair ar achlysur ailagor festri capel Bryn-rhos. Fe'i trawyd yn wael yn y cyfarfod, a'i eiriau wrth ei gyfaill John (Jac) Roberts oedd ei fod o'n mynd i farw. "Nac wyt siŵr," meddai hwnnw. Ateb pendant iawn John oedd, "Ydw, heiddiw." Ac felly y bu.

Heb fod ymhell o'r Groeslon, yn Llandwrog, y mae lle o'r enw Cae Doctor. Yno y trigai nain ac ewythr John Gwilym, dau a fyddai yn ei 'ddifetha', chwedl yntau. Yng Nghae Doctor yr oedd yna goeden eirin, a wnaeth argraff fawr arno. A phan dorrwyd hi i lawr, ymhen blynyddoedd, daeth darn ohoni i ardd ei dŷ, Angorfa. Y mae'r goeden hon i'w gweld, wedi ei lleoli mewn man arall ac i bwrpas llenyddol, yn un o'i storïau byrion, 'Y Goeden Eirin' – y stori sy'n rhoi ei theitl i'r gyfrol o storïau byrion y ceir hi ynddi. Yr oedd Wil a Sionyn yn ddau efaill na wyddai Sionyn ('fi' y stori) fod yna wahaniaeth rhyngddyn nhw nes

i ddamwain ar goeden eirin, honno oedd 'ym mhen draw Llys Ynyr, rhwng y tŷ bach a'r wal', ddigwydd:

Rhyw dro fe ddringodd Wil a fi a fi a Wil i'w phen. Eisteddais i ar frigyn wedi crino fel braich dde nain a syrthio a thorri fy nghoes. Bûm yn y tŷ am wythnosau heb ddim i'w wneud ond darllen a darllen. Gwnaeth Wil gyfeillion â Lias a Harri bach y *Garage*, a dwad adra bob nos yn sôn am *magneto* a *dynamo* a *clutch* a newid gêr a *Bleriot* a *Jerry M*. 'Dydi o ddim blewyn o wahaniaeth gen' i beth yw *magneto* a *dynamo*, a thros ei grogi yn unig y bydd Wil yn darllen.

Yng Nghae Doctor yr oedd yna afon, afon ryfedd oedd yn newid ei henw o gae i gae. Camp John yn fachgen fyddai ceisio dal pysgod yno efo'i ddwylo:

Wrth ddilyn yr afon deuwn at y môr a chawn gyfle i ddal y lledod a wibiai heibio i'm traed trwy eu trywanu â fforc ar flaen coes brwsh llawr pan ddeuent rhwng gwadnau fy nhraed.

Mewn stori arall o'r gyfrol *Y Goeden Eirin*, sef 'Mendio', y mae cymeriad o'r enw Glyn yn graddol wella ar ôl cael ei godi i long o'r môr. Y mae cofio yn foddion iddo fendio. Un o'r pethau sy'n croesi ei feddwl ydi:

Suddodd Caer Arianrhod o dan y môr yn Ninas Dinlle, a chododd y Foel a'r Cilgwyn eu hysgwyddau y tu ôl i Fryn Gorwel mor falch a chadarn ag erioed. Tindrôdd afon fach Dolydd trwy'r meysydd rhwng ei glannau brwynog...

Tybed nad ar un o'r dolydd y llifai'r afon hon drwyddi y bu John yn hel llygeirion un tro, a suddo i gors? Cael a chael oedd hi iddo fedru gafael mewn tyfiant wrth ryw glawdd i'w dynnu ei hun oddi yno.

Y mae Glyn yn cofio pethau yr oedd John yn amlwg wedi sylwi'n fanwl arnyn nhw o gwmpas ei fro:

Cofiodd am wely cynnes, a'r gath â'i chathod bach ar draws ei cheg, am lond lein o ddillad isaf ar fore dydd Llun yn llawn gwynt fel dynion boliog, am flodau gwyn a phiws y gwlydd tatws, am y tân gwyllt a saethai ei glocsiau newydd. Cofiodd deisen yn soeglyd o fwyar duon, a chwŷs yn codi fel mwg o gefn caseg Llwyn Piod. Cofiodd am y Gwanwyn yn Nant Cae Ffridd, a blagur glydiog yn byrstio fel doluriau ac yn mendio'n ddail gwyrdd tlws, am yr anemoni llwyd fel dyciâu a'u hiciau du a gwyrdd, am y llwyni briallu a'u harogleuon yn cyhwfan o'u cwmpas fel eco, am ambell ddaffodil unig yn goleuo'r cysgodion wrth fonau'r coed, am yr eirys melyn a'r eirys glas yn llybastiau coesdew yn y gwlybaniaeth, am fuchod Pant Rhedyn wedi crwydro ac yn synfyfyrio yn y brwyn, am yr olwyn ddŵr yn y pellter yn gwichian.

Y mae Nain Cae Doctor yn ei chael ei hun mewn drama hefyd. Dyma sgwrs rhwng Nain a Huw:

NAIN: Lle buoch chi'ch dau?
HUW: Tyddyn Elen.
NAIN: Wyddost ti pwy oedd Elen?
HUW: Pwy?
NAIN: Mi wyddost am y cerrig 'na sydd i'w gweld ar drai rhwng Dinas Dinlle a Phontllyfni.
HUW: Lle byddwn ni'n cael gwichiad? [sef S. *periwinkle*]
NAIN: Ia, am wn i... Wel iti, gannoedd o flynyddoedd yn ôl, 'roedd 'na dre' yn fan honno.
HUW: Ydi o'n wir?

NAIN: Ydi'n en' tad, yn ddigon gwir.
HUW: Be' oedd ei henw hi?
NAIN: Caer Arianrhod, ond Tregaranthreg fyddai dy daid yn ei galw hi.
HUW: Fo ddeudodd wrthoch chi?
NAIN: Nage wir, gan mam y clyw'is i.
HUW: A phwy ddeudodd wrthi hi?
NAIN: Ei mam hitha', mae'n siŵr. A rhyw ddiwrnod, 'does wybod yn y byd na fyddi ditha'n deud wrth dy blant di.

Yma y mae'r olygfa'n neidio fel bod Huw, yn fachgen, yn troi'n ddyn.

HUW: (*wrth y gynulleidfa*) Ac felly dod i wybod am Elen a Maelen a Gwennan, y tair chwaer oedd ar y tir mawr pan foddwyd Caer Arianrhod, ac yn gadael y cof amdanynt eu hunain yn Nhyddyn Elen a Rhos Maelen a Bedd Gwennan. Dod i wybod am Fynachlog Rhedynog a Thir yr Hen Lanciau, am Gilmyn Droed-ddu o Glynllifon ac am berson Clynnog Fawr yn Arfon yn bendithio'r gylfinir. Wedi colli ei bregeth yr oedd o, a'r gylfinir yn ei gollwng o'i phig wrth ei draed. 'Bydd ddiogel dy nythu ac anodd dy saethu,' medda fo...

Yr oedd y pethau hyn, a phethau eraill, yn gerrig o bob lliw, meddai Huw, 'yn llunio llawr y Fi anorfod'.

A theitl y ddrama lle y ceir y pethau hyn? *Ac Eto Nid Myfi*. Mewn llenyddiaeth y mae'r bobol go-iawn a'r llefydd go-iawn yn nhw eu hunain, ond eto ddim yn nhw eu hunain.

John Gwilym Jones, *Y Goeden Eirin* (Gee, 1946); *Ac Eto Nid Myfi* (Gee, 1976)

38

PANTYCELYN

Cartref William Williams (1717–1791), y bardd a'r emynydd, ym Mhentre Tŷ-gwyn, Sir Gaerfyrddin.

LLEOLIAD

Wrth ddilyn yr A40 o Lanymddyfri i gyfeiriad Aberhonddu am tua thair milltir y mae troad i'r chwith i gyfeiriad Pentre Tŷ-gwyn. Rhaid dilyn y ffordd i'r dde a heibio'r capel. Y mae Pantycelyn yn fuan wedyn ar y dde.

CYFEIRNOD

SN819353   G 52° 00.4249   Gn 003° 72.0612   ☞

Nid ym Mhantycelyn y ganwyd William Williams yn 1717, ond yng Nghefn-y-coed, plwyf Llanfair-ar-y-bryn, Sir Gaerfyrddin. Ffermwr oedd ei dad, John, a henuriad yn Eglwys Annibynnol Cefnarthen; merch Pantycelyn oedd ei fam Dorothy – Lewis cyn priodi. Ar farwolaeth ei gŵr yn 1742 fe fudodd Dorothy i Bantycelyn. Bu Williams yn Athrofa Llwyn-llwyd, ger Talgarth, ac yr oedd â'i fryd ar fod yn feddyg. Newidiodd hynny yn 1737 neu '38 pan gafodd ei dröedigaeth enwog wrth wrando ar Hywel Harris yn pregethu ym mynwent eglwys Talgarth. Soniodd am y dröedigaeth honno yn ei farwnad i Harris:

> Dyma'r bore, byth mi gofia',
>   Clywais innau lais y nef;
> Daliwyd fi wrth wŷs oddiuchod,
>   Gan ei sŵn dychrynllyd ef;
> Ac er crwydro'r dyrys anial,
>   Ôl a gwrthol dilesâd,
> Tra bo anadl yn fy ffroenau,
>   Mi a'i galwaf ef yn dad.

Rhoes ei fryd ar wasanaethu yn Eglwys Loegr, a bu'n gurad i Theophilus Evans yng nghyffiniau Abergwesyn. Ond gwrthododd Esgob Tyddewi iddo urddau offeiriad am ei weithgareddau efo'r Methodistiaid. Chwedl J. R. Kilsby Jones:

> Pe buasai... yn potiaw ac yn paffiaw, yn campiaw ar y Suliau, ac yn tyngu ac yn rhegu, fel y gwnai llawer o'r offeiriaid yn ei amser, fe gawsai lonydd.

Fe dorrodd ei gysylltiad ag Eglwys Loegr, ar anogaeth George Whitefield, a threuliodd ei fywyd yn gwasanaethu'r Methodistiaid, fel pregethwr ac arolygwr Seiadau – fe âi yn fisol ac yn ddi-feth i Langeitho i gynorthwyo Daniel Rowland ar Sul cymundeb. Golygai ei ymroddiad deithio ar hyd ac ar led Cymru. Ond yr oedd o, hefyd, yn ffermwr llwyddiannus a hynod o ddiwyd – yr oedd ei ddiwydrwydd yn ddihareb. Er ei fod yn hael, yr oedd, hefyd, yn ddyn busnes llygadog, yn fargeiniwr craff mewn ffair ac yn werthwr ei lyfrau ei hun, gan eu cario ar ei geffyl mewn hen sachau lledr. Yr oedd, hefyd, yn dablan mewn gwerthu te – er bod ym Mhantycelyn yn wastad ddigon o gwrw. Tua 1748 fe briododd o Mary Francis, a elwid yn 'Mali'. Cartrefodd y ddau ym Mhantycelyn, gyda mam Williams. Yr oedd Mali'n gantores ardderchog, ac yr oedd hyn yn gymorth mawr i awdur emynau. Fel ffermwr da, ac yntau oddi cartref, fe anfonodd y genadwri ofalus hon at Mali:

> Palwch bedwar gwely
> I ddodi pys a ffa,
> A chwart o gwrw i Shoni,
> A dwedwch wrtho'n fwyn,
> Am iddo godi'n foreu
> I edrych am yr ŵyn.

Yn yr ystafell uwchben yr ail gegin a'r llaethdy y cysgai Williams. Doedd yna fawr o drefn ar ei gysgu, gan mai yn y nos yr arferai gyfansoddi. Ffenestr ganol y llofft oedd ei fyfyrgell, lle bach heb fawr o olau yno hyd yn oed yn y dydd, a lle mor oer yn y gaeaf nes y byddai'n rhaid iddo bicio at y tân i'r gegin braidd yn aml. Yn ei wely byddai weithiau'n methu cysgu, ac ar adegau felly gallai'r awen ei gyffroi a gwneud iddo neidio o'r gwely ac, yn ei ddull cyflym, lefaru: "Mali Mali cannwyll cannwyll; mae arna'i eisiau ysgrifennu." Y mae'n amlwg y gallai ei gyfansoddiadau lifo allan, 'fel gwe pry cop o'i fol ei hun', chwedl yntau – ond nid yn hollol briodol bob amser. Y mae stori amdano yn rhoi'r geiriau hyn, a ddaeth iddo'n fyrfyfyr ac yntau â'i feddwl ymhell, i'w canu yng Nghlynnog Fawr yn Arfon ('Jack' oedd ei fab, y Parchedig John Williams):

Hed y gwcw, hed yn fuan, hed aderyn glas ei liw,
Hed oddiyma i Bant-y-celyn; gwed wrth Mali 'mod i'n fyw;
Hed oddiyno i Lanfair 'Muallt, gwed wrth Jack am gadw'i le,
Ac os na chaf ei weled yma, caf ei weled yn y ne'.

Braidd yn syn, dyma arweinydd y gân yno'n gofyn iddo a oedd yn disgwyl i'r gynulleidfa ganu'r geiriau. Dyma Williams, yn ffrwcslyd a byrfyfyr eto – meddir – yn rhoi'r geiriau hyn, sylwer, i'w canu:

Mae'r iachawdwriaeth fel y môr,
  Yn chwyddo byth i'r lan;
Mae ynddi ddigon, digon byth
  I'r truan ac i'r gwan.

Yn ei hen ddyddiau roedd Williams yn hynod o nerfus, mor nerfus fel y byddai Mali'n mynd gydag o ar deithiau gan fod arno ofn bwganod, canhwyllau cyrff ac ellyllon eraill. Yr oedd ei system nerfol, meddai Kilsby, 'mor deimladwy o'r dylanwad allanol ysgafnaf ac ydyw dalen yr eithnen [aethnen] o hyd anadliad awel yr hwyr'. Bu farw Williams ym Mhantycelyn, yn eistedd ar gadair freichiau, lle'r oedd o wedi cael ei godi tra oedd ei wely'n cael ei gyweirio. Y graeanwst (*gravel*) a'i lladdodd, yn 1791.

Gŵr hardd a chanddo wallt melyngoch oedd o. Yn ôl disgrifiadau a gasglodd Gomer M. Roberts ohono fe geir peth croes-ddweud: yr oedd yn 'ysgafn o gorff', ond yr oedd o, hefyd, 'yn tueddu at fod yn dew'! Fe all disgrifiadau ohono berthyn i wahanol gyfnodau o'i oes, wrth reswm. At ei gilydd, casglwn nad oedd yn dal. Yn ôl hanes a gefais i gan Miss Menai Williams, ar ôl ei thaid – a'i cafodd gan Richard Bennett, hanesydd enwog y Methodistiaid – doedd

o ddim yn dal. Pam dweud hyn? Wel, ar ymweliad â fferm Gwrthbod yn ardal Cletwr, roedd Williams wedi sefyll ar fwrdd y gegin i ddweud gair: gan nad oedd y nenfwd yno'n uchel, y casgliad ydi nad oedd o'n dal. Yr oedd yn 'ffrwt o ddyn mwyaf sydyn a welsoch erioed', yn parablu'n brysur a ffraeth, ac yn gwreichioni'n hawdd. Blinid ef gan ffitiau o'r felan, ac yr oedd yn dipyn o heipocondriac.

Yr oedd Cymru'n rhyw fath o blwyf i'r 'hen Bant'; ond o'i dröedigaeth yr oedd yn ddinesydd 'gwlad sydd well' hefyd. Yn ei emynau y mae yna blethiad o'r byd hwn, o Gymru, daearyddiaeth y Beibl a theyrnas nefoedd. Fe all nodweddion o Gymru ac Israel droi'n drosiadau i Williams iddo roi mynegiant i'w brofiadau ysbrydol. Y mae'r emynau a gyfansoddodd 'yn bennaf at wasanaeth duwiolion', chwedl yntau, yn llawn o luniau o gyflyrau ysbrydol. Un o'r rhai amlycaf ydi un o'r Cristion fel 'pererin' yn teithio tua pharadwys trwy anialwch crin. Ond ar daith y pererin y mae yna, hefyd, greigiau, afonydd, gorthrymderau, dychrynfeydd, stormydd, cymylau duon, tywydd mawr, sychdwr, nosau tywyll a bwystfilod rheibus. Ar bob llaw y mae temtasiynau a chyfaredd teganau gwag y llawr. Ond y mae i'r pererin, sydd hefyd yn bechadur, iachawdwr sydd yn feddyg da, yn briod, yn Iesu croeshoeliedig a dioddefus ond gorchfygol, sydd wedi talu dyled pob pechadur edifeiriol ac yn arwain 'ar y bla'n' i'r gwynfyd. Meddai Williams wrtho'i hun ac wrthym ninnau:

Bechadur, gwêl E'n sefyll
  Yn llonydd ar y groes,
Clyw'r griddfan sy'n ei enaid
  Dan ddyfnder angau loes;
O gwrando ar ei riddfan:
  Mae pob ochenaid ddrud
Yn ddigon mawr o haeddiant
  Ei hun i brynu'r byd.

Gair yn ei Le

Am hyn fe all y pechadur edifeiriol orfoleddu, ar brydiau, a chan ddal i edrych ar y Groes, gall weld – dros fryniau tywyll, niwlog – y nefoedd lle y mae tŷ ei Dad, a chartre'r saint. Hyn sydd yn cynnal y pechadur-bererin yn ei ryfel â nerthoedd drygioni'r byd, hyd yn oed pan yw'n cael ei demtio i lwfwrhau.

Draw mi wela'r nos yn darfod,
  Draw mi wela' olau dydd,
Yn disgleirio tros y bryniau,
  Melys yn y man a fydd;
Fy ngelynion, – pan ddêl golau –
  Ni all pechod er ei rym,
A'i holl wreiddiau yn fy natur,
  Sefyll haul cyfiawnder ddim.

Y mae awdur y weledigaeth loyw hon yn gorwedd mewn bedd – a ailagorwyd yn 1885, adeg codi cofadail newydd arno – ym mynwent Llanfair-ar-y-bryn.

J. R. Kilsby Jones (gol.), *Holl Weithiau Prydyddawl a Rhyddieithol y Diweddar Barch William Williams Pant-y-Celyn* (William Mackenzie, 1867)

Ailgyhoeddwyd ei waith gan GPC.

DOLWAR FACH

Y ffermdy yn Llanfihangel-yng-Ngwynfa a oedd yn gartref i Ann Griffiths (1776–1805), prif emynyddes Cymru.

LLEOLIAD

Ar y B4393 rhwng Llanfyllin a Llanwddyn y mae ffordd fechan y B4382 yn arwain trwy bentref Llanfihangel-yng-Ngwynfa i gyfeiriad Dolanog. Ychydig filltiroedd o Lanfihangel-yng-Ngwynfa y mae ffordd fferm fechan yn arwain i'r dde rhwng dau borth, y naill a'r enw 'Dolwar' arno a'r llall a'r enw 'Fach' arno. Dyma Dolwar Fach.

CYFEIRNOD

SJo63144   G 52° 71.9944 Gn 003° 38.7895

Yn Nolwar Fach, plwyf Llanfihangel-yng-Ngwynfa, Sir Drefaldwyn, y ganwyd Ann Thomas, yn 1776. Ei thad oedd John Evan Thomas, ffermwr, bardd gwlad ac Eglwyswr. Yr oedd gan ei mam, Jane – Theodore cyn priodi – gysylltiadau â rhai o deuluoedd tiriog yr ardal. Cawsant bump o blant, sef Jane, John, Elizabeth, Ann ac Edward. Bu ei mam farw yn 1794, ac Ann a ddaeth yn feistres Dolwar. Ym mis Hydref 1804, priodwyd Ann â Thomas Griffiths, a ddôi o deulu cefnog, yn eglwys Llanfihangel. Daeth Thomas i fyw at Ann – a'i brawd John – yn Nolwar Fach. Ar 13 Gorffennaf 1805 ganwyd merch iddyn nhw, a enwyd yn Elizabeth, ond bu hi farw o fewn pythefnos. Bu Ann farw ychydig yn ddiweddarach – o'r diciâu, efallai – a chladdwyd hi ym mynwent eglwys Llanfihangel ar 31 Gorffennaf 1805. Yn Ebrill 1808, bu Thomas Griffiths farw o'r diciâu. Y mae un peth arall y darfu David Thomas dynnu sylw ato yn ei lyfr *Ann Griffiths a'i Theulu*, sef i Edward, brawd ieuengaf Ann, ladd ffermwr o'r enw Dewi Davies mewn ffrae. Fe'i trywanodd â chryman. Ond yn Sesiwn Fawr y Gwanwyn yn 1819, penderfynwyd mai 'dynladdiad' ac nid 'llofruddiaeth' oedd y ddedfryd. Fe'i carcharwyd am flwyddyn, a'i ddirwyo i dalu swllt. Yr oedd yn gymeriad cymeradwy a bu fyw'n wasanaethgar yng Nghefncoedycymer, yn y de.

Yr oedd y Diwygiad Methodistaidd yn dal i sgytian Cymru yn ystod oes Ann. Yng ngwanwyn 1795, torrodd diwygiad nerthol ym Mhontrobert, yn ei hardal, ac yr oedd amryw yn ei chynefin yn cael tröedigaeth (neu 'fynd trwy fwlch yr Argyhoeddiad') yn ystod y cyfnod, gan gynnwys John, ei brawd – tua 1792. Bu John Hughes, Pontrobert, a oedd wedi cael tröedigaeth yn haf 1795 ac wedi dod yn Fethodist dylanwadol oedd yn cadw un o Ysgolion Cylchynol Thomas Charles, yn lletya yn Nolwar Fach am rai misoedd yn 1799. Fe briododd o Ruth Evans a oedd yn forwyn yno ac yn ffrind i Ann – hi ydi'r un a

gofiodd gyfansoddiadau Ann ac a'u hadroddodd wrth ei gŵr, iddo fo eu cofnodi. Fe welir mor grefyddol oedd cartref a chefndir Ann. Ond cyn iddi gael ei thröedigaeth yr oedd hi – a hithau'n eneth landeg, dal – yn 'lled wyllt ac ysgafn yn ei hieuenctid', ac 'yn rhemp am y nosweithieu chwareu; un dôst oedd hi am ddawnsio', yn ôl Methodist-wŷr bucheddol. 'Yn ôl rhai,' meddai Derec Llwyd Morgan, 'gallech feddwl mai hi yw nymphomaniac yr Hen Gorff.' Yr oedd yna 'gwrw'r achos', ond byddai cael 'nymphomaniac yr achos' yn mynd braidd yn rhy bell. Yr hyn a olygai'r hen gyrff, mae'n debyg, ydi ei bod hi'n gallu gwneud rhywbeth tebyg i chwarae draffts. Ond yr oedd hi, hefyd, yn wawdus o Fethodistiaid ac yn dweud pethau fel, "Dacw'r pererinion yn myned i Mecca", pryd nad oedden nhw'n mynd ddim pellach na'r Bala. Mi fentrwn ddweud mai rhywbeth yn debyg i Gwen Tomos (Daniel Owen) oedd Ann. Ond, fel y Gwen honno, fe gafodd dröedigaeth, ond un llawer mwy syfrdanol na hi. Dacw hi, fe ddychmygai Morris Davies, yn mynd am Lanfyllin ar fore teg yn 1796, ar 'ferlen gron fywiog' a'r 'farddes ieuangc yn teimlo prydferthwch anian' (er mai tywydd digon stormus ydoedd, mewn gwirionedd) a'i meddwl wedi ei hudo gan 'ddifyrrwch gwageddol'. Dacw hi'n ystablu'r ferlen ac yn mynd gyda chyfeilles hyd y stryd. Dyma Ann yn cydsynio, gyda'i sirioldeb arferol, i fynd gyda'i chyfeilles i Gapel yr Annibynwyr ym Mhen-dref i wrando ar Benjamin Jones o Bwllheli. Yn yr oedfa, meddai Rhuddenfab, dyma hi'n cael ei dwysbigo yn ei chalon nes na allai beidio â gweiddi, "Diolch byth – yr wyf wedi fy achub!" nes peri anhwylustod i wrandawyr llai brwdfrydig. Yn y man, derbyniwyd hi'n aelod o'r seiat Fethodistaidd oedd yn cyfarfod ym Mhontrobert.

Y mae yna hanesion am ei henaid yn cael ei gynhyrfu'n rymus gan ei theimladau crefyddol:

Byddai ar brydiau yn cael y fath ymweliadau grymus yn ei hystafell ddirgel hyd oni byddai'n torri allan mewn gorfoledd uchel fel y gellid ei chlywed o ystafelloedd y tŷ, ac weithiau clywid ei bloeddiadau gorfoleddus led amryw gaeau oddiwrth y tŷ.

(John Hughes)

Dichon. Ond yr oedd hi'n ferch ifanc dra deallus a chofus, os cyffrous, un yn gwybod ei Beibl y tu chwith allan. A byddai amgylchiadau yn Nolwar Fach pan fyddai hi yno'n nyddu a'i Beibl yn agored o'i blaen fel y gallai 'gipio adnod i fyny wrth fyned yn mlaen gyda'i gorchwyl, heb golli amser'.

Fel Williams Pantycelyn, yr oedd hithau'n ddinesydd dau fyd – a dau 'amser': Dolwar Fach a'r cyffiniau, a Thragwyddoldeb a'r byd a bery byth; ac yr oedd hi'n gyfarwydd ag anawsterau tebyg iddo fo. O'r unig lythyr sydd yn ei llaw ei hun, ac o'r llythyrau a gadwodd John Hughes – llythyrau nas bendithiwyd ag atalnodau – y mae'n amlwg ei bod yn arteithiol ymwybodol o'i phechod ei hun a phechod y byd, ac yn orfoleddus o ymwybodol o Waredwr. A dydi'r gwrthdynnu hwn ddim yn darfod iddi. Ceir angerdd nerthol yn ei hemynau, lle y mae geiriau'r ysgrythur yn parhaus droi'n ddelweddau o'r cyflyrau ysbrydol brawychus, bron, a nodwyd. A does yna ddim ond dyrnaid o emynau, a'r rheini wedi eu cofio gan ei morwyn Ruth, a'u cofiodd yn rhyfeddol – er y dylid clytio manion ynddyn nhw. Un pennill sydd yna yn ei llaw ei hun. Dyma fo, wedi ei atalnodi:

Er mai cwbwl groes i natur
    Yw fy llwybyr yn y byd,
Ei deithio wnaf, a hynny'n dawel,
    Yng ngwerthfawr wedd dy ŵyneb-pryd.

Wrth godi'r groes – ei chyfri'n goron!
    Mewn gorthrymderau – llawen fyw!
Ffordd yn uniawn – er mor ddyrys –
    I Ddinas gyfaneddol yw.

Yn Sechareia 1.8 y mae yna ddisgrifiad pwerus a dirgel o ŵr yn marchogaeth ar farch coch, 'ac yr oedd efe yn sefyll rhwng y myrtwydd'. Cyfleu neges o gysur, ac o obaith am ailadeiladu Jeriwsalem, y mae'r adran gyfan. Yn y llyfr serchog, hudol a mirain hwnnw, Caniad Solomon, 2.1, dywedir 'Rhosyn Saron, a lili y dyffrynnoedd, ydwyf fi', ac yn 5.10: 'Fy anwylyd sydd wyn a gwridog, yn rhagori ar ddengmil'. Dyma'r hyn a luniodd Ann o'i gwybodaeth am y rhain:

Wele'n sefyll rhwng y myrtwydd
    Wrthrych teilwng o fy mryd –
Er mai o ran yr wy'n adnabod
    Ei fod uwchlaw gwrthrychau'r byd.
Henffych fore,
    Y caf ei weled fel y mae.

Rhosyn Saron yw ei enw,
    Gwyn a gwridog, teg o bryd;
Ar ddeng mil y mae'n rhagori
    O wrthrychau penna'r byd;
Ffrind pechadur, –
    Dyma'i beilat [beilot] ar y môr.

Beth sy imi mwy a wnelwyf
    Ag eilunod gwael y llawr?
Tystio'r wyf nad yw eu cwmni
    I'w cystadlu â Iesu mawr:
O, am aros;
    Yn ei gariad ddyddiau f'oes.

Gair yn ei Le

Iesu Grist mewn rhagordeiniad, fel petai, sydd yn y ddau bennill cyntaf, ac y mae'n cael ei enwi, gyda rhyfeddod a gorfoledd, yn y trydydd pennill.

Y mae yna Farn Fawr, y mae yna Uffern, y mae yna ofn a dychryn, meddai Ann, ond y mae yna Grist, y Gair a wnaethpwyd yn gnawd; ac y mae yna Iachawdwriaeth:

Pan fo Seinai i gyd yn mygu,
  A sŵn yr utgorn ucha'i radd,
Caf fynd i wledda tros y terfyn
  Yng Nghrist, y Gair, heb gael fy lladd.
Mae yno'n trigo bob cyflawnder,
  Llond gwagle colledigaeth dyn!
Ar yr adwy, rhwng y ddwyblaid,
  Gwnaeth gymod trwy'i offrymu'i hun.

Morris Davies, *Cofiant Ann Griffiths* (Gee, 1893). Am waith diweddarach gweler Siân Megan, *Gwaith Ann Griffiths* (Christopher Davies, 1982).

40

RHOSGADFAN

Pentref genedigol Kate Roberts (1891–1985), un o brif awduron rhyddiaith y Gymraeg.

LLEOLIAD

Ar ôl troi oddi ar y ffordd rhwng Caernarfon a Llanwnda a chyrraedd Rhosgadfan, fe arwyddir Canolfan Treftadaeth Cae'r Gors.

CYFEIRNOD

SH514582   G 53° 10.0508 Gn 004° 21.9841

Ym Mryn Gwyrfai, Rhosgadfan, y ganwyd Kate Roberts, yn 1891, ond fe fudodd y teulu i Gae'r Gors yn 1895, ac i Faes Teg yn 1922. Bu yng Ngholeg y Brifysgol, Bangor o 1910 tan 1913. Yna bu'n athrawes mewn amryw fannau, yn y gogledd i ddechrau, ac yna yn y de. Yn 1928 priododd Morris T. Williams. Yn 1935 fe symudodd y ddau i Ddinbych, wedi prynu Gwasg Gee, ond bu farw ei phriod yn 1946. Fe weithiodd hi'n arbennig o galed gyda Gwasg Gee hyd 1956. Bu farw yn 1985. Ystyrir hi'n un o brif ysgrifenwyr rhyddiaith y Gymraeg.

Yn y darn o hunangofiant a ysgrifennodd, sef *Y Lôn Wen*, y mae Kate Roberts yn cofio amdani ei hun yn eneth fach gartref yn y gaeaf:

> Y mae'r gwynt yn ubain o gwmpas y tŷ ac yn crïo fel plentyn. Mae canghennau'r coed wrth y gadlas yn gwichian a chlywaf rai ohonynt yn torri'n gratsh. Ebwch mawr, tawel a llechen yn mynd oddi ar do'r beudy ac yn disgyn yn rhywle. Mae arnaf ofn i do'r tŷ fynd. Ond nid oes rhaid inni ofni, yr ydym yn ddiddos yn y gwely a nhad a mam wrth y tân o dan y simdde fawr.

Y mae'r darn hwn yn dangos cof mor fanwl oedd ganddi am deimladau a synwyriadau, teimladau a synwyriadau blynyddoedd yn ôl: y mae cof fel hyn a synwyrusrwydd fel hyn yn un o nodweddion amlwg athrylith o ysgrifennwr. A hithau'n hen wraig, fe fu hi a ffrind iddi'n teithio mewn car gyda mi i Gaerdydd. Roedd y ddwy yn y sedd gefn yn ddwfn mewn sgwrs pan welais i fwg tân o'm blaen, ac fe agorais y ffenestr rhyw ychydig i gynnal math o brawf. Cyn pen dim meddai hi, gan ymddihatru o'i sgwrs, "Mae yna rywun yn llosgi coed." Pasiodd y prawf; roedd ei synhwyrau mor effro ag erioed.

Fe gafodd hi gyfoeth o adnoddau iaith yn ei bro, ac yn ei darllen. Dyna inni'r gair, uchod, am goed yn torri'n

'gratsh'. Yn stori 'Y Pistyll' yn *Te yn y Grug*, lle y cawn bethau o fyd Kate Roberts yn blentyn wedi eu creu'n llenyddiaeth, fe ddefnyddir ffurf ar y gair pan aiff Begw, sy'n bedair oed, i ardd y drws nesaf, sef gardd Mr Huws y Gweinidog; y mae'n disgyn ar lwyn riwbob:

> ... a thorrodd un coesyn o hwnnw yn gratsien dan ei throed. Yr oedd y sŵn hwnnw yn sŵn braf hefyd, mor braf fel y daeth rhyw ddiawl bach iddi a gwneud iddi dorri coesyn arall ac un arall.

Dyma Kate Roberts yn sôn amdani ei hun yn saith a hanner oed:

> ... yn eistedd yn y lôn wrth ymyl y llidiart. Mae carreg fawr wastad yno, a dyna lle'r eisteddaf yn magu fy mrawd ieuengaf, Dafydd, mewn siôl... Mae'n ddiwrnod braf. O'm blaen mae Sir Fôn ac Afon Menai, Môr Iwerydd yn ymestyn i'r gorwel, Castell Caernarfon yn ymestyn ei drwyn i'r afon a'r dref yn gorff bychan o'r tu ôl iddo. Mae llongau hwyliau gwynion, bychain yn myned trwy'r Bar, a thywod Niwbwrch a'r Foryd yn disgleirio fel croen ebol melyn yn yr haul. Nid oes neb yn mynd ar hyd y ffordd, mae'n berffaith dawel.

Tyddynwyr a chwarelwyr oedd dynion yr ardal, a'u gwragedd yn brysur gyda'u teuluoedd a chydag anifeiliaid. Yr oedd bywyd yn galed, yn enwedig yn y gaeaf. Byddai ei mam yn golchi dillad – gan orfod cario dŵr, ei ferwi mewn crochan, 'strilio' trywsus ffustion gwyn ei thad o dan y pistyll, wedyn manglio a smwddio'r cyfan. Byddai'n pobi bara – naw o dorthau mewn padelli haearn deirgwaith bob pythefnos mewn popty dwfn wrth y tân, efo lle i ddodi tân odano. Byddai'n corddi ac yn coginio, yn gwnïo ac yn trwsio dillad, ac yn trin cleifion. Yr oedd yn onest fel y dur, ac ni cheisiai wneud neb o ddimai. O hyn i gyd gallwn weld fod yna reswm pam roedd gan Kate Roberts gymaint o ddiddordeb mewn bwydydd, a pham yr oedd bod mewn dyled yn anathema iddi.

Dyna ei thad, wedyn, yn chwarelwr diwyd, diwyd a'i câi ei hun yn cael ei roi gan stiward chwarel – o fwriad – ym mhen rhai salach a llai gweithgar nes bod yn rhaid iddo gario'r rhai gwannaf a llai dygn. Gwnâi hynny'n ddirwgnach. Fe gafodd ddamwain yn y chwarel pan lithrodd trosol o'i law ac iddo yntau syrthio i lawr i dwll. Cael a chael oedd hi iddo lwyddo i ddal gafael mewn darn o graig, ond parhaodd effaith y ddamwain ar ei gefn am byth. Ac eto, roedd llawer iawn o'r dynion yn hoffi cwmnïaeth y chwarel galed. Y mae gan Kate Roberts stori am ŵr o'r enw William Gruffydd yn ymddeol o'i dyddyn ac o'r chwarel, ac yn teimlo colled cymdeithas y gweithwyr i'r byw:

A'r bore hwn o haf, yr oedd rhywbeth yn yr awyr, yn arogl yr awyr, yn chwythiad yr awel, yn sŵn y ffrwd, yn sŵn y chwarelwyr, ym mhopeth, yn debyg i ryw fore, neu foreau flynyddoedd yn ôl pan âi yntau gyda'r dyrfa i fyny i Jerusalem ei fyd – y chwarel.

Ond ei siomi'n fawr a gafodd – yr oedd y byd wedi newid.

Fe ddywedodd Kate Roberts wrth ysgrifenwyr ifainc, un tro, na ddylen nhw ysgrifennu heb deimlo '... fod yn rhaid i chwi fynegi rhywbeth am fywyd. Dyna'r unig symbyliad ddylai fod gennych.'

A soniodd mai un o'r pethau a'i gorfododd hi i ysgrifennu oedd lladd un o'i brodyr yn y Rhyfel Byd Cyntaf. Yn *Traed mewn Cyffion* fe grëir rhywbeth tebyg i'r profiad ysgytwol o glywed am y lladd. Y mae llythyr Saesneg yn cyrraedd y fam yn y nofel, sef Jane Gruffydd.

Y mae hi'n mynd ag o i gael ei ddarllen gan ei siopwr, sydd yn ei thrin yn dyner:

"Be sy?" meddai [hi]. "'Does dim wedi digwydd?"
"Oes, mae arna i ofn," meddai yntau.
"Ydi o'n fyw?"
"Nag ydi, mae arna i ofn."

Yr hyn sy'n dilyn hyn ydi fod yna swyddog pensiynau'n galw yn y cartref, y Ffridd Felen, i geisio tocio'i phensiwn hi. Yna fe dorrodd argae ar deimladau oedd wedi bod yn hir-grynhoi yn ei henaid:

... yn erbyn pob dim oedd yn gyfrifol am y Rhyfel, yn erbyn dynion ac yn erbyn Duw; a phan welodd y dyn blonegog yma yn ei ddillad graenus yn gorfoleddu am dynnu pensiwn gwraig weddw dlawd [Margiad Owen] i lawr, methodd ganddi ddal. Yr oedd fel casgliad yn torri, y dyn yma a gynrychiolai bob dim oedd y tu ôl i'r Rhyfel y munud hwnnw, a dyma hi'n cipio'r peth nesaf at law – brws dillad oedd hwnnw – a tharo'r swyddog ar ei ben.

"Cerwch allan o'r tŷ yma, mewn munud," meddai...
"Fy hogyn bach i," dolefai, "a rhyw hen beth fel yna'n cael byw."

Er bod ei chyfnod yn y de ac yn Ninbych wedi dylanwadu ar waith Kate Roberts, y mae'r gynhysgaeth o ardal ei mebyd a'i phrofiadau pan oedd hi'n blentyn yn wythïen ddofn iawn yn ei chyfansoddiad ac yn ei llenyddiaeth.

Kate Roberts, *Y Lôn Wen* (Gee, 1960); *Te yn y Grug* (Gee, 1959); *Traed mewn Cyffion* (Gwasg Aberystwyth, 1936)

PONTARDAWE

Man geni Gwenallt (1899–1968), nofelydd ac un o feirdd mwyaf dylanwadol yr ugeinfed ganrif.

LLEOLIAD

Y mae Pontardawe yn bentref sydd ar groesfan rhwng yr A4067, sydd yn rhedeg i fyny Cwm Tawe, a'r A474 rhwng Castell-nedd a Gwauncaegurwen.

CYFEIRNOD

SN724050   G 51° 72.9430   Gn 003° 84.7669

Gair yn ei Le

Ym Mhontardawe y ganwyd David James Jones (Gwenallt), yn 1899, ond fe fudodd ei deulu i'r Alltwen yng Nghwm Tawe yn fuan ar ôl ei eni. Rhai o Sir Gaerfyrddin oedd ei rieni, a thrwy eu cysylltiad â'r teulu a oedd yn dal yno, yn ardal Rhydcymerau, fe wyddai Gwenallt am y fro amaethyddol honno a'i diwylliant Cymraeg. Yn ystod y Rhyfel Byd Cyntaf yr oedd yn wrthwynebwr cydwybodol ac, am hynny, cosbwyd o trwy ei garcharu yn Wormwood Scrubs a Dartmoor. Ar ôl y rhyfel aeth i Goleg Prifysgol Cymru, Aberystwyth, a graddio yno. Bu'n athro ysgol am gyfnod, cyn cael ei benodi ar staff Adran y Gymraeg, Aberystwyth. Yr oedd yn ŵr o argyhoeddiadau cryfion – yn wleidyddol, gan newid o fod yn Gomiwnydd i fod yn aelod o'r Blaid Genedlaethol; a chan newid o anffyddiaeth i fod yn Gristion cadarn, ac yn fardd Cristnogol grymus. Bu farw yn 1968.

Fe ysgrifennodd ddwy nofel sydd yn cynnwys llawer o'i atgofion – nofelau am ei bod hi'n haws, chwedl yntau, dweud y gwir mewn nofel nag mewn hunangofiant. Yn un ohonyn nhw, *Ffwrneisiau*, y mae'n sôn am bentref diwydiannol ar y Sul, pryd yr oedd yno, meddai, ddistawrwydd sanctaidd:

> Nid oedd yr enjin yn pwffian, y tryciau yn cloncian yn erbyn ei gilydd; nid oedd y ffwrneisiau yn agor ac yn cau eu safnau; ond yr oeddent yn eu cadw ar gynn; ac nid oedd sŵn torri'r barrau yn y Gwaith Alcan. Yn lle sgrech yr hwter yr oedd sŵn cloch yr Eglwys.

Yn y paragraff hwn fe glywn ni sŵn arferol ei fachgendod. Y mae o, hefyd, yn disgrifio peryglon y gweithiau dur:

> O'r glo fe dynnid nwy yn y *gas producers* mawr, a redai ar hyd cylferti i'r 'jinis', sef enwau'r gweithwyr ar y *generators*; y rhain o dan y ffwrnais oedd yn cadw gwres y nwy; a gwaith peryglus oedd gweithio arnynt am fod nwy yn mynd i'r ysgyfaint, ac ni fyddai'r gweithwyr ar y rhain yn byw yn hen.

Ar brydiau byddai'n mynd yn wrthdaro rhwng y gweithwyr a'u meistri. Dyma a ddysgodd, meddai Gwenallt, gan weithwyr deheudir Cymru:

> Rhoddem ein cerrig bach yn ein ffyn-tafl
> I lorio cawr y gyfalafiaeth ddreng,
> A thyllu siclau pres a gemau'r diafl
> Ar waetha'i rym, a'r bradwyr yn ei reng.

Dyma'r werin yn 'Ddafydd' yn erbyn 'Goleiath' cyfalafiaeth. Ond nid cerrig mor fach â hyn a deflid ychwaith; fe'i cofiaf yn dweud – gan chwerthin – y byddent, yn hogiau, yn powlio cerrig, o domennydd, at y plismyn a anfonid i amddiffyn y meistri.

Yr oedd ganddo le i deimlo'n gas at y system gyfalafol, a roddai fwy o bwys ar gynnyrch nag ar ddynion, oherwydd fe laddwyd ei dad mewn damwain yn y gwaith dur. Y mae hyn wedi ei gofnodi ganddo, mewn ffordd, yn *Ffwrneisiau*. Am fod gweithwyr yn cael eu cymell i fynd yn filwyr yn y Rhyfel Mawr bu'n rhaid i Gomer Powel y nofel fynd o'r pwll i 'staeds' y ffwrnais:

> … ond tri diwrnod cyn iddo fynd yn ffwrneisiwr fe'i lladdwyd ef. 'Roedd y ladl wedi ei llanw â'r metel tawdd, ac yntau y tu ôl iddi, ac yn sydyn dyma'r metel yn tasgu dros ymyl y ladl ac yn disgyn ar ei ben ef yn gawod, ac nid oedd ganddo le i ddianc.

Fe fu farw, gan adael ei fab, Ianto, yn llawn chwerwder. Wrth gerdded y tu ôl i'r arch gwelai ef gochni'r ffwrnais yn yr awyr, 'ond nid cochni'r ffwrnais ydoedd iddo ef, eithr cochni'r wawr Sosialaidd a gododd yn Rwsia'. Yn un o gerddi mawr y Gymraeg, sef 'Y Meirwon', y mae angau ei dad yn dal yn llosgi yn nychymyg Gwenallt; dyma'r angau diwydiannol:

> Yr angau hwteraidd: yr angau llychlyd, myglyd, meddw,
> Yr angau â chanddo arswyd tynghedfen las;
> Trôi tanchwa a llif-pwll ni yn anwariaid, dro,
> Yn ymladd â phwerau catastroffig, cyntefig, cas.

Ond, gofynna, beth sy'n aros heddiw ar waelod y cof, wrth edrych yn ôl ar y cyfan?

> ... teulu a chymdogaeth, aberth a dioddefaint dyn.

Y tu ôl i'r byd diwydiannol yr oedd gwreiddiau teulu Gwenallt yn y Sir Gaerfyrddin wledig, ardal a oedd i'r bardd yn rhyw fath o wynfyd. Yn ei nofel am wrthwynebydd cydwybodol yn cael ei garcharu yn ystod y Rhyfel Byd Cyntaf , sef *Plasau'r Brenin*, y mae Myrddin Tomos, sef yr ymgorfforiad dychmygol o Gwenallt ei hun, yn cael cynhaliaeth wrth feddwl am ei gartref ar fferm yn Llansadwrn, Sir Gaerfyrddin, a chofio am fywyd y fferm – y fuwch yn nrws y beudy'n cnoi ei chil, yr iâr a haid o gywion yn pigo yn yr ysgubor, a sŵn y pistyll yng nghwr y buarth. Y mae un o'i gerddi tra adnabyddus, 'Rhydcymerau', yn sôn am y bywyd gwledig, Cristnogol, Cymraeg hwn yn peidio â bod; dyma hunllef unrhyw Gristion o genedlaetholwr:

> Plannwyd egin coed y trydydd rhyfel
> Ar dir Esgeir-ceir a meysydd Tir-bach
> Ger Rhydcymerau.

Fe gawn argraffiadau o'r gymdeithas dda oedd yno, cyn y diweddglo tywyll, pan blannwyd coedydd ar hyd y lle:

> Coed lle y bu cymdogaeth,
> Fforest lle bu ffermydd,
> Bratiaith Saeson y De lle bu barddoni a diwinydda,
> Cyfarth cadnoid lle bu cri plant ac ŵyn.
> Ac yn y tywyllwch yn ei chanol hi
> Y mae ffau'r Minotawros Seisnig;
> Ac ar golfenni, fel ar groesau,
> Ysgerbydau beirdd, blaenoriaid, gweinidogion ac
> athrawon Ysgol Sul
> Yn gwynnu yn yr haul,
> Ac yn cael eu golchi gan y glaw a'u sychu gan y gwynt.

Y mae'n sôn yma am ardal debyg iawn i ardal mebyd D. J. Williams, ac y mae'r ddau lenor yn dod i gasgliadau rhyfeddol o debyg, rhyfeddol o drist a brawychus o gywir ynghylch dyfodol eu hardaloedd.

D. Gwenallt Jones, *Eples* (Gomer, 1951); *Ffwrneisiau* (Gomer, 1982); *Plasau'r Brenin* (Aberystwyth, 1934)

TŶ'R YSGOL

Y tŷ yn Rhyd-ddu, Arfon, lle magwyd y bardd a'r ysgrifwr T. H. Parry-Williams (1887–1975).

LLEOLIAD

Ond ichwi fynd i Ryd-ddu ni allwch fethu gweld yr hen Dŷ'r Ysgol yno, bron gyferbyn â gorsaf y trên bach.

CYFEIRNOD

SH568526   G 53° 05.2074 Gn 004° 13.6977

Gair yn ei Le

I'r rhai a ŵyr am weithiau Thomas Herbert Parry-Williams y mae clywed ei enw yn dod â Rhyd-ddu yn glòs ar ei ôl. Yno y ganwyd o, yn 1887; yno y magwyd o, yn Nhŷ'r Ysgol; ac, ar ryw olwg, ddaru o ddim gadael y lle, er ei fod o, yn y man, wedi teithio'r byd ac, fel efrydydd, wedi mynd i Aberystwyth, Rhydychen, Freiburg a Pharis i ddilyn ei astudiaethau academaidd. Fe ymgartrefodd yn Aberystwyth pan benodwyd o ar staff Adran Gymraeg y coleg yno, yn 1914, ac yn Athro – ar ôl peth gwrthwynebiad o du rhai milwrol eu bryd – yn 1920. Yn y flwyddyn 'wrthwynebus', fel y galwn ni hi, fe ymroes i ddilyn astudiaethau gwyddonol (meddygol), ac y mae ei ddiddordeb parhaol mewn gwyddoniaeth i'w weld yn ei waith: rydw i'n cofio'n dda ei sylw yn un o gynadleddau'r Academi Gymreig, yn Aberystwyth, am ffisegwyr oedd yn cynadledda yno yr un pryd â ni: "Dew! Dyma nhw'r hogia!" Efô oedd y cyntaf i ennill y goron a'r gadair mewn Eisteddfod Genedlaethol yn yr un flwyddyn – gwnaeth hynny ddwywaith, yn 1912 ac 1915. Fe ymddeolodd o'i gadair yn Aberystwyth yn 1952. Bu farw yn 1975, ac y mae ei weddillion ym mynwent 'Y Bedd', fel y galwai pobol Rhyd-ddu Feddgelert.

Y mae Rhyd-ddu a chynefin Eryri yn ei waith yn fynych, ac y mae yna ryw ymdeimlad goruwchnaturiol yn dod drosto – er gwaethaf ein 'llithro i'r llonyddwch mawr yn ôl', chwedl yntau am ein marwolaeth ('Dychwelyd') – wrth iddo hel meddyliau am y lle. Y mae ganddo ysgrif a cherdd am 'Oerddwr', lle'r oedd chwaer ei fam yn byw.

Oerddwr yw'r unig dŷ annedd sydd yn y golwg [uwch Bwlch Aberglaslyn] yr ochr honno i Afon Glaslyn; ond y mae pen-draw'r byd i'w weld o'i flaen, pe gellid gweld yn ddigon pell a thros gromen y ddaear. Edrych i'r awyr, fel petai, a wneir oddi yno oddi ar ben-y-drws. Ar i waered y mae'r caeau a'r coed: y Cnicht a'r Moelwyn, Trawsfynydd a'r holl ddaear sydd o'i flaen, o edrych yn wastad, fel pe bai dyn yn edrych o ben pinacl y deml a gweld holl deyrnasoedd y byd a'u gogoniant.

Yr oedd, meddai, 'awyrgylch byd-arall o gwmpas y lle'; a defnyddiodd y gair 'annaearoldeb' yn yr ysgrif, gair a ddefnyddiodd yn ei gerdd am y lle hefyd:

Nid daear mo'r ddaear yno, nid haen o bridd;
Mae ansylweddoldeb dan donnen pob cae a ffridd...

Mae sŵn a symud yno na ŵyr neb pam,
Nes bod calon pob ymwelydd yn rhoddi llam...

Ym mwstwr y gwynt y mae straen ac nid ystŵr,
A rhyndod nad yw o'r byd hwn yn oerni'r dŵr.

Wrth lunio'r byd, fe ddryswyd peth ar y plan, –
Mae nodau annaearoldeb yn naear y fan.

Y mae'n myfyrio ar fannau yn ei hen fro, gan gynnwys eu llynnoedd, fel Llyn y Dywarchen. Er bod yna wamalrwydd yn ei gyfeiriadau at y Tylwyth Teg yn y fan – 'nid wyf yn hollol sicr yn fy meddwl a wyf wedi [eu gweld a'u clywed] ai peidio, ond mi hoffwn fod yn fwy pendant rywsut' – y mae yna ryw ysfa i goelio ynddo. Pam yr enw Llyn y Dywarchen?

Y mae clampen o ynys rugog, greigiog, yn sownd a solet yn ei ganol er pan wyf i'n cofio; ond nid yr ynys hon ydyw'r 'Dywarchen' y cyfeirir ati yn ei enw ychwaith. 'Tywarchen' ydoedd honno – talp neu ysglisen go helaeth o dir – wedi ymryddhau o'r glannau ac a fyddai'n nofio ar hyd wyneb y llyn at drugaredd y gwynt. Gallai defaid gerdded iddi a phori arni pan ddelai at y lan, ac ar gefn hynny gael gwibdaith yma a thraw hyd y llyn.

Ie wir, ond 'Gyda llaw, ni welais i erioed y wir dywarchen', hynny ydi, 'i fod yn hollol siŵr'. Y mae'r math hwn o fynegi'n hollol nodweddiadol ohono – un cam ymlaen, a hanner cam yn ôl.

Wedyn dyna inni Lyn y Gadair, llyn bach cartrefol, di-lol a digwafars, ond y mae, meddai, am fentro adrodd ei deimlad ynghylch y lle:

Gwyn ei fyd ef yno wrth gefn y tŷ [Tŷ'r Ysgol] ar odre'r Wyddfa, er nad oes dim gogoniant arbennig ar ei lannau, dim byd ond mawnog, dau glogwyn, a dwy chwarel wedi cau.

'Dim gogoniant', meddai, ond gan fynd rhagddo i ddangos inni – neu ddarganfod drosom ni – yn orfoleddus, os dipyn bach yn rhyw ffug-ymddiheurol, wir ryfeddod y lle. Y mae o'i hun, fel dewin ei gerdd, yn bwrw ei hud arnom:

Ond mae rhyw ddewin â dieflig hud
  Yn gwneuthur gweld ei wyneb i mi'n nef,
Er nad oes dim gogoniant yn ei bryd,
  Na godidowgrwydd ar ei lannau ef –
Dim byd ond mawnog a'i boncyffion brau,
Dau glogwyn, a dwy chwarel wedi cau.

A beth am y pysgotwr unig sydd yn chwipio dŵr y llyn:

Fel adyn ar gyfeiliorn, neu fel gŵr
  Ar ddyfroedd hunlle'n methu cyrraedd glan?

Y mae yma ryw ystyr hud. Y mae ymdeimlad T. H. Parry-Williams o bwerau 'eraill' yn gryf, waeth beth am ei gamu'n ôl gochelgar-eironig.

Fel mewn bröydd eraill, y mae angau hefyd yn rhan o'r fro hon, ac y mae yna ryw arswyd cyntefig yn gafael yn y bardd-ysgrifwr fwy nag unwaith. Dyna'r gigfran honno oedd yn croesi o Feddgelert, 'dybiwn i', heibio'r Garreg Fawr a'i chrawc yn:

... hollti'r hedd
  Oedd yn yr hafn rhwng nef a daear lawr.

Helaetha:

Gwrandewais arni droeon gyda brig
  Yr hwyr yn cyfarth felly ar ei thro,
A theimlo'r arswyd na all gŵr o gig
  A gwaed ei ddal heb ofni mynd o'i go'.
'Rwy'n gwybod erbyn hyn beth oedd y sŵn;
Mi glywais fod gan Frenin Annwn gŵn.

I un wedi ei fagu yn Rhyd-ddu yn ei gyfnod, yn y gymdeithas agos oedd yno, dydi'r ffaith ei fod o a'i gydnabod yn teimlo rhyw feddiant ar y lle ddim yn syndod. Fe gafodd, meddai, 'sioc annisgwyl i'm hysbryd brofeddianyddol' wrth iddo fo a chriw ar 'berwyl teledyddol' gael eu trin fel pethau diarth yn ei le ei hun. Wrth droi'r profiad yn ei feddwl a sylweddoli fod yr hen gynefinwyr yn mynd o un i un, a bod, 'ar ryw olwg... [d]amaid o'r hen fro'n diflannu gyda hwy bob tro', y mae'n troi'n herfeiddiol a datgan:

Ond mi ddaliaf i na ddiflanna hi ddim yn llwyr o'm bryd ffansïol i nes i minnau hefyd orfod mynd.

Gair yn ei Le

Ond hyd yn oed wedyn y mae'r gŵr a ddywedodd
wrthym nad ydi o'n siŵr pwy ydi o nes iddo gael 'bryn / A
mawndir a phabwyr a chraig a llyn' o'i gwmpas, yn haeru
y bydd ei farw fo yn creu pethau rhyfedd yn ei fro – crawc
cigfran o glogwyn y Pendist Mawr, cri o fannau cyfarwydd
iddo, craith ar ddyfroedd Llyn Cwellyn a Llyn y Gadair,
crac i dalcen Tŷ'r Ysgol, cric i gyhyrau Eryri a chramp i li
afon Gwyrfai:

Nid creu balchderau mo hyn gan un-o'i-go', –
Mae darnau ohonof ar wasgar hyd y fro.

Ac yn wir, yn wir, i'r rhai a ŵyr am ei waith o, y mae
T. H. Parry-Williams yn bodoli yn y lle hwn, ei lynnoedd,
ei lymder a'i greigiau. Pam? Am fod yna, ynddo fo, yr un
peth ag oedd yna yn ei berthynas, R. Williams Parry, 'rhyw
hanfod elfennaidd nad yw'n trigo yn un o feibion dynion
ond unwaith bob cwrs hir iawn o flynyddoedd'. Y mae'r
hanfod elfennaidd hwn a oedd ynddo fo yn aros o gwmpas
Tŷ'r Ysgol.

T. H. Parry-Williams, *Ysgrifau* (Foyle, 1928); *Cerddi* (Gwasg
Aberystwyth, 1931); *O'r Pedwar Gwynt* (Y Clwb Llyfrau Cymraeg,
1944); *Ugain o Gerddi* (Gwasg Aberystwyth, 1949); *Myfyrdodau*
(Gwasg Aberystwyth, 1957)
Ailgyhoeddwyd detholiad o'i gerddi a chasgliad o'i ysgrifau gan
Gomer.

43

CREIGIAU ABERDARON

Lleoliad cerdd enwocaf y bardd a'r dramodydd Cynan (1895–1970).

LLEOLIAD

Os yw Porth Clais yn lleoliad yn ne-orllewin eithaf Cymru, yna Aberdaron yw Porth Clais Llŷn. Rhaid dilyn yr A497 o gyfeiriad Pwllheli cyn belled â Llanbedrog, ac yna'r B4413 i'w therfyn. Cyn gwlychu'r traed ceir cyfle i edmygu 'creigiau Aberdaron a thonnau gwyllt y môr'.

CYFEIRNOD

SH171263   G 52° 80.3439   Gn 004° 71.3990

Gair yn ei Le

Prin fyddai'r rheini, debygwn i, fyddai'n gwybod am bwy y sonnid pe dywedid wrthyn nhw yr enw 'Albert Evans-Jones'; ond byddai lleng yn gwybod am bwy y sonnid pe dywedid yr enw 'Cynan'. Yr un ydi'r ddau. Fe'i ganwyd o ym Mhwllheli, a'i addysgu yng Ngholeg Prifysgol Bangor. Bu'n filwr a chaplan yn y Rhyfel Mawr, ac yn gwasanaethu ym Macedonia. Yna bu'n weinidog gyda'r Methodistiaid Calfinaidd ym Mhenmaen-mawr cyn cael ei benodi ar staff Adran Efrydiau Allanol coleg Bangor. Yr oedd yn eisteddfodwr o fri; bu'n Archdderwydd dylanwadol, ac efô a roes dipyn o siâp ar brif seremonïau'r Eisteddfod Genedlaethol.

Gan mai ym Mhwllheli y ganwyd Cynan, pam cael llun o Aberdaron i gyd-fynd â'r sôn amdano yntau? Am mai 'Aberdaron', o bosib, ydi ei gerdd fer enwocaf un, ac un a gafodd hwb pellach o gael ei chanu gan Hogia'r Wyddfa. Cerdd yn edrych i'r dyfodol ydi hi, pan fydd y bardd yn hen a pharchus, pob beirniadaeth drosodd a phawb yn canu'i glod, ac yntau'n prynu bwthyn:

Mi brynaf fwthyn unig
 Heb ddim o flaen ei ddôr
Ond creigiau Aberdaron
 A thonnau gwyllt y môr.

Ond, pan aeth o'n hen a chlodfawr, ddaru o ddim prynu bwthyn yn Llŷn – efallai mai dim ond diwydianwyr cefnog o bell a allai fforddio lle o'r fath erbyn hynny.

Fe ganodd amryw gerddi i wahanol fannau yn Llŷn, gan wau enwau'r ardal iddyn nhw; dyna:

Yn Llanfihangel Bachellaeth
 Mae'r lle tawela 'ngwlad Llŷn...

Neu:

O! na ddeuai chwa i'm suo,
 O Garn Fadryn ddistaw, bell,
Fel na chlywn y gynnau'n rhuo
 Ond gwrando am gân y dyddiau gwell...

Cerddi'r môr yn dwfn anadlu
 Ger Abersoch wrth droi'n ei gwsg;
Cerddi a'm dwg ymhell o'r gadlu,
 Cerddi'r lotus, cerddi'r mwsg.

Yn y ddau bennill olaf hyn, o'r gerdd 'Hwiangerddi', dyheu am fod ymhell o faes y gad y mae'r bardd. Effeithiodd ei flynyddoedd yn y Rhyfel Mawr yn ddwys iawn arno. Yn ei waith y mae maes y gad a, hefyd, y Ddinas – sy'n cynrychioli materoliaeth hunanol – yn andwyo pobol. Y mae hyn i'w weld yn glir iawn yn ei gerdd hir enwocaf un, a cherdd yr oedd darnau helaeth ohoni ar gof nifer dda o Gymry rai blynyddoedd yn ôl – gan gynnwys Orig Williams, a oedd yn cofio talpiau mawr ohoni. Y gerdd honno ydi 'Mab y Bwthyn'. Gŵr llwyddiannus yn Llundain sydd yn llefaru yn y gerdd, un a fu trwy'r drin yn y Rhyfel Mawr. Ond er ei lwyddiant, y mae wedi alaru ar ei gyflwr, y mae'n sôn am ei brofiadau chwerw ac annymunol ac yn cofio am ei fagwraeth a'i hen gartref yng Nghymru, yn Llŷn – yn ôl rhai cyfeiriadau. Y mae gwlad ei ieuenctid yn troi'n Eden ddi-gwymp iddo, ac yn gartref ei dad i fab afradlon:

O! gwyn fy myd pan oeddwn gynt
Yn llanc di-boen ar lwybrau'r gwynt!
Gan Dduw na chawn i heddiw'r hedd
A brofai'r hogyn gyrru'r wedd...

Unig uchelgais llanc o'r wlad
Yw torri cŵys fel cŵys ei dad...

Cawn ddisgrifiadau delfrydol o'r wlad, rhai hawdd eu cofio:

> Mae ar yr eithin drysor drud
> Sy'n well nag aur holl fanciau'r byd...
>
> 'Does dim wna f'enaid blin yn iach
> Ond dŵr o Ffynnon Felin Fach.

A chawn hanes ei gariad, Gwen Tŷ Nant:

> Pan welais eilwaith wyneb Gwen
> Hi aeth â mi tu hwnt i'r llen
> I gyfrinachau'r sêr a'r coed:
> Deallai hi eu hiaith erioed,
> Deallai'r llais o'r dwfn a dardd:
> Gwnaeth ei chusanau finnau'n fardd.

Ond aeth y bywyd pêr ar chwâl, aeth o i'r rhyfel i fod yn 'beiriant lladd', ac aeth hithau i ganol 'berw Llundain fawr'. Ceir hanes profiad egr y llanc yn y fyddin – gyda rhai adleisiau bwriadol o ganu Hedd Wyn. Ac yn Llundain, 'Syrthiodd Gwen': dyma eiriau llythyr ei fam. Y mae'r llanc yn chwerwi a chanu'n iach:

> Am byth i'r hyn a gerais cŷd.
> Hunan sy'n llywodraethu'r byd.

Ond yn ei lwyddiant yn Llundain daw at ei goed, ac y mae o a Gwen yn mynd yn ôl i'w cynefin. Ceir profiadau nid annhebyg mewn cerdd hir arall o'i eiddo, 'Y Tannau Coll'.

Fel un o Lŷn, yr oedd Cynan yn gyfarwydd â'r môr ac ag afonydd, â chychod a physgota – yr oedd o'n gryn bysgotwr – ac y mae ei gynefindra a'i hoffter o'r pethau hyn i'w gweld yn ei ganu. Yn y gerdd 'Yr Ynys Unig', am sant yn mynd at wahangleifion ar ynys bell, cawn ddisgrifiadau fel:

> Wrth wylied y pysgod yn heigiau
>   Ysgarlad, ac oraens a glas,
> Fe dybit fynd enfys ar greigiau
>   Trwy nofio mewn dyfroedd rhy fas.

Ac yn ei gerdd rygbi, 'Y Dyrfa', lle sonnir am ŵr a sgoriodd dros Gymru mewn gêm ryngwladol yn mynd yn genhadwr, fe geir cofion am Lŷn.

Y mae'n deall teimladau hen gapten – rhyw hen gapten ym Mhwllheli, y mae'n debyg – at y môr:

> Y môr yw f'unig gartref,
>   A'i erwau yw fy stâd,
> Y don yw f'unig wely llon,
>   A'r lli yw f'unig wlad.

A synnwn i ddim nad oedd gan 'eira' ryw atyniad arbennig i Cynan, achos fe gawn y llinell hollol gyfareddol honno: 'O! Seren glir ar yr eira gwyn', yn ei 'Baled y Pedwar Brenin', a chawn ei hyfrydwch yn y gerdd 'Yr Eira ar y Coed', sy'n sôn am ddau gariad ar hwyrnos dawel:

> A'r brigau heb sŵn awel,
>   A'r eira heb sŵn troed,
> Cusanodd fi mor dawel
>   Â'r eira ar y coed.

Er na chafodd Cynan ei fwthyn a chreigiau Aberdaron o flaen ei ddôr, y mae ei eiriau'n creu ei bresenoldeb yn y fan a'r lle i bwy bynnag sy'n eu gwybod nhw.

Cerddi Cynan, y Casgliad Cyflawn (Gwasg y Brython, 1959)

Y DAFARN GOCH

Yn y tŷ hwn yn Llanfair Mathafarn Eithaf, Môn y magwyd Goronwy Owen (1723–1769), un o feirdd amlycaf y ddeunawfed ganrif yng Nghymru.

LLEOLIAD

Gallwch fynd ar hyd y B5108 o'r Benllech am Lanfair Mathafarn. Wrth dafarn y California y mae croesffordd. Cymerwch y ffordd sydd yn mynd ar draws o'r dafarn nes y dewch at ffordd gul. Y peth doethaf i'w wneud ydi parcio mewn lle priodol ar y brif ffordd a cherdded ar hyd y ffordd gul at y Dafarn Goch.

CYFEIRNOD

SH492825   G 53° 31.8393 Gn 004° 26.4495   ☞

Gair yn ei Le

Ganwyd Goronwy Owen ar ddydd Calan 1723, ar y Rhos-fawr, yn ardal Bryn-teg, Ynys Môn. Fe'i magwyd yn y Dafarn Goch, ym mhlwyf Llanfair Mathafarn Eithaf. Ef oedd y pumed plentyn a anwyd i Owain Gronw a'i wraig Jane (neu Siân; Parry cyn priodi). Roedd y tad yn rhigymwr o ryw fath ac yn 'eurych', sef enw crand am dincer. Bu Siân Parry yn forwyn i Morris ap Rhisiart Morris a Marged ei wraig, o Bentre-eiriannell ym mhlwyf Penrhosllugwy, cyn ac ar ôl iddi briodi. Y Morris hwn a'i wraig oedd rhieni Morrisiaid Môn, sef y brodyr enwog Lewis (Llywelyn Ddu), Richard a William, y bu cymaint o gyfathrach rhyngddyn nhw a Goronwy – y nhw a John Owen, mab eu chwaer, Ellen. Y mae'n amlwg fod Goronwy ei hun yn gynefin â Phentre-eiriannell, a bod Marged Morris yn ei annog i ddygnu arni gyda'i dasgau addysgol. Dyma a ddywedodd Goronwy mewn llythyr at Richard Morris (18 Rhagfyr 1752):

> Hoff iawn a fyddai genyf redeg ar brydnhawn Sadwrn o Ysgol Llanallgo i Bentre Eiriannell, ac yno y byddwn yn siccr o gael fy llawn hwde ar fwytta Brechdanau o Fêl, Triagl, neu ymenyn, neu'r un a fynnwn o'r tri rhyw; papir i wneud fy Nhasg, ac amryw neges arall, a cheiniog yn fy mhocced i fyned adref, ac anferth *siars,* wrth ymadael, i ddysgu fy llyfr yn dda; a phwy bynnag a fyddai yn y byd, y ceid ryw ddydd fy ngweld yn glamp o Berson.

Byddai gweld Goronwy'n 'glamp' o berson yn dipyn o gamp, yn yr ystyr gorfforol, oherwydd un bychan, digon eiddil ydoedd, o bryd tywyll. Fe ganodd gywydd marwnad i Marged Morris am fod 'rhywbeth yn ddyledus i goffadwriaeth pobl dda'.

Yr oedd yn amlwg fod Goronwy'n fachgen galluog. Llwyddwyd i'w gael i Ysgol Friars ym Mangor, lle y cafodd sylfaen gadarn yn y Clasuron. Ymaelododd yng Ngholeg Iesu, Rhydychen ar 3 Mehefin 1742, ond doedd ganddo mo'r modd i'w gynnal ei hun yno. Yn ei gofiant i Goronwy, noda Alan Llwyd mai 'Dim ond am ryw wythnos yr arhosodd Goronwy yn Rhydychen, er i'w enw aros ar lyfrau Coleg Iesu hyd 1768, yn bennaf oherwydd fod arno ddyledion i'r Coleg'. Bu ei ddyledion yn rhan drafferthus o fywyd Goronwy bron hyd at ddiwedd ei oes. Ar ôl cyfnodau fel athro cynorthwyol ym Mhwllheli (1742–44) a Dinbych (1745), fe'i hordeiniwyd yn Ddiacon a bu'n gwasanaethu am ychydig yn ei hen blwyf. Cafodd guradiaethau yng Nghroesoswallt, a bu yno am tua blwyddyn. Yno y priododd Elin, merch i rieni cefnog nad oedd yn hoffi Goronwy. Aeth i ddyled yno, a charcharwyd ef am ychydig. Heliodd ei draed i Uppington a Donnington, ger Amwythig, yn 1748. Yno y bu hyd 1753 pan aeth i guradiaeth yn Walton, heb fod ymhell o Lerpwl. Y mae ei ddisgrifiad o'r ficer yno, sef Thomas Brooke, yn un o bytiau mwyaf cofiadwy ei lythyrau:

> Climmach o ddyn amrosgo ydyw – garan anfaintunaidd – afluniaidd yn ei ddillad, o hyd a lled aruthr anhygoel, ac wynebpryd llew, neu ryw faint erchyllach, a'i ddrem arwguch yn tolcio (ymhen pob chwedl) yn ddigon er noddi llygod yn y dyblygion; ac yn cnoi dail yr India hyd oni red ffrwd felyngoch hyd ei ên... y mae yn un o'r creaduriaid anferthaf a welwyd y tu yma i'r Affric. Yr oedd yn swil genyf ddoe wrth fyned i'r Eglwys yn ein gynau duon, fy ngweled fy hun yn ei ymyl ef, fel bâd ar ol llong.

Datblygodd Goronwy, yn ei dro, yn gnöwr baco digon blêr.

Bu yn Walton o 1753 tan 1755, pryd yr aeth i Northolt, pentref – fel yr oedd o'r adeg hynny – yng ngogledd Llundain. Yn Northolt y bu farw ei ferch Elin, yn bymtheng mis oed. Canodd yntau farwnad ddwys am ei 'eneth oleubleth lon'. Yno ac yn Llundain, lle y bu'n naddu am swydd gyda Chymdeithas y Cymmrodorion, y bu tan 1757, pryd yr hwyliodd o a'i deulu, sef ei wraig a'i dri o blant, Robin, Goronwy ac Owen y baban, ar long y *Tryal*, ar fordaith hunllefus a heintiedig am Williamsburg, Virginia, i fod yn athro yng Ngholeg William a Mary yno. Ar y fordaith hon bu farw ei wraig Elin a'r baban. Fe briododd Goronwy ail wraig, a fu farw, a thrydedd gwraig yn America, a ganwyd plant iddyn nhw. Yn 1760, oherwydd camymddwyn, fe'i cafodd ei hun yn berson plwyf ac yn dyfwr tybaco yn St Andrew's, Brunswick County. Bu farw ym mis Gorffennaf 1769, ac fe'i claddwyd ar ei blanhigfa dybaco ei hun.

Un gair sydd yna i ddisgrifio bywyd Goronwy Owen, a hwnnw ydi 'helbulus'. Un diamcan oedd wrth drin arian, ac o'r herwydd roedd yn hel dyledion tragwyddol, ac yn ceisio begera arian gan ei gyfeillion. Yn ei helyntion fe aeth i afael y ddiod, ac fe geir adroddiadau mynych amdano'n slotian nes ei fod yn hurt – 'Gronow yno gwedi meddwi fal llo', meddai William Morris amdano yn un o gyfarfodydd y Cymmrodorion; 'has not half the sense of an ass, rowls in ye mire like a pig', meddai Lewis Morris amdano. A doedd ei wraig ddim gwell nag o, fel y dangosodd yr awdurdod hwnnw ar y Morrisiaid, Dafydd Wyn Wiliam, yn boenus o eglur.

Ynghanol ei holl helyntion, fe gyfansoddodd rai o gerddi mwyaf cofiadwy y Gymraeg. Un o'i themâu mawr oedd ei hiraeth am Fôn:

> Dieithryn, adyn ydwyf,
> – Gwae fi o'r sud! – alltud wyf.
> Pell wyf o wlad fy nhadau,
> – Och sôn! – ac o Fôn gu fau.

Y lle bûm yn gware gynt
Mae dynion na'm hadwaenynt.
Cyfaill nu ddau a'm cofiant;
Prin ddau lle'r oedd gynnau gant.
Dyn didol, dinod ydwyf,
Ac i dir Môn estron wyf.

Neu:

> Henffych well, Fôn dirion dir,
> Hyfrydwch pob rhyw frodir.
> Goludog, ac ail Eden
> Dy sut, neu Baradwys hen.

Bu'n ymbil ar y Morrisiaid, yn enwedig, i gael lle iddo yn ôl ym Môn, neu rywle yng Nghymru. Ac fe gafodd gynigion, ond rhai nad oedd wrth ei fodd am nad oedd y swyddi'n cynnig digon o gyflog.

Ei athro barddol oedd Lewis Morris, ac yr oedd o ac eraill o'r Morrisiaid yn sicir fod Goronwy'n athrylith, ac yn awyddus iawn i'w weld yn cyfansoddi cerddi. Bu Goronwy'n ceisio cael gafael ar weithiau hen feirdd o Gymru a gramadegau i'w helpu i ddod yn gyfarwydd ag arferion cerdd dafod – gan ddangos ei fod yn ysgolhaig galluog wrth wneud hynny. Ond yr oedd Goronwy mor anystywallt, a Lewis yn gymeriad na ddylid ei groesi, nes iddi fynd yn helynt rhyngddyn nhw, a dyma Goronwy'n canu 'Cywydd i Ddiawl', sef i Lewis:

> Ac ael fel camog olwyn;
> Hychaidd, anfedrusaidd drwyn;
> A'th dduryn oedd, waith arall,
> Fal trwyn yr ab, fab y fall.

Gair yn ei Le

Digiodd Lewis yn aruthr, a dyna ddiwedd y gyfathrach rhyngddyn nhw, nes i Goronwy, yn America, glywed am farwolaeth Lewis. Fe gyfansoddodd farwnad iddo a atgyfododd yr hen barch yng Ngoronwy: 'Heb Lewis mwy, ba les Môn?'

Un o brif fwriadau Goronwy, gan ddilyn y Beibl, y Clasuron, Milton ac eraill, oedd cyfansoddi arwrgerdd Gymraeg, a dyma un peth y daru o ei adael yn waddol i eisteddfodau'r dyfodol, sef yr uchelgais i ganu arwrgerdd. Y peth nesaf at yr arwrgerdd hon a ganodd Goronwy oedd ei gywydd 'Dydd y Farn'.

Y dydd, diogel y daw,
Boed addas y byd iddaw.
Diwrnod anwybod i ni
A glanaf lu goleuni...
Mal cawr aruthr yn rhuthraw,
Mal lladron, dison y daw.
Gwae y diofal ysmala!
Gwynfyd i'r diwyd a'r da!

Nodwedd amlycaf barddoniaeth Goronwy Owen ydi'r amlder hen eiriau a geir ynddi, a'i gynganeddu cyhyrog, soniarus. Y mae yna rym rhethregol, llifeiriol yn ei ganu, ac y mae hyn yn glynu yn y cof. Rai blynyddoedd yn ôl gofynnodd gwraig o Flaenau Ffestiniog i 'nhad a wyddwn i beth oedd darn o farddoniaeth. Y stori y tu ôl i'r cais oedd fod hen ewythr iddi, dros ei bedwar ugain oed, un oedd wedi bod yn Llundain ers ei arddegau cynnar, wedi cael strôc, ac wedi colli ei Saesneg, ond yr oedd o'n adrodd y darn a roddwyd i mi. Beth oedd o? Rhan o 'Dydd y Farn'. Yr oedd rhaeadru seinyddol geiriau Goronwy wedi'i argraffu ei hun ar feddwl yr hen ŵr yn annileadwy. Barddoniaeth fel yna ydi barddoniaeth Goronwy Owen.

Barddoniaeth Goronwy Owen (Hugh Evans, 1911); W. J. Gruffydd (gol.), *Cywyddau Goronwy Owen* (J. E. Southall, 1907); *Barddoniaeth Goronwy Owen* (I. Foulkes, 1896); J. H. Davies, *The Letters of Goronwy Owen* (William Lewis, 1924). Ceir detholiad o gerddi Goronwy Owen yn D. Gwenallt Jones (gol.), *Blodeugerdd o'r Ddeunawfed Ganrif* (GPC, 1936, ac argraffiadau diweddarach).

Y TŶ COCH

Cartref John Morris-Jones (1864–1929), y bardd a'r ysgolhaig a osododd safonau ar gyfer ysgrifennu Cymraeg.

LLEOLIAD

Saif y Tŷ Coch ar un ochor i'r groesffordd ynghanol Llanfairpwllgwyngyll.

CYFEIRNOD

SH526716   G 53° 22.1449 Gn 004° 20.8340

Gair yn ei Le

Yn Llandrygarn, Sir Fôn, y ganwyd John Morris-Jones yn 1864, ond mudodd ei deulu i Lanfair-pwll yn 1868. Bu ei dad yn athro am gyfnod, cyn mynd i gadw siop groser – Siop Stesion – yn Llanfair. Bu John Morris-Jones yn ddisgybl yn ysgol Llanedwen i ddechrau, cyn symud i ysgol newydd yn Llanfair. Yn 1876 aeth yn ddisgybl i Ysgol Friars, Bangor, ond pan aeth y prifathro D. Lewis Lloyd i fod yn brifathro Coleg Crist, Aberhonddu, aeth Morris-Jones ac eraill yno i'w ganlyn. Mathemateg oedd ei brif bwnc. Yn haf 1879 fe'i trawyd yn wael a bu gartref am gyfnod. Ar ddydd Nadolig 1879 bu farw ei dad, a 'daeth Morris-Jones ddim yn ei ôl i'r ysgol yn 1880; fe arhosodd gartref i helpu ei fam. Yn ystod y cyfnod hwn fe ddechreuodd gael blas ar lenyddiaeth Gymraeg, gan gynnwys gwaith hen feirdd Cymru. Yna ailafaelodd yn ei addysg. Yn 1883 enillodd ysgoloriaeth i fynd i Goleg Iesu, Rhydychen. Enillodd radd mewn Mathemateg yn 1887. Ond erbyn hynny roedd ei ddiddordebau wedi newid; roedd wedi dechrau cael blas ar astudiaethau Cymraeg a Chelteg, gan ddilyn darlithiau'r Athro Celteg, Syr John Rhŷs. Enillodd ysgoloriaeth i astudio Celteg. Tra oedd yn fyfyriwr fe sefydlodd ef ac eraill Gymdeithas Dafydd ap Gwilym, cymdeithas a gafodd ddylanwad mawr ar iaith a llên Cymru. Ar ôl gadael Rhydychen, treuliodd beth amser yn Llanfair, cyn cael ei benodi i ddarlithyddiaeth Geltaidd a sefydlwyd yng Ngholeg Prifysgol Gogledd Cymru, Bangor. Dechreuodd ar ei swydd yn 1889. Yn 1895, penodwyd ef yn Athro. Yn 1897 fe briododd Mary Hughes o fferm Siglan, Llanfair-pwll. Ganwyd iddyn nhw bedair o enethod. Yn 1918 dyrchafwyd ef yn farchog. Fe gododd John Morris-Jones dŷ yn Llanfair, sef y Tŷ Coch. Bu farw yn 1929.

Un o brif weithgareddau Morris-Jones oedd mynd ati i safoni'r Gymraeg, a chael gwared o gamsyniadau rhai fel William Owen Pughe am yr iaith. Edrychodd y tu hwnt i lên y bedwaredd ganrif ar bymtheg a seiliodd ei syniadau ar nodweddion yr iaith a'r llenyddiaeth cyn y cyfnod hwnnw, gan ddefnyddio gwyddor ieitheg gymharol i gadarnhau ei safbwyntiau. Ar ôl clirio brwgaitj fe osododd safonau pendant ar gyfer ysgrifennu Cymraeg. Yn 1913 cyhoeddodd *A Welsh Grammar*. Fe wnaeth y gweithgarwch hwn hwyluso ffordd llenyddiaeth Gymraeg yr ugeinfed ganrif. Un feirniadaeth ar y safoni hwn ydi fod ei seiliau braidd yn hynafol. Efô ac eraill, hefyd, fu wrthi'n creu system safonol o sillafu yn Gymraeg yn *Orgraff yr Iaith Gymraeg* (1928).

John Morris-Jones a fu'n gyfrifol am fynd ati o ddifrif i astudio cerdd dafod yng ngwaith Beirdd yr Uchelwyr a hen 'ramadegau' y beirdd, gan ddadansoddi'r grefft yn fanwl, yn gynghanedd a mesurau. Cyhoeddwyd ei *Cerdd Dafod* yn 1925. Bu hyn hefyd yn gymwynas enfawr. Ond os yw ei ddadansoddiad o nodweddion cerdd dafod yn y llyfr yn gampwaith, dydi ei ddisgrifiad o swydd y bardd yn y llyfr ddim hanner mor safadwy, yn bennaf gan fod syniadau Morris-Jones am farddoniaeth yn rhai Rhamantaidd. Er hyn, bu ei feirniadaethau, yn enwedig o lwyfan yr Eisteddfod Genedlaethol, yn foddion i ddod â safon i farddoniaeth ei gyfnod. Un elfen a wnâi ei feirniadaethau'n ddylanwadol oedd ei ddarlleniadau neu ei ddatganiadau hudolus o waith y beirdd.

Ond er bod John Morris-Jones yn feirniad o fri ar lwyfan yr Eisteddfod Genedlaethol, doedd dim beirniad mwy cignoeth nag o o Orsedd Beirdd Ynys Prydain a'i Derwyddon. Fe waldiodd Iolo Morganwg am ddyfeisio lol yr Orsedd, gan haeru'n wawdlyd mewn un man:

... er trengi o dderwyddiaeth ym mhobman arall, fe'i cadwyd yn fyw drwy'r canrifoedd ym Morgannwg gan wŷr yr Orsedd[!]

Ychwanegodd mewn man arall:

... [honnwyd] awdurdod Beirdd Ynys Prydain a'r derwyddon i'w mesurau a'i chrefydd trwy dwyll ac anwiredd, er mwyn gwrthwynebu a sarhau rhai o'r beirdd goreu a welodd Cymru, a hynny gan ddyrnaid o rigymwyr na buasai nemor golled i'r wlad pe nad anadlasent erioed.

Un gyfrol o farddoniaeth a gyhoeddodd John Morris-Jones, sef *Caniadau* (1907), ac y mae tua hanner y cerddi yn y llyfr hwn yn gyfieithiadau, yn enwedig o waith y bardd Almaeneg Heinrich Heine ac o waith yr hen fardd Persiaidd Omar Khayýam. Y mae canu telynegol John Morris-Jones ei hun yn gain, gosgeiddig a mirain-orffenedig:

> Dau lygad disglair fel dwy em
>   Sydd i'm hanwylyd i,
> Ond na bu em belydrai 'rioed
>   Mor fwyn â'i llygad hi.
>   ('Rhieingerdd')

> Saf ennyd yma, f'annwyl,
>   A rho dy law i mi.
> Ac edrych ar gyfaredd
>   Y dref sy dros y lli.
>   ('Y Ddinas Ledrith')

Y mae ei gerddi storïol yn drefnus a difyr, cerddi fel 'Seiriol Wyn a Chybi Felyn' neu'r chwedl am Owain Glyn Dŵr yn cyfarfod â 'Syr Lawrens Berclos'. Yn lled ddiweddar fe fu tuedd i ganmol ei ddychangerddi, rhai fel ei awdlau 'Cymru Fu; Cymru Fydd' a 'Salm i Famon'. Ond, er y dychan, yr oedd gan y bardd gred Fictoraidd mewn Cynnydd:

> Ni thrig annoeth ddrygioni – ynod mwy [Cymru]
>   Na dim ol gwrthuni;
>   Nac anwybod na thlodi,
>   Yn wir, nid adwaeni di.

Er bod yna grefft ddiamheuol yn y canu dychan, bardd telynegol cain iawn oedd Syr John ar ei orau.

John Morris-Jones, *Caniadau* (Fox Jones & Co., 1907)

46

EGLWYS LLANDDEINIOLEN

Yma y saif carreg fedd y bardd a'r llenor W. J. Gruffydd (1881–1954).

LLEOLIAD

Ar ffordd y B4366 rhwng Bethel a'r groesffordd am Lanberis neu Fangor y mae tafarn y Gors Bach. Trowch heibio iddi am Landdeiniolen. Y mae'r eglwys a'r fynwent ar y dde.

CYFEIRNOD

SH545658   G 53° 17.0220 Gn 004° 17.7697   ☞

Gair yn ei Le

Ganwyd William John Gruffydd ym Methel, plwyf Llanddeiniolen, yn fab i chwarelwr, John Griffith, a'i wraig Jane Elizabeth. Bu farw yng nghartref nyrsio Craig Beuno ym Mangor, bron iawn ar lannau'r Fenai y canodd amdani. Yn Ysgol Elfennol Bethel ac Ysgol Sir Caernarfon y cafodd ei addysg gynnar, cyn iddo ennill ysgoloriaeth i Goleg Iesu, Rhydychen, yn 1899, i astudio'r Clasuron a Llenyddiaeth Saesneg. Yno daeth o dan ddylanwad Syr John Rhŷs, a oedd yn Athro Celteg, ac Owen M. Edwards, a dod yn aelod o Gymdeithas Dafydd ap Gwilym. Yn 1906 fe'i penodwyd yn ddarlithydd yn Adran Gelteg Coleg y Brifysgol, Caerdydd. Yn 1915, ymunodd â'r Llynges. 'Yr wyf wedi dewis gwaith na all neb wadu ei berigl a gwaith hefyd sydd yn *non-combatant*,' fel yr esboniodd wrth T. Gwynn Jones. Cyfansoddodd ei soned 'Ofn' ar ôl dychwelyd o'r Llynges:

'Rôl crynu'n hir dan wae'r gormesol wynt,
 A'r moroedd maith, a'u certh ddygyfor hwy,
A'm lluchio beunydd ar ddigartref hynt,
 Mewn ing a dychrynfeydd a mynych glwy,
Heddyw mi ddeuthum innau'n ôl i dir,
 Gan roi ffarwél i drom hwsmonaeth braw,
A gweld hen wladfa Ofn, drwy'r glesni clir,
 Mewn diogelwch pell yn cilio draw.

Ond er hyn, meddai, ni ddaw â balm iddo, nid oes dim:

All wella'r heilltion fôr-ddoluriau ddim.
 I ddyfnaf enaid f'enaid rhywbeth aeth
Sy'n lleisio ofnau'r môr ar drymllyd draeth.

Ar ddiwedd y Rhyfel Mawr, yn 1918, penodwyd ef yn Athro yn yr un adran, a oedd wedi newid i fod yn Adran Gymraeg. Bu yno nes iddo ymddeol yn 1946. 'Bod' yn unig yr oedd, meddai, yng Nghaerdydd, a dychwelodd i gyrion Caernarfon i fyw. Bu farw ar 26 Gorffennaf 1954, a chladdwyd ei gorff ym mynwent eglwys Llanddeiniolen, lle y mae'r ywen y canodd iddi. O amgylch yr eglwys, meddai, y mae coed yw.

    ... ymestyn dulas lu
 Anhyblyg wyliedyddion bro y bedd
A'u ceinciog gnotiog freichiau'n codi fry
 I guddio llawen iechydwriaeth gwedd
Haul y rhai byw o dir y meirwon prudd.

Y mae un pren yn fwy na'r lleill, yn 'ysgweier balch y llan', yn disgwyl pawb yn ei dro:

Fe ddaw eu tro'n ddiogel – ond pa waeth?
 Ni leddfir tinc y chwerthin melys rhydd;
Ni ddelir adain maboed un yn gaeth
 Wrth gofio am drueni'r meirwon prudd,
A'u dwylo'n groesion, yn eu gwely gro.

Dyma'r tinc herfeiddiol a geir yn aml yn ei gyfrol, *Ynys yr Hud* (1923).

Ond nid bardd yn unig, nac yn bennaf, oedd Gruffydd. Y mae'n ysgrifennwr rhyddiaith nodedig, fel y dengys ei ddwy brif gyfrol, sef ei *Hen Atgofion* a'i gofiant, Cyfrol I, i *Owen Morgan Edwards*.

O 1922 hyd 1951, pan ddaeth i ben, W. J. Gruffydd oedd golygydd *Y Llenor*, cylchgrawn llenyddol eang ei ddiddordebau. Trafodai'r golygydd faterion o bwys y dydd i Gymru, gan ddweud ei farn unigolyddol yn blaen ac eofn. Efallai fod y disgrifiad hwn ohono'n ŵr ifanc gan T. Gwynn Jones yn rhoi inni ryw syniad am gymeriad Gruffydd:

Cnoc ar y drws. Cnoc chwyrn, hyderus... Llefnyn main, pryd tywyll, wedi ymwisgo mewn dillad brethyn golau o deilwriaeth dda... Talcen hael, llygaid byw, gwefusau llawn ond chwim. Cerddodd heibio imi i'r tŷ. Ysgogiad ystwyth ar ei gorff, fel pe buasai hynny'n hen arfer ganddo. "Gruffydd ydi f'enw i," meddai wrth wneud hynny.

Dyma un o sylwadau Gruffydd ar Gymru yn *Y Llenor*:

Os collir Cymru, nid oes i mi, beth bynnag, ddim pellach i'w ddweud wrth fywyd.
　　Cymru oedd fy *raison d'être* i; nid oes un ystyr i'r bywyd y bûm yn ei fyw hyd yn hyn, nac i'r un llinell a ysgrifennais erioed, oni bydd plant *Cymreig* yn byw yn Llanddeiniolen a Phont-rhyd-fendigaid a Llanbrynmair wedi i mi dewi â chwyno.

Fel ysgolhaig fe gyhoeddodd weithiau o bwys ar ein hen chwedlau, yn enwedig *Pedair Cainc y Mabinogi*, gan daflu goleuni ar amryw agweddau ohonyn nhw, a chan or-gymhlethu pethau eraill.

Gallai fod fel cyllell wrth gondemnio gwaith trwstan. Yn 1931, cyhoeddodd Timothy Lewis ei *Mabinogi Cymru*; dyma oedd barn W. J. Gruffydd am y llyfr:

Nid yn unig y mae'r awdur yn torri pob deddf wybyddus sy'n rheoli tarddiadau'r iaith Gymraeg ac ieithoedd eraill, ond nid yw byth, *hyd yn oed ar ddamwain*, yn dywedyd dim y gellir ei dderbyn fel tebygrwydd.

Er bod Gruffydd wedi bod yn ffyrnig yn erbyn creu maes awyr ym Mhenyberth, ac er iddo ymaelodi â Phlaid Genedlaethol Cymru yn 1935, a dal i fod yn aelod o ryw fath hyd 1942, eto yn 1943, a Saunders Lewis wedi ei godi'n ymgeisydd y blaid honno ar gyfer ethol Aelod dros Brifysgol Cymru, fe benderfynodd – gyda rhywfaint o berswâd – roi ei enw ymlaen fel ymgeisydd yn erbyn Lewis. Ac efô a etholwyd, ar ôl creu gwahaniadau dwys ymysg y Cymry. Wrth gael ei enwebu yr oedd wedi mynnu na fyddai'n rhoi'r gorau i'w swydd yng Nghaerdydd, ac ni wnaeth hynny. Yma, fel yn y rhan fwyaf o'i weithgarwch, mynnodd Gruffydd fod mor annibynnol ag yr oedd modd iddo fod.

W. J. Gruffydd, *Ynys yr Hud* (Hughes a'i Fab, 1923)

VICTORIA HOUSE

Man geni y bardd telynegol I. D. Hooson (1880-1948) yn Stryd y Farchnad, Rhosllannerchrugog.

LLEOLIAD

Y mae Stryd y Farchnad yn Rhosllannerchrugog yn ganolbwynt i'r pentref (wel, ar wahân i'r Stiwt, wrth gwrs). Dyma'r brif stryd siopa, ac y mae'r adeilad a elwir yn Victoria House bellach yn gartref i siop nwyddau T & C Williams. Yma y ganwyd I. D. Hooson.

CYFEIRNOD

SJ290463   G 53° 01.0058 Gn 003° 05.8171

Gair yn ei Le

Yn Rhosllannerchrugog y ganwyd Isaac Daniel Hooson. Hyfforddwyd ef fel cyfreithiwr, ac yr oedd ei swyddfa yn Wrecsam. Yn rhinwedd ei swydd treuliodd lawer o'i amser yn Llys Methdaliadau Gogledd Cymru. Yr oedd yn fardd tra phoblogaidd a gyhoeddodd ddwy gyfrol, *Cerddi a Baledi* (1936) ac *Y Gwin a Cherddi Eraill* (1948). Roedd yn fardd telynegol, uniongyrchol ei apêl.

Yn ei gerddi cofnoda achlysuron arbennig, ei ymateb i fyd natur a chreaduriaid, a breuder a gwerth einioes; fe osoda storïau ar gân ac, yn ei ail gyfrol yn enwedig, mynega ei osgo at gredo Gristnogol.

Y gerdd gyntaf yn *Cerddi* ydi 'Y Fflam', lle disgrifir bywyd sipsiwn:

Carafán goch a milgi brych
A chaseg gloff yng nghysgod gwrych;
A merch yn dawnsio i ysgafn gân
A chrwth ei chariad yng ngolau'r tân.

Ond y maen nhw yn mynd ymaith, yn ôl eu harfer. A beth sydd ar ôl?

Dros ael y bryn y dring y lloer,
Mae'r tân yn awr fel hithau'n oer;
Angerdd pob fflam a thân pob nwyd,
A dry'n ei dro yn lludw llwyd.

Yma y mae cysgod terfynol angau fel pe bai'n mynd i droi popeth yn llwch. Y mae presenoldeb angau yn thema bwysig yn ei waith.

Fel y nodwyd, y mae credo Gristnogol Hooson yn amlwg yn ei waith. Fe wnaeth ei gerdd ddiwastraff 'Seimon, Mab Jona' argraff ar lawer iawn o Gymry. Ynddi y mae rhywun yn holi Seimon Pedr:

"Paham y gadewaist dy rwydau a'th gwch
Fab Jona, ar antur mor ffôl?
Gadael dy fasnach a myned ar ôl
Llencyn o Saer o Nasareth dref;
Gadael y sylwedd a dilyn y llef..."

Yr ateb a roddir ydi:

"Gwelais ei wyneb a chlywais ei lef,
A rhaid, a rhaid oedd ei ddilyn Ef."

Y mae gallu Hooson i greu teimladau synhwyrus ynghylch creaduriaid a blodau yn arbennig. Dyma 'Y Rhosyn':

Fel hen dafarnwr rhadlon
  Bu'r haul drwy'r hir brynhawn
Yn rhannu'i winoedd melyn,
  A'i westy llon yn llawn.
'R oedd llygaid gloywon yno
  A llawer gwridog fin;
A choch gwpanau'r rhosyn
  Oedd lawn o'r melys win.

Y mae'r ddelwedd o'r haul fel tafarnwr rhadlon mor drawiadol â delwedd T. E. Hulme (a gyhoeddodd bump o gerddi'n unig yn ei 'gasgliad cyflawn' o'i waith) wrth iddo weld y lleuad:

And saw the ruddy moon lean over a hedge
Like a red-faced farmer.

Y mae sigl a sbri lliwgar yn ei faledi, megis yr un enwog iawn am 'Barti Ddu':

Hywel Ddu, 'r ôl brwydrau lu
Ar y cefnfor glas yn ei hwyl-long ddu,
   A glwyfwyd yn dost,
   Er ei rwysg a'i fost,
Ar y cefnfor glas yn ei hwyl-long ddu.

Byddai'n dda inni, ar Nadolig, ymgydnabod eto â cherddi cyrhaeddgar o syml Hooson, rhai fel 'Y Doethion':

   Pwy yw y rhain sy'n dod
    I'r ddinas ar y bryn,

   Yng ngolau'r seren glaer
    Ar eu camelod gwyn?
    Brenhinoedd dri yn ceisio crud
    Brenin brenhinoedd yr holl fyd.

Yn ei gerdd 'Y Gwin' y mae yna un llinell sydd yn cyfleu'n fyw iawn fyd o werthoedd I. D. Hooson, byd sydd bellach wedi peidio â bod, sef 'gwyn Sabbathau'r Rhos'. Dydi'r rheini ddim yn bod bellach.

I. D. Hooson, *Cerddi a Baledi* (Gee, 1936); *Y Gwin a Cherddi Eraill* (Gee, 1948)

48

COED Y PRY

Y fferm yn Llanuwchllyn lle ganwyd O. M. Edwards (1858–1920), awdur rhyddiaith a golygydd *Cymru'r Plant*, a wnaeth gymaint o gyfraniad i addysg, hanes a llên yng Nghymru.

LLEOLIAD

Ar y ffordd wledig sy'n arwain o bentref Llanuwchllyn tuag at Fwlch y Groes i gyfeiriad Dinas Mawddwy, y mae fferm Coed y Pry yn llechu ar ochor y ffordd.

CYFEIRNOD

SH880291   G 52° 84.8410 Gn 003° 66.3583

Gair yn ei Le

Yng Nghoed y Pry, Llanuwchllyn, y ganwyd Owen Morgan Edwards. Cafodd ei addysg fore argraff annileadwy arno, mor annileadwy nes ei bod wedi llunio ei yrfa am ei oes. O gael ei addysgu yn Gymraeg yn yr Ysgol Sul, fe aeth i ysgol y pentref. Y mae ei gofnod o'r dechrau hwnnw ar gael, ac y mae'n un deifiol. Aeth yno gyda'i fam, y fam a wnaeth gymaint er ei fwyn – 'cuddiodd ei phrinder a'i hafiechydon oddiwrthyf, benthyciai pan nad oedd ganddi', chwedl yntau. Dyma'r ysgolfeistres:

... dynes fechan, a llygaid treiddgar, ac yn dal ei dwylaw o'i blaen y naill ar y llall. Siaradai dipyn o Gymraeg lledieithog, iaith y werin; Saesneg, mae'n amlwg, oedd ei hiaith hi... Ni fedrai wenu ond wrth siarad Saesneg. Sur iawn oedd ei gwep wrth orfod diraddio ei hun i siarad Cymraeg.

Aethpwyd â'r 'niw boi' at is-athro, llanc diddan a charedig. Dywedodd wrth O.M. am beidio â siarad Cymraeg. Ond dyma blant 'creulon' a 'chegog' y pentref yn tynnu arno nes iddo, yn y diwedd, wylltio a dweud ei feddwl – yn Gymraeg, wrth reswm.

Gydag imi ddweud fy Nghymraeg cryf, chwarddodd pawb, a rhoddwyd llinyn am fy ngwddf a thocyn pren trwm wrtho. Ni wyddwn ar wyneb y ddaear beth oedd... O'r diwedd daeth canol dydd, awr y gollwng. Daeth yr ysgolfeistres yno a gwialen yn ei llaw. Gofynnodd ryw gwestiwn, a chyfeiriodd pob plentyn gwasaidd ei fys ataf fi. Daeth rhywbeth tebyg i wên dros ei hwyneb pan welodd y tocyn am fy ngwddf i. Dywedodd ryw rigwm hir wrthyf na fedrwn ddeall gair ohono, danghosodd y wialen imi, ond ni chyffyrddodd a mi. Tynnwyd y tocyn i ffwrdd, a deallais wedi hynny mai am siarad Cymraeg y rhoddid ef am wddf.

Â ymlaen i ddweud i'r tocyn hwnnw fod am ei wddf gannoedd o weithiau wedyn. Y drefn oedd: rhoi tocyn am wddf plentyn a siaradai Gymraeg; gwisgai yntau o nes y clywai blentyn arall yn siarad Cymraeg; yna byddai hwnnw'n gorfod gwisgo'r tocyn. Ar ddiwedd y dydd byddai'r truan oedd yn ei wisgo'n cael 'gwialenodiad ar draws ei law'. Ychwanega O.M. hyn: 'ni cheisiais erioed gael llonydd gan y tocyn trwy ei drosglwyddo i un arall'.

Dyma'r 'Welsh Note', y cyfeirir ato hefyd fel y 'Welsh Not'. Y mae'r hanesyn hwn, fel y gwelir, yn dweud cryn dipyn am orthrwm addysgol Saesneg, am natur y rhan fwyaf o gyd-ddisgyblion O.M. ac am ei gymeriad o'i hun.

Fe ddringodd y dioddefwr Cymraeg hwn i uchelfannau dysg Saesneg ei ddydd, ar ôl bod yng Ngholeg y Brifysgol, Aberystwyth (1880–83); am flwyddyn ym Mhrifysgol Glasgow (1883–84); a Choleg Balliol, Prifysgol Rhydychen (1884–87), lle y graddiodd yn uchaf ar restr y Dosbarth Cyntaf mewn Hanes Diweddar. Ar ôl cyfnod yn teithio ar gyfandir Ewrop, yn 1889 fe'i penodwyd yn Gymrawd o Goleg Lincoln, Rhydychen, gan ddarlithio a thiwtora mewn colegau eraill hefyd. Bu'n Aelod Seneddol Rhyddfrydol dros Sir Feirionnydd yn 1899–1900. Yn 1907 penodwyd ef yn Brif Arolygwr Addysg yng Nghymru. Yn 1887 dechreuodd ganlyn Elin Elizabeth Davies, Y Prys Mawr, Llanuwchllyn. Fe briododd y ddau yn 1891. Ganwyd iddyn nhw dri o blant: Ab Owen (a fu farw'n un a hanner yn 1897), Ifan ab Owen a Haf. Bu farw ei wraig, a oedd mewn iselder meddwl, wedi iddi ei thaflu ei hun o ffenestr ystafell ymolchi'r tŷ yr oedd y ddau wedi ei godi iddyn nhw eu hunain, sef y Neuadd Wen, Llanuwchllyn. Anafwyd hi'n ddifrifol gan ei chwymp a bu farw ar 9 Ebrill 1919. Y mae hynt y berthynas agos a fu rhwng y ddau wedi ei chofnodi yn eu llythyrau, a olygwyd gan Hazel Walford Davies. Bu O.M. ei hun farw ar 15 Mai 1920, yn ŵr cefnog a chanddo amryw o ffermydd yn ardal y Bala.

Y mae'r gwaith a gyflawnodd O. M. Edwards, ar ben gofynion ei swyddi, ac ar ben ei deithio mynych i gwblhau ei ddyletswyddau galwedigaethol, yn anferthol. Bu iddo ran bwysig yn sefydlu Cymdeithas Dafydd ap Gwilym yn Rhydychen; bu'n olygydd sawl cyhoeddiad, megis Cyfres y Fil (o glasuron Cymraeg); *Cymru Fydd*; *Cymru* (y Cymru Coch); a *Cymru'r Plant.* Gwerthai'r rhan fwyaf o'r rhain y fath niferoedd a fyddai'n rhoi digon i yrru unrhyw wasg heddiw i orbit. Hyn i gyd yn ogystal â'r llyfrau fyrdd a ysgrifennodd i ddarllenwyr o Gymry, ac ar ben ei gyhoeddiadau academaidd.

Fel hanesydd a theithiwr y mae'n gallu bod yn gartrefol sylwgar, gan gario'i ddysg eang yn anarddangosiadol. Yn *O'r Bala i Geneva* (1889), sydd, meddai, yn 'gipolygon' i geisio ennyn diddordeb yn hanes rhai o brif ddynion a phrif lefydd y ddaear, y mae'n gallu gwneud amgylchoedd Geneva mor gynefin ag amgylchoedd Llanuwchllyn:

Meddwl am y Bala eto, meddwl fod y mynyddoedd y tu hwnt i Gefnddwygraig, – y Jura, – yn uwch bum gwaith; fod ffordd Bwlch y Groes (ffordd Dijon, nid ffordd y Dinas) yn ymddolenu fel sarff drwy 'Gwm Uffern' (nid Cwm Cynllwyd), a fod yr Aran yn bum mil a phum cant o droedfeddi o uchder yn lle prin dair mil. Meddwl eto fod yr Arennig yn uwch ddwywaith, fod llan ac eglwys a mynwent a gwinwydd ar ei phen; a dy [arwydd mai o lythyr y codwyd hwn yn wreiddiol, efallai] fod yn gweled pen gwyn Mont Blanc, yr uchaf o'r Alpau, ac eira tragwyddol, y tu hwnt iddi. Meddwl fod y mynyddoedd yn ymgyfarfod wrth Landderfel gan adael lle cul i'r Rhôn ddianc rhyngddynt, a fod y dyfroedd yn ymgolli yno am ennyd mewn creigiau anferth.

Yr oedd ganddo'r un ddawn i fanwl ail-greu argraffiadau o bobol a llefydd go-iawn. Dyma ei sylw am

sanau'r ysgolhaig mawr hwnnw, Edward Anwyl: yr oedd Gwenogvryn Evans wedi mynd â rhyw Dr Martineau i'w gyfarfod, 'ac yna ciliodd yn ôl rhag cywilydd, gan yr arogl oedd yn codi o sane Anwyl'. Yr oedd ganddo lygad am wisgoedd; dyma ei sylw am ferch yr oedd wedi ei gweld yn Rhydychen a oedd yn ei atgoffa o'i Elin:

Geneth syth hoew oedd hi, dalach dipyn bach na'r cyffredin. Yr oedd yn gwisgo yr un fath a chwi *yn union,* – gwisg lwyd laes yn gweddu iddi yn dda, het a phlu duon yn ei matsio i'r dim, cot wedi ei haltio yn ei chefn, yn wniade i gyd, a choler ffýr.

Yr oedd ei gyfraniad i addysg a hanes a llên yng Nghymru gymaint fel y gellir dweud iddo wneud gwahaniaeth i fywyd y genedl. A dyma inni enghraifft o benderfyniad ac o dreiddgarwch meddyliol O.M. Roedd o yn Llanandras yn arolygu'r ysgol uwchradd yno, a'r prifathro'n gyndyn yn erbyn dysgu dim Cymraeg. Holodd O.M. o am hyn. Ei ateb oedd:

"There is no demand for Welsh here. There isn't a single Welsh chapel in the town."

Ni ddywedodd O.M. ddim. 'Dyna fi wedi cau piser hwn'na,' meddai'r prifathro wrtho'i hun. Yn y prynhawn bu O.M. yn arolygu gwers Ffrangeg. Wrth fynd o'r ystafell, sibrydodd wrth y prifathro:

"I am glad to see that you teach French here. I presume that there are a number of French chapels here."

O. M. Edwards, *Clych Atgof* (Hughes a'i Fab, 1921); *O'r Bala i Geneva* (Davies ac Evans, 1889); *Tro yn yr Eidal* (Hughes a'i Fab, 1921)

217

49

20 STRYD GOODMAN

Y tŷ yn Llanberis lle ganwyd y nofelydd a'r bardd T. Rowland Hughes (1903–1949).

LLEOLIAD

Cartref digon di-nod ydi 20 Stryd Goodman, tŷ teras tebyg i'r cannoedd a godwyd i'r chwarelwyr gynt. Y mae Stryd Goodman yn arwain i'r de o sgwâr y pentref, gyferbyn â chaffi enwog Pete's Eats.

CYFEIRNOD

SH576603   G 53° 12.1435 Gn 004° 12.8995

Gair yn ei Le

Mab i chwarelwr o Lanberis, William Rowland, a'i wraig May oedd Thomas Rowland Hughes. Addysgwyd o yn Ysgol Dolbadarn, Ysgol Brynrefail a Choleg Prifysgol Cymru, Bangor, lle yr enillodd radd Dosbarth Cyntaf mewn Saesneg yn 1925. Ar ôl cyfnod yn athro yn Aberdâr, aeth rhagddo i ennill gradd M.A. ym Mangor a Chymrodoriaeth gan yr un coleg i astudio yn Rhydychen, lle yr enillodd radd B.Litt. Ar ôl cyfnod yn ddarlithydd yng Ngholeg Harlech (1930–33), a chyfnod byr yn y Mary Ward Settlement yn Llundain, fe'i penodwyd o yn drefnydd rhaglenni dogfen gyda'r BBC yng Nghaerdydd. Yn 1933 priododd Eirene o Ddyffryn Ogwr. Tua 1937 dechreuodd ddioddef gan sglerosis ymledol, ond daliodd i weithio am gyfnod. Bu farw ar 24 Hydref 1949.

Fel nofelydd y cofir am T. Rowland Hughes yn bennaf, ond fe enillodd gadair Eisteddfod Genedlaethol Machynlleth am ei awdl 'Y Ffin', a chyhoeddodd gyfrol o gerddi, *Cân neu Ddwy*, yn 1948. Efô ydi awdur y ddau emyn poblogaidd, y naill yn dechrau gyda'r geiriau 'Tydi a roddaist liw i'r wawr / A hud i'r machlud mwyn...' a'r llall 'Dwy law yn erfyn sydd yn y darlun / Wrth ymyl fy ngwely i ...', a'r cerddi 'Gwanwyn' ('Mi wellaf pan ddaw'r gwanwyn...'), a ganwyd gan Hogia'r Wyddfa, a 'Salem', am ddarlun Curnow Vosper, sy'n dechrau gyda'r geiriau 'Siân Owen, Ty'n y Fawnog, yw'r hen wraig...' ac a ganwyd gan Endaf Emlyn.

O Law i Law (1943) oedd y cyntaf o'i weithiau rhyddiaith i gael ei gyhoeddi. Hanes gŵr o'r enw John Davies yn gwagio'i gartref o'i gelfi ydi hwn. Wrth iddo adrodd hanesion am gael gwared o bob celficyn 'o law i law', ceir atgofion am bethau'n gysylltiedig â nhw. Meri Ifans sydd am brynu mangyl John Davies i'w merch Ella a Jim, sef Jim-gŵr-Ella, neu Jim Gorila ar lafar; efô yn enfawr a hithau'n 'ddimeiwerth o beth'. Dyma sut y disgrifir yr ymdrech i fynd â'r mangyl o'r tŷ:

... y mangyl ar y llwybr y tu allan i'r ddôr, fel rhyw anifail mawr, ystyfnig; Ella'n siarad pymtheg y dwsin ac yn ceisio egluro rhywbeth yr oedd Jim yn rhy ddwl i'w ddeall; Jim yn chwys diferol yn pwyso'n ddiymadferth yn erbyn y wal; a Ned fel pe'n trio argyhoeddi Bess, y gaseg, fod cael ei bachu wrth fangyl yn fraint na chafodd caseg na cheffyl mohoni erioed o'r blaen.

Yn y bennod ar 'Arfau', sef arfau chwarel tad John Davies, fe geir adran fanwl-atgofus o ffrwydriad mewn chwarel agored, fel y rhai sydd yn Llanberis:

Torrai sŵn ffrwydriad ar ôl ffrwydriad pell tu ôl i'r clebran yn y cwt [clebran y chwarelwyr], ambell un yn ddwfn a hirllaes, gan ddeffro rhu taranau yng nghreigiau'r chwarel ac yn y bryniau o amgylch; ambell un arall yn glec go ysgafn a go fain, heb fawr ddim adlais yn y mynyddoedd... A thorrodd y ffrwydriad a daniaswn i. Gwenodd fy nhad arnaf fel y crwydrai'r eco dwfn i'r bryniau, uwch sŵn y graig yn ymddatod ac yn gollwng ei phlygion ar lawr y twll. Byddai, fe fyddai gennym – gennyf – ddigon o gerrig am bythefnos.

Nofel ffug-arwrol o ran ei naratif ydi *William Jones* (1944) – 'Un o hanfodion nofelydd gwir fawr... yw'r gallu i ddarlunio cymeriad. Gyda braw, ddarllenydd hynaws, y sylweddolaf imi anghofio tynnu darlun o William Jones.' Hanes William Jones, chwarelwr mwyn a thawel, a selog yn y capel, yn cael llond bol ar ei wraig ddi-ddim Leusa, ac yn ei hel hi at ei chwaer a'i thylwyth yn y de, ydi'r nofel. Un o arwyddion gwraig slebogaidd ynddi ydi ei bod hi'n prynu tjips yn fwyd i'w gŵr yn hytrach na gwneud pryd sylweddol iddo fo. Un o'r arwyddion fod terfyn i amynedd William Jones ydi ei fod o yn creu ffrwydriad tebyg i ffrwydriad chwarel yn Anghydffurfiaeth Cymru trwy ddweud wrth ei Leusa, "Cadw dy blydi *chips*."

Yn y de tlawd a dirwasgedig fe gawn anturiaethau dwys a digrif William Jones. Un o'r hanesion digrif ydi'r un amdano fo a'i nai direidus Wili Jon yn mynd ar dandem, gan lanio yn lobi tŷ y bu iddo fo fod ynddo o'r blaen:

... crwydrodd y tandem yn feddw gaib ar draws Stub Street a thros y palmant ac ar wib i mewn drwy'r drws agored i'r tŷ y galwasai William Jones ynddo i chwilio am Fot [ci] un diwrnod yn nechrau'r flwyddyn. Yn ffodus iawn, ni chwaraeai'r plentyn budr a charpiog yng ngwaelod y grisiau'r tro hwn, neu dyn a ŵyr beth a ddaethai ohono yn y traffic annisgwyl... ymhen ennyd daeth y cawr blêr a digoler o'r gegin, wedi'i wisgo'n hollol yr un fath ag yr oedd o'r blaen. Yr oedd golwg chwyrn a bygythiol arno; credasai ef mai rhai o blant y stryd a aflonyddai ar ei heddwch, a daethai yno i roi diwedd ar un neu ddau ohonynt. Syrthiodd ei geg fawr yn agored pan welodd ddau ŵr ar dandem fel pe'n bwriadu dringo'r grisiau ar y peiriant.

Yr hyn a ddaw'n amlwg trwy'r nofel ydi fod yr annhebygol William Jones yn wir yn arwr go-iawn.

Nofel fwyaf ysgytwol T. Rowland Hughes ydi *Chwalfa* (1946). Hanes y Streic Fawr yn chwarel y Penrhyn (a elwir yma yn Llechfaen) trwy fywydau gwahanol gymeriadau, yn enwedig bywyd teulu Edward Ifans, a geir ynddi. Y mae hi'n dechrau gyda dau fachgen, Llew a Gwyn, yn crwydro mynydd i chwilio am waith copr yn y gobaith afreal o gael eu cyflogi yno. Y mae gelyniaeth y byd naturiol yn ddarlun o elyniaeth ac anobaith lle heb waith:

Rhedai'r llwybr uwch dyfnder rhyw hafn greigiog ac ar ei gwaelod yr oedd llyn bychan, yn dywyll fel cysgod ac yn llonydd fel rhywbeth marw.

Y mae'r mynydd bron fel y rhostir hwnnw lle y daeth Macbeth wyneb yn wyneb â'r Tair Gwrach am y tro cyntaf:

... gerllaw iddynt, o fewn tri cham, yr oedd hafn, a'r niwl yn ymdreiglo trosti. Ymddangosai fel rhyw grochan enfawr, ysgeler, a mwg rhyw ddewiniaeth hyll yn hofran ynddi.

Fe gynorthwyir y ddau hogyn gan fugail sydd yn mynd â nhw i'w gartref, i rannu peth o'i fwyd prin. Y mae tlodi fel asid yn bwyta i mewn i fywydau pobol y gymdeithas gadarn Gristnogol, chwarelyddol, Gymraeg a ddarlunir yn y nofel. Ar ôl i'r bugail a'r ddau hogyn fynd, cawn olwg ar y caledi mewn disgrifiad o wraig y bugail:

Safodd yno'n llonydd, a thawel fel delw, a'i hysgwyddau, er nad oedd hi ond ifanc, yn dechrau crymu ac arian yn ymsaethu drwy ddüwch ei gwallt.

Y mae yna golledion trwm a chwalfa yn nheulu Edward Ifans – y mae Gwyn yn marw, y mae ei frawd mawr Dan yn troi'n feddwyn. Dim ond ychydig sydd yn ddigon cryf i ddal tan y diwedd, fel Edward Ifans ei hun:

Gwyrodd Edward Ifans ymlaen yn y drws i syllu tua'r chwarel draw yn y pellter. Trawai llafn o heulwen ar wyneb yr hen ŵr ar wyneb y graig.

Edrychodd Edward Ifans yn hir arno. Yr oedd ei wên mor anchwiliadwy ag erioed.

Yn y nofel hon, yn anad un, yr wynebodd yr addfwyn T. Rowland Hughes yr egrwch hwnnw, na ellir ei osgoi, sydd yna mewn bywyd yn rhywle o hyd. Y mae yna, yn Edward Ifans, beth o ddewrder T. Rowland Hughes ei hun, 'y dewraf o'n hawduron', chwedl R. Williams Parry.

T. Rowland Hughes, *Cân neu Ddwy* (Gee, 1948); *O Law i Law* (Foyle, 1943); *William Jones* (Gwasg Aberystwyth, 1944); *Chwalfa* (Gwasg Aberystwyth, 1946)

CARREG FEDD CEIRIOG

Man gorffwys John Ceiriog Hughes (1832–1887), y bardd telynegol, ym mynwent Llanwnog ger Caersŵs.

LLEOLIAD

Ychydig filltiroedd i fyny'r A470 o Gaersŵs y mae'r B4568 yn arwain i'r dwyrain. Pentref Llanwnog yw'r pentref cyntaf ar hyd y ffordd yma, ac y mae'r eglwys i'w chanfod ynghanol y pentref.

CYFEIRNOD

SO021937   G 52° 53.3245 Gn 003° 44.3338   ☞

Gair yn ei Le

Yn Llanarmon Dyffryn Ceiriog y ganwyd John (Ceiriog) Hughes. Ar ôl ymadael â'r ysgol pan oedd yn bymtheg oed a rhoi cynnig ar ffermio ac ar argraffu fe symudodd i Fanceinion yn 1848. Bu'n gweithio mewn siop groser yno cyn cael lle fel clerc ar 'y lein', sef y rheilffordd, yn 1855. Yn 1868 daeth yn ei ôl i Gymru, i fod yn orsaf-feistr Llanidloes. Yn 1870 penodwyd ef yn Arolygydd y rheilffordd a oedd wedi ei hagor o Gaersŵs i'r Fan. Bu farw yn 1887, a chladdwyd ef ym mynwent Llanwnog, ger Caersŵs.

Ym Manceinion daeth Ceiriog i gysylltiad â phobol fel R. J. Derfel, William Williams (Creuddynfab) a John Jones (Idris Fychan), a fu'n ddylanwad arno, gan ei roi ar ben y ffordd gyda'i farddoniaeth a rhai o hen draddodiadau ei wlad. Yr oedd gosod geiriau ar geinciau'n rhan bwysig o farddoni i Geiriog; galwyd o yn 'fardd y berdoneg [piano]' gan Gwenallt. Yn ei lyfr *Y Bardd a'r Cerddor* y mae Ceiriog yn rhoi 'Awgrymiadau ynghylch Ysgrifennu Caneuon a Geiriau i Gerddoriaeth'. Yn yr un gwaith y mae ganddo restr hirfaith o alawon Cymreig. Ar ôl dychwelyd o Fanceinion cafodd gwmni rhai fel Richard Davies (Mynyddog) a Nicholas Bennett wrth iddo ganlyn eisteddfodau a hel tafarnau.

Y mae'n amlwg fod llwyfan cyngherddau'n bwysig iawn i Geiriog, ac yn hwb iddo gyfansoddi. Ymddengys, hefyd, ei fod yn gallu cyfansoddi'n rhwydd. Y mae teimladau'n llifo i'w eiriau, yn aml yn ddwys a chyrhaeddgar, ac weithiau'n arwynebol a thenau. Yr hyn y llwyddodd i'w wneud ydi rhoi mynegiant i deimladau a oedd yn agos i'r wyneb yng nghyhoedd ei gyfnod. Y mae yna barhad i'r mynegiant hwnnw hyd heddiw yn amryw o'i gerddi.

Meddyliwn am y Cymry hynny yn y bedwaredd ganrif ar bymtheg oedd â'u gwreiddiau mewn cefn gwlad, rhai y bu'n rhaid iddyn nhw fynd i Lerpwl neu Fanceinion neu Lundain i wneud bywoliaeth. Hawdd deall pam yr oedd 'Nant y Mynydd' yn mynd at eu calonnau – hyd yn oed os na fynnen nhw ddod yn ôl am bris yn y byd.

> Nant y Mynydd, groew, loew,
>   Yn ymdroelli tua'r pant;
> Rhwng y brwyn yn sisial ganu,
>   O na bawn i fel y nant!

A dyna rug y mynydd a'r adar mân, hwythau'n cynnau hiraeth ym meibion y mynydd:

> Mab y Mynydd ydwyf innau
>   Oddicartref yn gwneud cân,
> Ond mae 'nghalon yn y mynydd
>   Efo'r grug a'r adar mân.

Cyffwrdd yn nhannau eu teimladau a wnâi cân am fynd yn ôl i Feirionnydd hefyd:

> Fe ddaw wythnos yn yr haf,
> Gweled hen gyfeillion gaf:
>   Tros y mynydd
>   I Feirionnydd
> Tros y Garreg acw'r âf.

Fe apeliodd, ac fe apelia, bugeilgan delynegol 'Alun Mabon' at dyrfaoedd:

> Os hoffech wybod sut
>   Mae dyn fel fi yn byw:
> Mi ddysgais gan fy nhad
>   Grefft gyntaf dynol ryw...

Daw'r fugeilgan hon i ben gyda phenillion sydd wedi gafael yng nghalonnau cenedlaethau o Gymry: 'Aros mae'r mynyddoedd mawr...'

Dyna wedyn ei ganu serch:

Wyt ti'n cofio'r lloer yn codi
  Dros hen dderw mawr y llwyn,
Pan ddywedaist yr aberthit
  Nef a daear er fy mwyn?

Ond trodd serch yn y gerdd hon yn ofid, fe drodd 'Cariad' yn 'Gyfaill'. Er hyn:

Cariad wyt ti, Magi annwyl,
  Bur, ddihalog, fel erioed;
Troist dy wyneb, cefnaist arnaf,
  Minnau garaf ôl dy droed.

Gwladgarwch; gellir troi hynny hefyd yn gân:

I feddrod Llywelyn mae'r tir wedi suddo,
  Ac arno'r glawogydd, arhosant yn llyn...
Fy Nghymru, fy Ngwlad, a wyddost ti hyn!
  Pa le mae Gwladgarwch yn dangos ei wedd?
Mae godrau y cwmwl yn gwybod amdano,
  A deryn y mynydd yn nabod y bedd.

Morio mewn teimladrwydd oedd cryfder Ceiriog, a than amodau arbennig fe allai fod wedi gwneud ei ffortiwn, fel Tim Rice.

Ond roedd yr hen frawd yn gallu bod yn beniog a chyrhaeddgar o ddychanol hefyd, fel y dengys gohebiaethau ei Syr Meurig Grynswth. Mewn arwerthiant offerynnau llenyddol, er enghraifft, eitem 411 ydi:

Traiddfwyadur, neu fath o feicroscop tra defnyddiol i bob ysgrifennydd a beirniad Eisteddfodol, i'w galluogi i weled enwau priodol yr ymgeiswyr trwy y sêl. Defnyddir hefyd i ddarllen llyfrau heb eu hagor, ac i weled yr haul bob amser o'r nos.

Waeth pa bethau cas a ddywed rhai am yr hen Geiriog, y mae'n ffaith ei fod o wedi darganfod y ffordd at galonnau Cymry. Faint o weithiau, os gwn i, y defnyddiwyd ei eiriau 'Ti wyddost beth ddywed fy nghalon' i gyfleu teimladau? A does yna ddim llawer a all beidio ag ymateb yn ddwys i Bryn Terfel yn canu, gan eirio fel angel, gerdd Ceiriog 'Ar Hyd y Nos'. Rhowch drac o'r datganiad i chwarae wrth fynd yn y car trwy Gaersŵs, a phan fyddwch tua safle'r hen lein fe ddaw ysbryd John Ceiriog Hughes yn lifrai'r cwmni rheilffordd yno i godi ei law arnoch.

Cyfrolau *Gweithiau Ceiriog* (Hughes a'i Fab, [dim dyddiad])

Hefyd o'r Lolfa

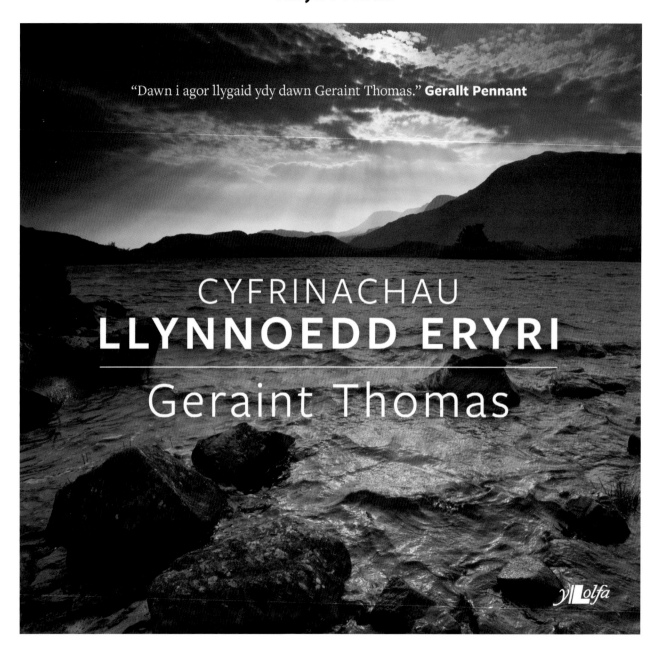

"Dawn i agor llygaid ydy dawn Geraint Thomas." **Gerallt Pennant**

CYFRINACHAU
LLYNNOEDD ERYRI

Geraint Thomas

y Lolfa

14.95

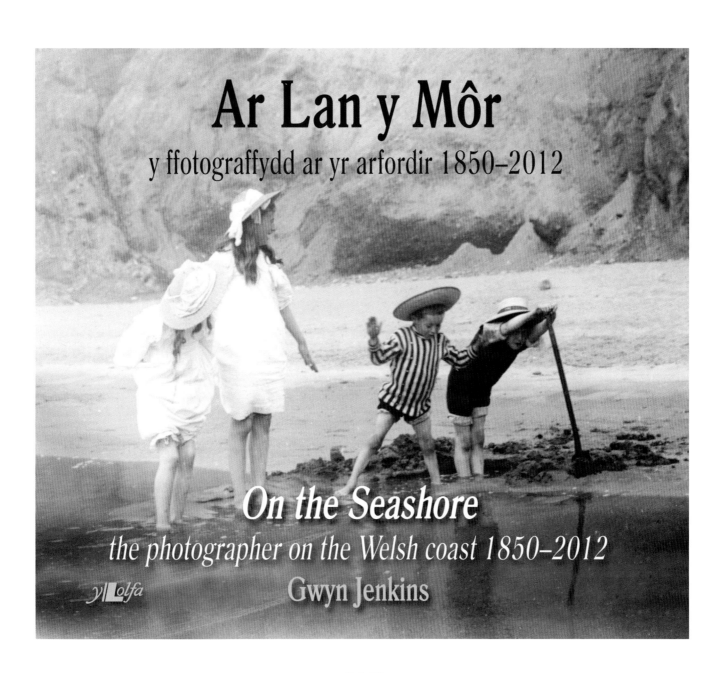

Ar Lan y Môr

y ffotograffydd ar yr arfordir 1850–2012

On the Seashore

the photographer on the Welsh coast 1850–2012

Gwyn Jenkins

y Lolfa

14.95

Am restr gyflawn o lyfrau'r Lolfa, mynnwch
gopi am ddim o'n catalog
neu hwyliwch i mewn i'n gwefan

www.ylolfa.com

lle gallwch archebu llyfrau ar-lein.

Talybont Ceredigion Cymru SY24 5HE
ebost ylolfa@ylolfa.com
gwefan www.ylolfa.com
ffôn 01970 832 304
ffacs 832 782